[개정판]

CHRISTIAN
SOCIAL WELFARE

기독교사회복지론

김성철 박윤희

양 성 원

머리말

라인홀드 니버(Reinhold Nibuhr)[1]는 그의 저서 「사회사업에 관한 기독교의 공헌」(The Contribution of Religion to Social Work)에서 "교회는 사회복지를 낳고 키운 어머니"였는데 어머니로서의 책임을 포기하였기 때문에 세속화를 초래하였다고 했다. 예수님의 삶과 가르침은 봉사의 삶이었으며 이러한 예수님은 복지적 입장에서 보아도 가난한 자, 눌린 자, 천대 받는 자 등과 같은 이웃들과 함께 웃고 울면서 그들을 위해 사셨다.

교회는 지역사회에 속하여 있으면서 지역사회에 대한 책임을 가지고 있으며 하나님은 교회만이 아니라 이 세상도 여전히 사랑하고 있다. 또한 "너희는 세상의 소금이라", "너희는 세상의 빛이라"고 주님께서 명령하심과 동시에 우리는 이를 아름답게 보전하는 책임이 그리스도인에게 있음으로 알 수 있다. 그렇기에 교회는 이 세계와 사회에 복음의 사역이 이루어지도록 하는 전위대 역할을 해야 하는 것이다. 교회는 지역사회조직과 끊임없이 상호영향, 상호 교환적인 작용을 통해서 존재한다는 하나의 생명체인 것이다. 이와 같은 관점에서 볼 때 교회는 지역사회의 개인, 가족, 집단, 조직체, 기관들의 건강한 삶을 확보하고 유지하게 하며 향상시키기 위하여 다양한 기능을 수행해야 한다.

교회는 이제 새로운 전환기를 맞이했다고 보아도 과언이 아닐 것이다. 지금까지는 교회의 내적 성장을 지향하여 모든 총력을 교단과 교리를 부흥시키는데 기울였지만

1) 칼 폴 라인홀드 니부어(Karl Paul Reinhold Niebuhr, 1892년 6월 21일 ~ 1971년 6월 1일)는 개신교 신학자이며 기독교 윤리학자이다. 기독교 신앙을 현실적인 현대 정치와 외교에 접목시킨 기독교 현실주의로 유명하다. 현대 정의로운 전쟁(just war) 사상에 크게 기여하였다. 동생은 그리스도와 문화라는 책으로 유명한 리차드 니부어이다.

이제 한국교회의 외적 성장은 더 이상 교회자체를 위해서만 관심을 기울이는 행위는 사회로부터 용납 받지 못할 정도의 모양새를 갖추었기에 이제는 교회에 대해 요청하고 있는 소리들을 겸허히 수용하는 자세를 보여야 할 것이다.

이제 한국교회는 사회적 책임을 깊이 가지고 기존의 교회 사회봉사 활동을 재정립하고 보다 전문적인 방법으로 새롭게 시작해야 할 것이다.

본서가 이러한 현실 속에서 미래의 교회가 사회적 책임을 지기위한 Diakonia의 사역을 사회복지적 측면에서 전개해 나가는데 도움이 되길 바란다.

2023. 9. 1.

저자 일동

너희는 먼저 그의 나라와 그의 의를 구하라 그리하면

이 모든 것을 너희에게 더하시리라

(마태복음 6:33)

차 례

chapter 04 지역사회조직과 연대하는 교회 / 45

chapter 05 사회복지 서비스의 주체로서의 교회와 교회성장 시스템 / 51

chapter 06 분야별 교회성장을 위한 섬김 사역 프로그램 / 67

chapter 07 주체별 섬김 사역 프로그램 / 85

chapter 08 자원봉사 프로그램 개발과 실행과정 / 107

chapter 09 기독교사회복지실천의 역사 / 133

chapter 13 한국교회복지의 전망과 과제 / 243

Christian Social Welfare | chapter 01

성서적 측면에서 본 복지이념

기독교에서는 약자와 강자, 가난한 자와 부한 자 모두가 하나님 앞에서 동등한 대우를 받는다. 그러나 인간적 측면에서의 관심은 그렇지 않다. 구약시대에는 고아와 과부에 대한 법적인 우선권이 많이 강조되어 있고, 신약시대에는 같은 피지배자 가운데서도 소외된 무리들과 팔레스타인 지역에 흩어져 사는 Diaspora[1]들에 대한 유태교적 율법의 재해석을 통해 그들의 권익을 보장하고 그들의 생활을 보장토록 했다.

교회는 그 기초를 그리스도에게 두고 있다. 그러므로 교회는 그리스도의 사업을 전개하여 이 땅에 하나님의 나라(Kingdom of God)를 건립하기 위하여 다음과 같이 선포하고 있다.

---

1) 디아스포라(διασπορά[*])는 '흩뿌리거나 퍼트리는 것' 을 뜻하는 그리스어에서 유래한 말이다. 특정 민족이 자의적이든지 타의적이든지 기존에 살던 땅을 떠나 다른 지역으로 이동하는 현상을 일컫는다,

> "주의 성령이 내게 임하셨으니 이는 가난한 자에게 복음을 전하시려고 내게 기름을 부으시고 나를 보내사 포로 된 자에게 자유를, 눈먼 자에게 다시 보게 함을 전파하며 눌린 자를 자유케 하고 주의 은혜의 해를 전파하게 하려 하심이라." (누가복음 4:18~19)

위의 그리스도사업에 대한 선포에서 보는 바와 같이 그리스도의 사업은 대체로 불행을 당한 자를 위한 것이라고 할 수 있다.

교회는 이웃을 잃어 가고 있다. 교회가 지역사회 속에서 교회 자체를 사랑하듯이 지역사회를 사랑해야 하며 교회의 이웃을 찾아야 한다고 생각한다. 예수의 삶과 가르침은 인간의 낮고 낮은 삶에서부터의 봉사의 삶이었으며 이러한 예수는 복지적 입장에서 보아도 가난한 자, 눌린 자, 소경, 귀머거리, 앉은뱅이, 나병환자, 슬픈 자, 소외된 자, 핍박받는 자, 빚진 자, 천대받는 자 등과 같은 이웃들과 함께 웃고 우시면서 그들을 위해 사셨다. 예수의 가르침은 섬김의 삶으로서의 교육이었다. 그래서 교회는 지역사회의 요구가 무엇인가를 항상 찾고 그 요구에 응하려는 자세가 필요하며 봉사를 통한 교육은 새로운 장이 요구된다. 이런 점에서 성서에 나타난 복지이념을 구약성서와 신약성서로 나누어 살펴본다.

1) 구약성서에 나타난 복지이념

구약의 사회복지의 정신은 '위로는 하나님을 경외하고 아래로는 이웃을 사랑하라'는 모세의 율법에 기초를 두고 있으며 사회복지의 대상은 '고아, 과부, 객'으로서 국가적인 차원에서 보호하였다. 그리고 사회복지의 규범으로 약자 보호의 규범, 담보물에 관한 규범, 품삯에 관한 규범, 추수에 대한 규범, 안식년의 규범, 구제를 위한 일조에 대한 규범, 희년 제도에 대한 규범, 도피성에 대한 규범이 있었고 이러한 규범 속에는 종교적인 인과응보 사상을 보여 주고 있다.

레위기에 나타난 희년은 7년마다 한 번씩 오는 안식년이 일곱 번 거듭된 다음 해, 즉 50년째의 해로서 속죄일(유대력 7월 10일)에 제사장이 '쇼파르'(Shofar: 양뿔) 나팔을 불게 되는 것을 신호로 모든 사람들이 닷새 동안에 조상의 땅으로 돌아가 15일에 시작되는 초막절의 큰 축제로부터 시작된다. 이 해를 '자유의 해'(The year of Liberty), '나팔의 해'(The year of Trumpet)라고도 하는데 히브리어 '요벨'(yobel)은 앞뒤 문맥에 따라 '나팔'(Trurmpet) 또는 '기쁨'(Jubelee)이라고 번역된다. 이 해에는 땅을 쉬게 해야 하며 토지 소유권은 원래의 주인에게로 회복되었다.

계약법전에서는 '정착화 위기'를 극복하려는 첫 시도이다. 이 법전은 부익부 빈익빈의 현상을 강력하게 고발하고, 고리대금을 금지하여 담보에 관한 새 규정을 마련하고 경제적으로 약한 자들을 해방한다고 주장한다. 그리고 빈자의 생존권에 대하여 "네가 만일 너와 함께한 나의 백성 중 가난한 자에게 돈을 꾸려거든 너는 그에게 채주같이 하지 말며 변리를 받지 말 것이며"라고 규정한다. 또한 고리 대부를 단호히 금지한다. 이 금령은 가나안의 사유재산 제도에 대해 유목민으로서 저항을 느꼈기 때문이었다.

다음으로 "네가 만일 이웃의 옷을 전당 잡거든 해가 지기 전에 그에게 돌려보내라. 그 몸을 가릴 것이 이뿐이라. 이는 그 살의 옷인즉 그가 무엇을 입고 자겠느냐 그가 내게 부르짖으면 내가 들으리니 나는 자비한 자임이니라."(출애굽기 22:26-27) 계약법전은 이민자를 괴롭히거나 학대하는 것을 금했다. 그리고 이민자 보호는 엑소더스를 현실화하는 것이다. 그리고 이것은 이스라엘의 독특한 법정신에서 연유한다. 즉 그것은 해방신학적인 기초(출애굽) 위에 세워진 법령이다. 그리고 계약의 법전은 쉽게 착취의 희생이 될 수 있는 과부와 고아들을 학대하지 말라고 대단히 엄격한 법령을 반포한다. 그리고 7년째의 소출은 극빈자('ebyn)의 차지이다. 극빈자는 왕정시대에 나타난 '거지들'을 지적한다.

계약법전은 함무라비(Hammurabi)법전[2]과 다르게 어느 사회 계급의 노예화뿐 아니

2) **함무라비 법전**(영어: Code of Hammurabi)은 기원전 1792년에서 1750년에 바빌론을 통치한 함무라비왕이 반포한 고대 바빌로니아의 법전이다. 아카드어가 사용되어 설형문자로 기록되어 있다. 우르남무 법전등 100여

라, 도대체가 노예들로 구성된 프롤레타리아의 출현을 원칙적으로 거부한다.

출애굽기 21:7~11에 나오는 고대의 율법이 규정하는 바에 의하면, 이스라엘의 가장들 중에서 가난하거나 부채에 빠진 자는 자기의 딸을 팔수가 있고 어느 주인이나 그의 아들에게 자기의 딸을 첩으로 줄 수가 있다. 여종은 남종과 같이 7년째의 해에 해방되는 것이 아니었다. 여종이 남자 주인의 마음에 들지 않는 경우에는 그가 그녀를 다시 다른 사람에게 팔수도 있다. 물론 외국인에게는 팔수가 없다. 주인이 또 다른 여인을 아내로 취하면 그래도 이전의 모든 아내에게 여전히 동일한 권리가 주어져 있다. 주인은 어느 처녀를 노예로 사서 자기 아들의 아내로 삼으면 그는 그녀를 자기의 딸과 같이 다루게 되어 있다.

어느 누가 자기의 노예에게 매질을 하여 죽었을 경우에 그는 이에 대하여 처벌을 받는다. 그러나 그 노예가 하루나 이틀을 연명하면 주인이 전혀 처벌을 받지 않는다. 왜냐하면 그 노예가 그의 돈이기 때문이다. 그 주인은 자기의 재산인 노예를 상실함으로써 이미 충분한 처벌을 받은 것으로 여겼던 것임에 틀림없다.

신체 보호에 대해서도 상해로 인하여 생명보다 귀한 자유를 노예에게 주며 과실치사를 방지하고 인체의 피해의 회복을 보장하려는 목적을 가진 법이다. 이것은 사회 개혁적 의지가 있음을 볼 수 있다.

즉 "노예도 인간이요 노예도 하나님의 형상으로 창조되었으므로 성역을 침범하는 자는 누구나 그것에 대한 책임이 있고 사형에 처해져야 한다."는 이른바 법 앞에서는 만민이 평등하다는 사회 개혁적 정신이 나타나고 있다는 점이다.

이스라엘 계약법전(출21:26~27)의 특징은 함무라비 법전(199조))과는 다르게 노예도 평등한 인간으로 간주되고 노예가 신체적 상해를 받으면 그 보상으로 "자유민이 된다!"고 하였다.

재물 침해에 관한 법으로 출애굽기 22:1~17(21:37~22:16) 은 피해를 받는 경우

년 이상 앞선 수메르 법전이 발견되기 전까지 세계에서 가장 오래된 성문법으로 알려져 있었다.

그리고 약혼하지 않은 처녀가 꾐을 받아 범함을 당했을 경우에 그 적절한 배상을 받아야 한다는 것을 규정한 법이다. 계약법전의 특이한 점은 여자의 신분에 차이를 두지 않는다는 점이다. 특히 이 부분에서 계약법전이 신약의 경우와는 다르게, 혼전 성교를 비난하지 않는다는 점은 특이하다. 즉 구약은 약혼(결혼)한 여자를 범한 경우는 간음으로 간주하고 사형을 처하지만(신22:23), 약혼치 않은 처녀를 꾀어서 범한 경우는 정죄보다는 그 처녀의 생애에 대한 완전한 책임(full responsibility)을 요구하고 있다.

이상에서 볼 때 계약법전의 그 기본 목표는 가나안 농경지에 정착한 자들이 새롭게 수립할 법질서를 그들이 갖고 있는 평등주의사회 이념으로 수립하려는 데 있었다고 하겠다.

신명기 법전은 빈자에 대한 지대한 관심을 보여 신명기 15장의 면제년에 대한 규례와 이스라엘 공동체 내에 가난으로 인해 생활의 어려움을 당하는 백성이 없도록 계약공동체를 신성하게 보존하려는 의도가 나타나 있다.

신명기에는 모세오경에 나타난 정신을 안식년 규정과 십일조 규정으로 심화시키고 있다.

레위기 역시 신명기와 동일하게 사회의 극빈자들은 생존을 위해서 부자의 추수에서 혜택을 누릴 권리가 있다고 말한다. 그리고 위기의 복지 정신은 "원수를 갚지 말며 동포를 원망하지 말며 이웃 사랑하기를 네 몸과 같이 하라. 나는 여호와니라."(레19:18)라는 말로 요약될 수 있으며 하나님이 주신 모든 약속과 재난은 함께 나누는 우애 공동체를 이상과 같은 규범에서 이해되어야 하며, 따라서 매우 강력한 사회적 의미를 내포하고 있는 것이다.

율법서에 나타난 이상과 같은 신앙을 근거한 국가적 책임으로서의 복지개념은 예언자들에게 와서 더욱 심화되어 나타난다. 예언들은 원래 하나님의 말씀을 대언하는 메신저이지 사회복지가도 사회개혁자도 아니다. 그러나 그들의 하나님에 대한 신앙은 하나님의 뜻을 실행으로 곧장 이어졌고 따라서 예언자들은 소외받은 인간층에 관심을 두지 않을 수 없는 것이다.

8세기의 예언자 아모스는 사회적 부정의를 규탄하고 하나님의 정의 회복에 초점을 맞추었다. 즉 아모스는 '위선자'(암8:5), '권리의 남용', '뇌물', '인신매매'(2:6~17)에 '약자, 빈자의 학대'(4:1), '재판의 불공평'(5:7~10)에 규탄의 화살이 모아졌고, "오직 공평을 물같이, 정의를 하수같이 흘릴지로다."(암5:24) 이것이 그의 목표였다. 그에 있어서 하나님의 구하시는 것은 힘차게 흐르는 강물과 같은 정의로 가득 찬 백성들의 희열에 찬 소리였던 것이다. 이사야는 하나님을 가난한 자들을 돌보시는 하나님으로 묘사하여 시온과 에브라임을 벌하시는 이유를 말하실 때 그들의 죄가 가난한 자를 학대하고 착취하는 행위라고 선언한다.

예레미야 시대의 여호야김 왕은 사치스러운 생활로 백성들의 복지에는 무관심하였다. 여기서 예레미야는 이렇게 경고한다.

> "너희가 공평과 공의를 행하여 탈취당한 자를 압박하는 자의 손에서 건지고 이방인과 고아와 과부를 압제하거나 학대하지 말며……." (렘 22:3)

스가랴 역시 소외그룹에 대한 관심을 갖는다. 그리하여 고아와 과부와 가난한 자를 억누르지 말고 동족끼리 해칠 마음은 품지 말라고 한다. 그의 말은 "과부와 고아와 나그네, 궁핍한 자를 억제하지 말며 남을 해하려 하여 심중에 도모하지 말라."고 하였다.

소외계층의 관심은 성문집의 지혜문학과 시편에서도 계속된다. 지혜문학은 빚을 갚지 못하여 노예로 팔려 간이들과 굴욕당한 이민자들을 불쌍히 여기어 '빈익빈', '부익부'의 구조를 크게 분노하면서 그들에게 깊은 관심과 동정을 보여야 한다고 외친다.

예언자들의 외침이 이스라엘의 빈자들에게 '희망'을 안겨 주었다면 구약의 현자들은 가난한 사람들에게 '기쁨'을 주었다고 말해야 한다. 이스라엘의 빈자들은 특히 현자들의 반성과 시인들의 노래로 해서 가난 가운데서도 기쁨을 지닐 수가 있었다.

시편기자들은 인간의 품위를 격화시키는 상황 앞에서 무엇보다도 하나님께 시선을 돌린다. 즉 하나님께 호소한 것은 예언자들이 제시한 종말론적인 미래상이다.

이와 같이 시인들은 메시아가 오시면 온 세상을 올바르게 다스리시고 만백성을 공정하게 다스리시리라고 기대하였던 것이다.

율법과 예언서 그리고 현자와 시인들은 성서문학 안에서 '가난한 자들의 권리', '가난한 자들의 기쁨'을 볼 수 있으며 복지이념은 구약성서의 중심사상 중의 하나이다.

그 복지의 차원은 회개와 함께 하나님에 대한 신앙과 연결되어 있기 때문에 더욱 심화되었고 사회 전체의 책임으로 인식되었던 것이다. 그리고 오늘을 살고 있는 크리스천들이 어두운 이 시대의 인간들에게, 특히 가난한 사람들에게 그들의 '권리'·'외침'·'기쁨'을 보장해 줄 때, 우리의 사회는 '율법과 예언서 그리고 성문서집'의 중심사상을 실천하는 밝은 사회가 될 수 있을 것이다.

구약성서에 나타난 주요 복지이념을 정리해 보면 다음과 같다.

- **타머**: 이스라엘에서는 농작물의 수확에 따라 일정 부분을 고아와 과부, 이방인, 빈곤층과 같은 취약한 이웃들에게 나눠주는 제도였다. 이것은 빈곤층의 삶을 돕고 사회적 불평등을 완화하는 목적을 가졌다. (신명기 24:19-22)
- **사회적 공정**: 구약성서에는 소외된 계층을 돌보는 것뿐만 아니라, 불의한 거래와 경제적 착취를 금지하고 공정한 사회를 구축하는 것이 강조된다. (레위기 19:9-10)
- **고아와 과부 보호**: 구약성서에서는 고아와 과부를 특별히 보호하고 돌봐야 한다고 강조한다. 이들에 대한 착취나 학대는 엄격히 금지되었다. (출애굽기 22:22-24, 시편 68:5)
- **노예 해방**: 이스라엘에서는 일정 기간 노예가 된 사람을 자유롭게 해방해 주는 법률이 존재했다. 이는 노예에게도 존엄과 자유를 보장하는 내용을 담고 있다. (레위기 25:39-41)

- **약자의 권리**: 이웃의 약점을 이용하거나 약자를 착취하는 행위는 하나님의 뜨거운 분노를 샀으며, 사람들은 약자들의 권리를 존중해야 한다는 가르침이 있다. (잠언 14:31, 이사야 10:1-2)
- **빈곤에 대한 자비**: 구약성서는 빈곤한 이웃에 대한 자비와 관용을 촉구한다. 이웃이 어려울 때 도움을 주고, 필요한 것을 나눠줌으로써 사랑과 관계를 표현하는 것이 강조되었다. (미가 6:8)
- **전체적인 복음의 관점**: 구약성서에 나타난 복지이념은 물질적인 도움뿐만 아니라 영적인 차원에서도 이루어질 필요가 있다는 개념을 담고 있다. 하나님은 자비롭고 죄를 용서하며, 그의 사랑과 영원한 구원을 통해 모든 사람에게 복음을 제공하려는 뜻을 나타내고 있다.

이러한 복지이념들은 구약성서의 다양한 성경 구절을 통해 나타나며, 이스라엘 사회의 기초를 이루는 원칙으로 작용했습니다. 이러한 원칙은 사람들의 관계와 사회적 상호작용을 통해 실천되어야 한다는 메시지를 전달하고 있다.

2) 신약성서에 나타난 복지이념

고대 이스라엘의 사회복지 사상은 신약에 와서 예수 그리스도에 의해 계승 승화되어 구체적으로 나타났다. 그런 구약과 신약을 꿰뚫고 있는 복지 개념의 핵심은 언제나 신앙과 연결된 복지사업이었던 것이다. 그리스도의 가르침의 주제는 '이웃을 네 몸과 같이 사랑하라'는 것으로서 이 사랑은 무조건적이며 자기희생적으로 집약시켜 놓은 것이다. 또한, 성서에서는 우리가 도와주어야 할 대상을 명백히 해 주고 있다.

"가난하고 굶주리고 헐벗고 집 없고 목마른 사람들, 그리고 죄인들 등은 도움을 받을 예수의 형제이며, 위의 사람들 중에 가장 보잘것없는 사람 하나를 대접하는 것이 곧 예수를 대접하는 것"이라고 했다. 즉 낮고 천한 자를 원조하는 대상과 방법을 역설하였다.

또한 경천애인(敬天愛人)의 사상의 구절은 “선한 사마리아 사람”이다. 여기에서 예수님은 신자에 대한 이웃사랑과 자선사상을 교육시켰다.

우리는 이 예수 그리스도의 사랑의 행위를 통해 궁극적 복지의 개념을 본다. 구약의 복지개념이 예수 그리스도에 와서 완성된 것이다.

예수 그리스도는 극단적으로 “가난한 자들은 복이 있나니 하나님 나라가 너희들 것임이요”(눅 6:20) 라고 선포한다. 이러한 태도는 그의 회당에서의 가르침에도 잘 나타난다.

예수 그리스도의 복음의 목적은 분명히 은혜의 해 곧 희년(禧年)의 선포에 있었던 것이다. 또한 예수 그리스도의 복음은 빈자를 위한 것이며 빈자는 예수의 사상과 인격의 전부였다.

예수 그리스도는 그의 복음의 선포와 때를 같이하여 직접 온 갈릴리를 두루 다니시면서 백성들 가운데서 병자와 허약한 사람들을 모두 고쳐 주셨다. 그 당시에 의원이나 의사가 있기는 했으나, 극소수이고 의학지식도 극히 한정되어 있었다. 그나마 빈곤한 자들은 좀처럼 진료 받을 기회가 오지 않았다. 이러한 이들을 위해 예수 그리스도는 치료자로 나타났다. 예수는 환자를 보고 무관심하거나 도외시하거나 냉담하게 방관하지 않고 많은 장애자를 고쳐 주었음을 알 수 있다. 예수 그리스도의 장애자 치료행위는 장애자 문제해결의 근본적인 방향을 제시해 주고 있으며 치료행위 안에 함축된 내용 속에서 오늘날의 복지국가의 이념, 인간의 존엄과 가치, 사회정의, 사회보장과 사회복지의 기본정신을 찾을 수 있다.

예수 그리스도는 민중의 삶의 자리인 팔레스타인에 찾아왔고 갈릴리 무리에게 사회복지의 측면에서 민중해방과 인권회복의 공생애 활동을 시작하였다.

예수 그리스도의 구체적이고 확실한 인권선언은 마가복음 2장 27절까지의 내용으로 “안식일은 사람을 위해 있고, 사람의 아들은 안식일의 주인이다.”고 선언하였다.

예수 그리스도가 관심을 가진 인권회복의 대상은 유대사회에서 업신여김을 받은 여자, 빈자, 창녀, 죄인, 사마리아인, 병자, 정신환자, 이방인 등이었다.

저절로 자라나는 씨의 비유(막4:26~29)는 예수의 비폭력 전략을 암시한다. 예수님의 사랑에 근원을 둔 비폭력적 저항을 통하여 그의 하시고자 하시는 일을 볼 수 있다.

바울은 예수 그리스도의 삶을 재현하려 했던 사람 중의 대표적인 인물이다. 바울의 사상 중 가장 뚜렷한 것은 세계주의 및 인도주의이다. 바울은 인간이란 하나의 몸에 많은 가지가 있어도 모든 가지가 그 기능을 같이하지 않는 것같이 우리도 그리스도 안에서 하나의 몸으로서 각 사람이 서로 가지가 되는 존재라고 보았으며 이 가지들은 하나의 몸에 연결 지어 있음으로 모두 평등한 존재라고 보았다. 그리고 바울은 빈자를 기억해 달라는 처음의 부탁을 비롯하여 그리스도인은 남의 고통과 기쁨을 곧, 자신의 고통과 기쁨으로 삼아 서로 일치해야 한다고 주장한다.

초대교회에서는 예배(Leiturgia)와 봉사(Diakonia)가 서로 밀접한 관계를 형성하고 있었다. 이것은 가난한 사람들과 과부들을 돕기 위한 구제사업에서 아름답게 표현되었다. 물론 구제의 대상은 기독교 신자였다. 특히 신앙 때문에 환난과 핍박을 당하는 성도들이나 병든 자를 위해서 많은 희생적 구제를 했다.

그뿐 아니라 사도들은 특별히 빈민들에 대한 구휼(救恤)에 관심을 갖고 빈민구제를 위해서 집사를 선출하기까지 했다.

교회의 직분 임명이 이렇게 복지와 연관되어 있다는 것은 매우 중요한 의미를 갖는다. 오늘날 교회의 직분이 교회 내부의 일을 처리하거나 직능을 나누어 가진 것에 국한되어 있는 것과 퍽 대조적이다. 교회 집사는 교회 내에서 복지사업을 담당하도록 책임을 맡고 있는 것이다. 실제로 당시 하나님의 복음을 전하고 있던 전도자들은 병자들을 고치고 귀신을 쫓아내며, 노예, 죄수, 이방인, 가난한 이들과 함께 자리를 같이하고, 희망을 나누는 일에도 관심을 집중시켰다.

신약성서는 기독교 성경의 한 부분으로, 예수 그리스도의 생애와 가르침, 그리고 그를 중심으로 하는 신약 기독교의 기본 원리와 가치를 담고 있다. 신약성서에는 사랑, 자비, 복지, 공평 등의 가치와 이념이 나타나는데, 특히 예수 그리스도의 가르침을 중심으로 이러한 복지이념을 설명할 수 있다.

- **사랑과 자비**: 예수 그리스도는 사랑과 자비를 강조하였다. 그는 이웃을 사랑하라고 가르치며, 모든 사람을 자비롭게 대하라고 명령하였다. 그의 가르침에 따르면 복지의 기본은 상대방을 이해하고 돕는 마음가짐에 기반해야 한다는 것이다.
- **취약한 자 돕기**: 신약성서에서 예수 그리스도는 빈곤한, 병든, 배척받은 사람들을 특별히 돌보아야 한다고 강조했다. 그는 '가난한 자는 복이 있도다'라는 구절을 통해 경제적으로 어려운 사람들을 돕는 가치를 강조하였다.
- **공유와 관용**: 예수 그리스도의 가르침에 따르면 재물을 공유하고 나누는 것이 중요하다고 하였다. 이를 통해 부와 가난 사이의 격차를 줄이고 모두가 더 나은 생활을 할 수 있도록 돕는 복지의 이념이 드러난다.
- **영적 복지**: 신약성서에서 복지는 단순히 물질적인 측면뿐만 아니라 영적인 측면도 중요하다고 가르쳤다. 예수 그리스도는 영적으로 만족하고 성장하면서 진정한 행복을 얻을 수 있다고 가르쳤다.
- **포용과 배려**: 예수 그리스도는 사회적, 경제적 배경에 관계없이 모든 사람을 포용하고 배려하라고 가르쳤다. 이로써 사회적 분쟁과 차별을 극복하며 평등과 공정을 장려하였다.

요약하면, 신약성서에 나타난 복지이념은 사랑, 자비, 취약한 자 돕기, 공유와 관용, 영적 복지, 포용과 배려 등의 가치를 강조하며, 이를 통해 사회적인 변화와 개선을 이루고 모든 사람들이 더 나은 삶을 살 수 있도록 돕는 것을 강조한다.

구약의 복지개념은 신약에 와서 구체화되었다. 그런 구약과 신약을 꿰뚫고 있는 복지개념의 핵심은 언제나 신앙과 연결된 복지사업이었던 것이다. 하나님을 사랑하고 이웃을 사랑하라는 예수 그리스도의 말씀은 이것을 한마디로 집약시켜 놓은 것이다.

그리고 우리의 복지사업은 성서에 나타난 복지 이념과 같이 하나님의 위탁 사업이 곧 복지사업임을 잊지 말아야 한다.

Christian Social Welfare | chapter 02

지역사회조직과 교회사회사업의 전망

1) 교회사회사업

교회사회사업(교회사회복지)이란 "기독교신앙의 핵심인 사랑실천의 의지와 성경의 가르침과 하나님을 믿어 구원을 얻게 해야 한다는 전도 의지, 이 두 가지 요인이 동기가 되어 교회가 사회복지의 주체가 되어 사회복지 자원동원에 대한 일차적 책임을 지며, 전문교회사회사업가와 교회의 자원봉사인력을 활용하여, 공식적인 종교복지법인시설, 교회시설 또는 지역사회의 다양한 복지시설을 중심으로 주민의 복지욕구 충족과 복지증진을 위해 사회적 문제해결을 사회복지의 객체로 삼아 실시되는 일련의 복지활동"이라고 정의한다.

19세기 말 개신교 및 가톨릭 선교사들에 의하여 근대 사회복지이론과 실천모형이 의료, 교육, 복지, 농촌분야를 중심으로 이루어졌고, 또한 실질적인 복지시설이 설립되어 운영되기 시작하였다.

본질적으로 보면 ① 교회사회사업의 동기는 성경에서 출발한다. ② 한국교회가 기독교사회봉사를 전달하는 장이 되고, 사회복지주체가 된다. ③ 일반사회사업 프로그램 전반을 기독교적 관점에서 활용한다.

교회사회사업이란 보는 관점에 따라서 기독교와 사회복지의 접목이라고도 하고 때로는 기독교와 사회복지의 통합이라고도 한다. 그러나 이러한 관점이나 접근 방법은 교회사회사업을 논할 때 기독교와 사회복지를 이질적인 것으로 보고 양 영역간의 화해와 회합의 결과로 보는 견해가 주종을 이루고 있다. 그러나 기독교와 사회복지란 역사적으로나 가치적으로나 이념적으로나 상호 이질적인 것이 아니라 동일한 영역에서 동질의 것을 추구하며 발전해 왔다. 교회사회사업이란 하나님을 믿는 성도들이 하나님 말씀에 순종하여 나눔과 섬김으로 하나님의 사랑을 세상에 전파하고 세상 가운데 실천해 나아가는 기독교인들의 체계적 노력이다. 사회복지 사회사업(social work)으로 말한다면 기독교사회복지는 하나님의 사업(God's Work), 하늘의 사업(heaven's work), 거룩한 사업(holy work)으로 말할 수 있다. 동시에 기독교 사회복지는 인간을 영생으로 인도하고 하나님의 형상을 회복하려는 일련의 구원사업(salvation work)이다. 베푸는 사랑을 실천한 기독교사회복지는 하나님의 사업으로써 나눔의 사랑, 섬김의 사랑을 실천한다고 할 수 있다.

교회사회사업이란 기독교의 근본정신인 이웃사랑과 봉사와 헌신을 통해서 세상 가운데 열악한 처지에서 살아가는 사람들의 물질적·신체적·정신적 고통을 양적·질적으로 완화하게 하고 생활상의 곤란을 개선하므로 그들의 삶의 질을 높이고 성서적 정의를 실천하며 상실한 하나님의 형상을 회복하는 기독교인들의 제도적이고 체계적인 노력이자 가치체계를 말한다.

교회가 교회사회사업을 실천하는데 대해 서로 다른 주장을 하고 있다. 그러나 분명한 것은 교회는 구제기관이 아니다. 그러나 구제는 교회가 수행해야할 근본적 의무

가운데 하나다. 교회는 봉사기관이 아니다. 그러나 봉사는 교회가 수행해야 할 사명 가운데 하나다. 교회는 사회복지기관이 아니다. 그러나 사회복지는 교회가 수행해야 할 근본적인 덕목 가운데 하나다(김성철, 2017).

교회사회사업이란 나눔과 섬김의 사랑실천을 바탕으로 사회복지를 교회현장에서 전문적으로 실천하는 활동이다. 즉 교회사회사업이란 사회사업실천방법을 활용하여 기독교사회복지의 근본적인 생명존중과 이웃사랑에 근거하여 개인과 집단 또는 지역사회가 그들이 사회적 기능을 잘 실천하도록 능력을 향상하게 하거나 회복하게 하는 것을 도와주고 이러한 목적에 맞는 사회적 환경을 창조하는 전문적인 실천 활동을 말한다.

2) 교회사회사업의 유형

지역사회조직을 통한 교회사회사업은 크게 세 가지 유형으로 구분할 수 있다 첫째 모형은 교회가 독립적으로 사회복지재단을 설립하여 시설을 갖추고 지역사회 내에서 사회봉사활동을 전개하는 모형이다. 둘째 모형은 교회자체에 여러 형태의 자원들(시설, 인적자원, 제정, 조직 등)을 이용하여 사회봉사를 실천하는 모형이다. 셋째 모형은 교회가 직접 사회봉사시설이나 프로그램을 갖추지 않고 교인들이 지역사회 내에서 자원봉사활동으로 사회선교적 책임과 사회요원으로서 사명을 다하도록 동기화하고 훈련하고 봉사할 기회를 창출하여 제시해 주는 모형이다. 이 세 가지 교회사회사업 모형들은 지역사회내의 실정과 교회의 사정에 따라서 선택적이거나 종합적으로 활용할 수 있다. 세 가지 유형 이외에 교회는 지역사회자원을 활용하는 다양한 연계사업을 통해 교회사회사업을 실시할 수 있다. 오늘날 사회사업을 수행하는 데에는 보통정신(mind)·물질·시간·시설·조직·사람·지식과 같은 일곱 가지 요소들이 필요하다고 한다. 한국교회 중 일부는 이와 같은 7대 요소를 대체로 잘 갖추고 있지만 상당수의 교회들은 이러한 요소들이 부족한 상태에서 운영하고 있다. 그러나 자원이 풍부해야만 교회가 사회사업을 실시할 수 있는 것은 아니다. 비록 자원이 부족하더라도 교회 사회사업에 대한 실천 의지만 확고하다면 교회가 지역사회조직을 통해 연계하여 사업을 실천할 수 있는 것이다.

교회가 성도들만의 교회가 아니라 지역사회 안에서 함께 공유하는 교회로서 나아가고, 개교회의 여건 부족으로 교회 사회봉사를 실천하기 어려웠던 부분들을 나눔과 섬김의 예수그리스도의 사랑실천(교회사회봉사)을 바탕으로 지역사회조직과 연계하는 교회로 나아가야 한다.

3) 지역사회조직의 이해

지역사회조직[1])은 지역사회의 욕구나 목적을 발견하고, 이 욕구나 목적의 우선순위를 정하여 목표 달성을 위한 확신과 의지를 발달시키며, 이의 성취를 위하여 내적·외적 자원을 발견하여 작용을 가하고, 지역사회에 있어서 협동적·공동적인 태도와 실천을 확대·증진시키는 과정을 의미한다. 즉 중간 집단 사업 과정을 말한다.

지역사회조직의 주요 목적은 가장 중요한 사회적 욕구와 그 욕구의 우선순위를 결정하고 주민들의 욕구를 해결하기 위하여 세심한 계획을 수립하고, 이러한 목표를 달성하기 위하여 지역사회의 자원을 효과적으로 조정·동원하고, 사회복지 서비스의 수혜자와 지역사회복지의 목적과 발달을 추구하고 주민의 적극적인 참여를 권장하는 것이며, 건전한 계획과 서비스를 발전, 수정, 종결시켜 사회사업의 기준을 향상시키고 민간기관을 효과적으로 증가시키며, 조직, 집단 그리고 사회복지 프로그램과 서비스에 관련된 개인 간의 상호관계성을 향상·촉진시키는 것으로 복지문제와 욕구에 대한 보다 나은 이해와 사회사업의 목적, 프로그램 및 방법을 개발시키는 것이다. 이의 추

1) 지역사회조직사업이란 말은 매우 포괄적인 개념으로, 전문 혹은 비전문 인력이 지역사회 수준에 개입하여 지역사회의 각종 제도에 영향을 주는 것을 의미한다. 지역사회 조직사업은 지역사회복지사업이라는 포괄적인 개념 속에서 핵심적인 위치를 차지하는 사회사업의 한 방법이다.

진을 위해서는 지역사회조직에 여러 계층의 개인과 집단의 참여가 필요하다. 즉 특별히 훈련된 지역사회 조직가와 개별사회사업가, 전문가, 공무원, 소비자 및 일반 시민 등이다. 사회복지란 인간의 행복(복지)을 추구하는 모든 사회적 노력을 칭한다.

한편 사회복지에 대한 기독교의 관점은 하나님의 형상대로 지음 받은 인간은 누구나 동등하고 소중한 하나님의 자녀이며 어떠한 처지나 조건 속에서도 무시되거나 소외되어서는 안 되는 존중받아야 할 존재라고 보는데 있다. 또한 인간 존엄성에 기초한 참다운 인간의 삶을 저해하는 모든 요소들을 제거하고 예방하며 모든 비인간화의 사회적 모순과 환경의 개선까지도 관심을 기울여 복된 사회, 즉 하나님의 나라를 이 땅에도 건설하자는 데 그 목적이 있다고 할 수 있다.

그런 의미에서 교회사회사업이란 기독교의 복음에서 "네 이웃을 네 몸과 같이 사랑하라."는 예수 그리스도의 지상명령을 반영한 사상이라 할 수 있다. 또한 사회복지, 사회보장, 사회사업 등의 근본 사상이나 개념, 프로그램과 활동 등도 주로 서구 사회의 기독교 논리에 그 뿌리를 두고 있다. 어떤 의미에서 볼 때 "네 이웃을 네 몸과 같이 사랑하라,"는 말씀은 하나님의 계명 중 가장 큰 계명을 세속화 사회에서 세속 방법으로 나타낸 것이라 할 수 있다(김성철, 2017).

4) 지역사회와 지역교회와의 관계성

교회는 사회 안에 존재하며, 또한 사회를 위하여 존재한다. 교회가 사회 안에 존재한다는 것이 현상적인 교회의 상황을 말하는 것이라면, 교회가 사회를 위하여 존재한다는 것은 실천의 윤리적 당위성을 뜻하는 것이다. 교회는 사회와 동떨어진, 사회와 무관한 제도가 아니라 사회 안에 있으면서 부단히 사회와 관계를 맺으며 영향을 주고받는 하나의 사회제도이다. 한편 윤리적으로 보면 교회는 사회에 대하여 빛과 소금의 역할을 감당해야 할 책임이 있다. 즉 교회는 마땅히 수행해야 할 사회적 기능이 있다는 것이다(이원규, 1994).

그러나 지역사회에서의 지역교회는 관계적 차원에서 문제를 갖고 있다는 것이다. 지역교회는 지역사회와는 완전히 분리해 놓고, 지역사회가 갖고 있는 주민들의 문제를 생각하지 않고 주민을 단순히 전도의 대상으로 생각하는 경우이다. 그러나 지금의 교회는 지역사회와 분리된 존재가 아닌 더불어 살아가는 공동체적인 역동적인 관계를 의식하기 시작하였다.

5) 지역사회와 사회복지실천

종래의 사회복지는 선별적 복지로서 한정된 대상자만을 서비스하였다. 즉 경제적인 빈곤에 기초한 무의무탁 주민들을 시설서비스를 중심으로 전개하였다고 할 수 있다. 지역사회 주민으로서가 아니라 가족과 사회가 돌볼 수 없으므로 단순하게 잘 보살피어 준다면 그 사명이 다 된 것으로 인식되어 왔다고 하여도 과언은 아니다. 그러나 현대 사회복지는 그 대상자들을 지역주민의 일원으로 생각하는, 지역사회의 연계된 개체로 생각하고 서비스를 제공하게 되었다. 따라서 현대적인 사회적인 상황 속에서 지역사회에 존재된 주민들은 그들의 문제 및 욕구(need)가 복잡·다양하게 나타남으로서 이를 통합적이고 전문적으로 그 문제를 해결하게 되었다. 그러므로 다양하고, 복잡하게 나타나고 있는 지역사회 개체로서의 주민들의 문제를 해결하기 위하여서는 연계, 통합, 네트워크 등의 필요성이 등장되고 있다고 할 수 있다. 따라서 새로운 문제에 대한 새로운 접근을 위하여서는 두 가지 측면을 제시할 수 있다. 즉 효율성의 측면과 욕구(need) 충족의 측면이라고 할 수 있다(전광현 외, 2007).

우선 효율성의 측면에서 보면, ① 서비스가 다양한 주체나 섹터에 의하여 전개되고 있기에 우선 복잡하다는 것이며, ② 의료·보건·복지의 행정이 각각 다르게 나타나고 종적인 관계에 있기 때문에 효율성과 주민에 대한 서비스가 잘 진행되지 않는다. ③ 서비스를 제공하는 기관들이 법령이나 조례, 명령에 필요 이상으로 구속되어 있기 때문에 민주성과 유연성이 부족 되어 있다. ④ 복지 재정들이 긴축 상태에 있기 때문에 효과적·효율적인 행정을 요구하고 있기 때문이라는 것이다. 한편 욕구(need)의 충족의 측면에서 보면, ① 인간 서비스의 전문직들이 자기의 전문성 범위에서만 활동을 하지 생활·인간이라는 종합적인 관점에서의 서비스 제공이 잘 되지 않고 있고, ② 욕구(need)의 충족을 위하여 사회자원의 활용이 잘 되게 할 필요가 있으며, ③ 운영주체의 입장에서 이용자 욕구(need)의 충족을 위한 중복되고 있는 서비스의 내용을 조정하여야 할 필요가 있는 것으로 나타나고 있다. 즉 지금의 복지 욕구(need)를 충족하는 서비스들이 중복화되어 있고, 지나치게 전문 분화되어 있으며, 행정의 사회복지 전개가 지나치게 관료화되어 있으며, 이러한 가운데 서비스의 동공화 현상들이 나타나고 있으므로 이러한 장애를 극복하여 과연 사회복지 서비스가 지역사회 주민의 인간적인 생활, 삶이라는 관점에서 서비스의 효율, 효과적인 접근을 생각할 필요가 있게 되었다고 할 수 있다.

6) 지역교회와 사회복지실천

종래의 한국교회는 지역사회와는 괴리되고 분리된 활동을 전개하였지만 사회복지 실천적인 의미에서의 한국교회는 자선사업이나 구제사업의 수준의 봉사를 실천해 왔다고 해도 과언이 아니다. 따라서 현대적 의미의 사회복지실천이 지역주민들의 문제와 더불어 해결하여야 하는 과제를 안고 있듯이 한국교회의 사회복지실천도 지역주민들의 문제와 더불어 해결하여야 할 것이다. 즉 통합성과 전문성을 갖춘 가운데 서비스의 효율성과 효과성을 추구하여야 할 것이다. 그럼에도 불구하고 한국교회는 사회복지실천에 몇 가지 과제를 갖고 있다(전광현 외, 2007). 우선 한국교회의 일반론적인 문제점으로, 교회 지도자들의 기독교사회복지실천에 대한 부진의 이유를 대다수가 재정적인 문제를 거론하고 있으며, 그 다음이 공간상의 문제, 방법, 기술상의 문제를 언급하며, 아울러 교인들과 재직들의 낮은 호응에 대하여 지적하고 있다. 따라서 이러한 생각들은 교회사회복지실천에 대한 바르고 정확한 이해가 부족하다고 생각된다.

7) 한국교회의 구조적 문제

한국교회의 사회복지실천에서의 구조적 문제로서는 ① 한국 교회는 전통적으로 개인복음, 개인구원을 강조하여 왔다. 개인의 구원은 각 자 개인이 예수를 믿고, 천당 가는 것이라는 신앙이 지배적이었고, 축복은 개인에게 내리는 선물이라는 신앙이 강한 것이다. 이러한 신앙의 자세는 반사회적, 탈 역사적 세계관을 만들어서 사회구원에 대한 관심과 책임을 외면하게 만든 것이다. ② 한국 교회에서는 믿음의 차원에서 강조한 것은 수직적인 사랑만을 강조하여 왔지, 수평적 사랑을 덜 강조하여 왔다. 한국 교회는 너무도 고상한 "하늘 신앙"에만 집착하여 왔지, "이웃 신앙"을 그다지 중요하게 여기지 않았다. 따라서 교인들에게는 기도, 교회 출석, 성경 읽기, 헌금 등을 강조하고, 이를 잘해야 신앙이 있는 것으로 생각하는 풍조가 교회에 존재하고 있다는 것이다. 따라서 오늘날 크리스천들의 믿음은 실천이 없는 믿음, 사랑의 실천이 없는 믿음을 소유한 형태가 되어 교회의 적극적인 기독교사회복지실천을 가로막는 요인이 되었다. ③ 한국 교회는 그동안 선교를 주로 복음화로만 생각을 하여왔지, 인간화로는 생각을 못하였던 경향이 있었다. 선교를 복음화로 보기 때문에 전도의 성과는 매우 컸지만 선교의 인간화 차원이 간과되었기에 인간 생활의 복지, 인권, 봉사의 차원이 소홀히 취급되었던 것이다. 이로 인하여 교회가 기독교사회복지실천에 적극 참여하지 못하는 요인이 된 것이다. ④ 한국 교회는 개교회주의 교회로 발전되었기 때문이다. 한국 교회는 인적. 물적 자원을 개교회 즉 자기 교회의 발전과 성장에만 투자, 투입하는 경향이 있다. 교회의 힘은 큰 교회, 대형 교회에 있다는 생각들이 많아서 교회의 모든 힘을 이 부분에 투입, 투자하는 경향이 많았다. 따라서 기독교사회복지활동과 같은 다른 사람들을 위하고, 본인들의 교회와는 직접 상관이 없는 일들은 교회가 어느 정도 성장하면, 또 어느 정도의 재력의 여유가 생기면 그때에 하여도 늦지 않는다는 인식을 갖게 되어 결국 기독교사회복지실천은 뒷전으로 물러나게 되는 결과를 초래하였다고 할 수 있다.

지역사회조직과 교회사회사업의 전망은 사회적 변화, 경제적 상황, 문화적 변화 등에 영향을 받을 수 있다. 아래에 각각의 분야에 대한 전망은 다음과 같다.

- **지역사회조직 전망**: 다양성과 포용: 현대 사회는 다양성이 증가하고 있다. 이에 따라 지역사회조직들은 다양한 문화, 인종, 종교, 성별 등의 다양성을 존중하고 포용하는 방향으로 발전할 것으로 예상된다.
- **기술 활용**: 디지털 기술의 발전으로 인해 지역사회조직들은 더 효과적으로 정보를 공유하고 협력할 수 있는 기회를 얻게 될 것이다. 온라인 플랫폼과 소셜 미디어를 통해 더 많은 사람들을 도달할 수 있게 될 것이다.
- **사회문제 해결**: 사회적 문제에 대한 인식이 증가하고 있으며, 이에 따라 지역사회조직들은 사회적 불평등, 환경 문제, 교육 접근성 등 다양한 분야에서 더욱 강력한 역할을 수행하게 될 것이다.
- **긍정적 영향력 확대**: 지역사회조직들은 정책 결정과 사회 변화에 미치는 영향력을 강화할 수 있다. 이들은 지역 사회의 목소리를 대표하고 정부와 협력하여 정책 변화를 주도하는 역할을 수행할 것으로 예상된다.

▶ 교회사회사업 전망

- **융합적 접근**: 교회사회사업은 종교적인 가치와 사회적 복지 활동을 융합하는 접근을 강화할 것으로 예상됩니다. 신약성서의 복지이념을 기반으로 하여, 종교 단체는 사회적 문제에 대한 해결책을 제공하고자 할 것입니다.
- **국제 협력**: 교회사회사업은 국제적인 문제에 대한 대응과 협력을 강화할 것으로 예상된다. 글로벌한 문제들에 대한 인식이 높아지면서, 교회들은 국제적인 사회사업에 더 많은 관심과 노력을 기울일 것이다.
- **맞춤형 프로그램**: 교회사회사업은 지역 사회의 요구에 따라 맞춤형 프로그램을 개발하고 제공할 것이다. 이를 통해 실질적인 변화와 지원을 제공하는데 중점을 둘 것이다.

- **자원 확보**: 교회사회사업은 자원 확보를 위해 다양한 방법을 모색할 것이다. 기부, 자원봉사, 기업 협력 등을 통해 지속적인 사회적 활동을 지원하기 위한 자금과 인력을 확보할 것이다.

전망을 종합해보면, 지역사회조직과 교회사회사업은 지속적으로 변화하는 사회적 환경에 적응하며, 다양성과 사회적 문제에 대한 민감성을 높이고 협력을 강화하는 방향으로 나아갈 것으로 예상된다.

Christian Social Welfare | chapter 03

지역사회조직을 통한 교회사회사업

1) Ross의 지역사회조직

사회복지 학자들은 우리나라의 사회복지관 사업이 주는 복지, 받는 복지로 등식화, 구조화되어 매우 원시적이고 전근대적인 방식으로 운영되고 있으며 지역사회조직이나 복지기관시설 활용을 중심으로 하는 비전문적 사업으로 통하고 있다고 지적하고 있다(김만두, 1995). 사회복지시설이나 기관들이 이와 같은 현재의 문제를 극복하고 중앙정부의 시책을 무조건 따르던 과거의 운영방식을 벗어나서 복지서비스 대상자인 주민들이 스스로의 문제를 해결하도록 원조하는 지역중심의 서비스방식을 받아들인다면 그 방법은 당연히 지역사회조직(community organization: CO)이 되어야 할 것이다. 이 방법론의 대표적인 학자로서 Ross에 의하면 지역사회조직이란 지역사회가 ①

욕구와 목표를 찾아내고, ② 그 우선순위를 정하며, ③ 이것을 달성하고자 하는 의지를 발전시키고, ④ 여기에 필요한 자원을 찾아내며, ⑤ 실천하며 이렇게 함으로써 ⑥ 지역사회 내에 협력적이고 협동적인 태도와 실천력을 증가·발전시키는 과정이라고 설명했다.

2) 드러커(Drucker)의 지역사회조직

드러커(Drucker)[1)]는 지역사회조직을 통한 지역사회의 재건과 사회부문에서의 시민참여와 자원봉사 활동이 무엇보다 중요하다는 사실을 강조하고 있다(김영호, 1997). 이것은 복지시설과 기관들이 지역사회의 아동, 청소년, 장애인, 노인, 범죄, 환경문제, 더 나아가 산업경제에 이르는 제반영역의 모든 문제에 대하여 주민들이 자발적으로 이슈를 제기하고, 목표를 설정하며, 실천의 주체가 되도록 돕는 것을 의미한다. 그리고 이러한 방법을 사용한다는 것은 사회복지 방법론에 있어서 전문화된 방법론으로의 일대 전환을 의미하는 것이다.

지역사회조직과 기관의 직원들이 지역사회조직가로서 지역사회를 돕는 조력자가 된다면 교회자원봉사자들은 이 지역사회조직 활동의 중심에 선 주인공이 될 것이다. 교회자원봉사자들은 일반적으로 교회와 지역사회를 위한 활동에 대하여 높은 동기와 실천력을 갖고 있으며, 하나님의 사랑으로 협력적이고 긍정적인 참여정신을 갖고 있다.

3) 지역사회조직 활동에서 지역교회들의 역할

지역사회조직 활동에서 지역교회들의 역할은 매우 중요하게 다루어져야 할 것이

1) 피터 퍼디낸드 드러커(영어: Peter Ferdinand Drucker, 1909년 11월 19일 ~ 2005년 11월 11일)는 오스트리아 출신의 미국의 작가이자 경영학자로 스스로는 "사회생태학자(social ecologist)"라고 불렀다. 그의 저서들은 학문적으로나 대중적으로 널리 읽혔는데 주로 어떻게 인간이 사업과 정부기관과 비영리단체를 통하여 조직화되는가에 대한 탐구에 관한 내용이었다.

다. Gilbert와 Specht는 종교가 사회통합(social integration)의 일차적 기능을 갖고 있다고 하였고 Warren은 사회통합이라는 용어대신에 사회참여(social participation)라는 용어를 사용하면서 이러한 기능을 수행하는 대표적인 제도로서 종교제도를 들었다(최일섭, 1987). 교회자원봉사자들은 지역사회에 사회적 가치와 규범을 제시하며 사람들로 하여금 이러한 규범을 준수하며 바람직한 행동을 하도록 영향을 주는 기능을 갖고 있다는 것이다. 뿐만 아니라 지역교회는 지역사회의 리더십과 인적자원, 물적자원, 그리고 더 나아가 조직적 자원을 제공할 수 있는 저장고라고 말할 수 있을 것이다.

4) 서비스연결망의 구축과 교회자원봉사

지역사회조직을 통한 교회자원봉사활동이 활발하게 운영되기 위해서는 지역사회 내의 다양한 서비스의 연결체계가 구축되어있어야 한다. 하나의 복지시설이나 기관이 종합적인 서비스를 제공할 수가 없기 때문이다. 종래에는 정부기관뿐 아니라 민간기관들도 일방적으로 또 자의적으로 운영해온 것이 사실이며 매우 폐쇄적인 성격을 갖고 있었다. 여기에서 시설의 사회화가 절실하게 요구된다(이종복, 1995). 지역사회복지시설과 기관들은 지역사회와의 상호작용을 통하여 자신들을 지역의 다양한 생활기능의 일부로 정착되게 하고 시설보호를 향상시킴과 아울러 지역주민의 복지를 높여 시설과 지역의 관계를 증진시켜야 하는 과제를 안고 있다.

이러한 과제를 성취하기 위하여 지역사회의 복지시설과 기관들은 지역사회 내에 존재하는 인보관[2], 자선조직, 민간단체, 동창회, 향우회나 종친회, 농민조직, 취미단체, 이익단체, 종교단체 등 다양한 공식적·비공식적 자원체계에 대한 ① 포괄적인 네트워크를 형성하고 ② 지역사회내의 들과 도움이 필요한 사람들을 연결하며 ③ 각

2) 1886년 스탠튼 잇트에 의해 미국 최초의 세틀먼트로서 뉴욕에 설립되었다. 숙련노동자의 직능별조합에 대응해 미숙련노동자의 거리에 상호부조 조직의 지도를 목표로 길드라 이름 지었다. 런던의 토인비 홀의 영향을 받은 이 시설이 단서가 되어 헐 하우스 외에 수많은 세틀먼트를 미국에 발달시키게 되었다

자원체계의 서비스를 조정, ④ 통합하여 중복이나 누락과 같은 비효율성을 막고(김만두, 1995), ⑤ 이들 자원체계에 대하여 전문적 관계를 맺음으로써 그들의 운영과 활동에 도움을 주는 지도적 역할을 감당해야 한다.

교회자원봉사 프로그램 관리체계가 이와 같은 네트워크를 통하여 운영된다면 그 프로그램은 가장 이상적 프로그램이 될 것이다. 가능한 한 많은 자원체계들이 욕구조사에 참여할 때 지역사회에 꼭 필요한 교회자원봉사 프로그램의 목적이 설정될 수 있으며, 기획에 영향을 주게 될 것이다. 이들 자원체계의 관심은 홍보와 모집에 큰 영향을 주어 적극적인 호응을 일으키게 되고 연결망 내에서 다양한 전문 분야를 따라 자원봉사자들을 훈련하고 배치·감독한다면 종합적이고 질 높은 서비스 체계가 구성될 것이다. 뿐만 아니라 지역사회의 다양한 견해가 평가에 반영된다면 프로그램은 보다 발전된 방향으로 개선될 것이 분명하다.

이와 같은 연결망 속에 지역교회들이 교회자원봉사활동을 적극 참여하도록 유도하고 격려하는 것도 역시 지역복지시설과 기관들의 중요한 과제라고 보여 진다. 교회는 전체 사회의 한 부분으로서 나름대로의 기능과 목적을 가진 유기적 조직이다. 그러므로 지역사회를 떠난 교회는 존재할 수 가 없다. 기독교적인 세계관과 비기독교적인 세계관은 현격한 차이가 있지만 복지적 관점에서 봉사와 섬김은 공유된 가치관이기 때문에 바로 이것을 통하여 지역사회조직과 교류하며 영향을 주고받아야 할 것이다.

5) 지역공동체 형성과 교회자원봉사

현재 한국사회가 지향하는 방향은 이웃 간의 관계 상실, 님비(NIMBY: not in my back yard)현상으로 나타나는 지역이기주의(김영호, 1997), 청소년 유해환경 등 많은 부정적인 요소를 보여주고 있다. 이것은 사회해체의 한 단면이라고 볼 수 있다. 지역사회의 복지시설과 기관들은 이와 같은 공동체적 특징을 변화시켜 나가야 하는 과제를 갖고 있다. 지역사회 복지시설과 기관들의 궁극적인 과제는 삶의 질을 높이는 지역공동체를 형성하는 데에 있는 것이다. 그것은 다양한 민간단체의 활동을 통하여 이웃의 아픔에 동참하여 돕고 쾌적하고 안전한 지역사회를 만들어가며, 공동체의 규범을 준수하는 성숙한 시민의식의 형성하는 것이다. 하버드 대학의 푸트남(Robert Putnam) 교수는 이탈리아의 중·북부와 남부를 비교 연구한 결과 공동체의식이 경제발전에 긍정적 상호관계를 갖는다는 사실을 발견했다고 한다(이성록, 1996). 더불어 살아가는 시민의식을 가진 성숙한 사회는 경제적으로 성장하게 되었다는 것이다.

교회자원봉사는 바로 이 과제를 성취하는 촉진제의 역할을 하게 될 것이다. 교회로부터 시작된 미국이나 영국에서의 자원봉사는 일종의 지역사회의 발전과 변화를 가져오기 위한 계획적이고 조직적인 사회행동이었다고 볼 수 있으며 이런 자원봉사 활동이 사회변화와 사회개발의 핵심적 부분이었다고 한다(조휘일, 1997). 그런 의미에서 교회자원봉사 활동은 하나님의 사랑을 바탕으로 나눔과 섬김을 실천하지만 결국에는 공동체를 변화시켜서 봉사자 자신의 유익과 주님의 사명을 감당하는 일이기도 하다.

성경은 신앙의 공동체들에게 지역공동체의 안전과 평안을 위하여 노력하도록 가르치고 있다.(예레미야 27:7, 디모데전서 2:2, 베드로전서 2:13~15) 지역사회의 복지시설과 기관들은 자원봉사 프로그램을 매개체로 하여 성숙한 시민사회를 건설하는 장에 지역 내의 교회들이 교회자원봉사활동을 통하여 지역사회조직에 참여하도록 기회를 제공하고 연결망을 통하여 관계를 깊이 맺어야 할 것이다.

(1) 지역교회로서 기능 그리고 지역사회와 협력방안

교회는 독특한 목적과 가치관을 갖고 지역사회와 만난다. 그러나 지역사회는 서로 공통된 관심과 욕구를 통하여 각 부분을 통합하고 연계함으로써 지역사회를 위한 견고한 자원체계가 구성되게 할 수 있을 것이다. 그러므로 지역사회조직의 복지기관들이 자원봉사 프로그램을 통하여 교회와 연계하기 위해서는 먼저 교회의 정체성과 특징을 파악하고 지역사회 내에서 교회의 기능을 이해하는 것이 전제되어야 할 것이다.

① 교회의 정체성 파악

각 지역의 교회들, 그리고 같은 지역에 있다 해도 개 교회들은 각각 문화적으로 다른 특징을 갖고 있다. 갈랜드(Garland)는 한 교회의 정체성을 구성하는 가장 중요한 요소들을 다음과 같이 제시하였다.

첫째, 어떤 교회의 역사는 그 교회의 과거뿐 아니라 미래를 향한 목표까지도 포함되어야 하며 회중의 크기와 지도력의 변화, 또 현재에 이르기까지의 어떤 전환의 계기가 되었던 사건과 상황들 등을 포함한다.

둘째, 교회의 전통은 크리스천의 사상과 행위의 근거가 되는 것으로서, 교회의 전통과 교단적 전통, 회원의 자격조건, 신학적 주장 등 교회의 역사를 통하여 내려오면서 고수된 신념들이 여기에 포함된다.

셋째, 세계관은 전통으로부터 출발한 것으로서 교회가 섬기는 하나님은 누구이며, 삶의 의미와 목적은 무엇인지, 교회가 어떻게 지역사회 안에서 타인들과 관계를 맺어야하는지, 왜 사회적 위기와 문제가 발생하는지 등에 대한 견해들을 말한다. 로젠(Roozen) 등은 교회들의 성격을 그들이 가진 세계관에 따라 네 가지로 구분했는데 다음과 같다.

ⓐ **활동가(activist)**: 세상을 하나님의 구속적인 활동의 현장으로 보고 교회는 그 사역을 위한 활동가로 봄
ⓑ **시민(civic)**: 세상을 하나의 거대한 사회적 구조로 보고 교회는 이 구조 안의 한 공적기관으로서 역할 함.
ⓒ **성소(sanctuary)**: 교회를 세속으로부터 도피하는 피정의 장소로 여김
ⓓ **전도자(evangelistic)**: 교회는 전도를 위하여 공적 생활에 참여하도록 격려함

넷째, 교회는 중요한 의미가 담긴 상징들을 사용함으로서 정체감을 수호한다. 십자가나 성례전, 스테인드 글라스(stained glass)의 그림, 또는 깃발 등, 추상적이고 초월적인 상징들 외에 예·결산상의 특징이나 선교보고, 출석 현황 같은 것들은 교회의 강조

하는 바와 역량들을 나타내는 상징이기도 하다. 더 나아가서 포스터나 특별헌금, 프로그램과 조직구성 등도 역시 교회의 정체를 드러내는 일종의 상징이 될 수 있다.

다섯째, 교회가 준행하는 침례, 성찬, 세족식 등의 예식들은 교회들이 중요하게 여기는 신념과 의미들에 대하여 공동의 참여와 헌신의 기회를 제공한다. 이것은 교단이나 신앙적 전통에 따라 다르게 형성되기 때문에 그 특징들은 교회의 정체성을 구분하는 중요한 요소가 된다.

여섯째, 교회의 통계적 현황은 그 교회의 정체를 찾아내는 중요한 단서가 된다. 구성원의 성, 연령, 출신, 결혼관계 등의 일반적 통계 뿐 아니라 직업구성이나 생활수준, 학력 등을 통해 교회의 성격을 알 수도 있다. 또 교회가 위치한 지역의 통계적 성격도 교회의 정체를 형성하는 데에 큰 영향을 미쳐서 빈민굴에 세워진 교회와 부자촌 지역에 세워진 교회, 상업지역에 세워진 교회와 농촌지역에 세워진 교회는 그 성격이 달라질 수밖에 없다.

일곱째, 교회 정체성을 분석하는 또 하나의 중요한 정보는 교회가 사업을 계획하고 평가하며 결정하는 과정과 절차이다. 회중의 역할, 지도력의 권위양식, 또 갈등과 다양성을 관리하는 양식, 문제 해결과정 등의 절차는 그 교회의 성격을 형성하는 중요한 요소가 된다. 또 지역교회는 보다 큰 교단의 정책으로부터 영향을 받기 때문에 개교회가 소속된 교단의 정책과 정신적 노선을 파악하는 것도 중요하다.

여덟 번째, 교회의 정체성을 파악하기 위해서는 교회의 프로그램들을 조사할 필요가 있다. 프로그램은 교회의 조직적인 구조, 기획, 활동들을 포함하고 있으며 회원들의 현재와 과거의 신념과 기준을 표현하고 있다. 뿐만 아니라 재정적 자료와 노력을 제공하는 교인에게 보람을 가져다주고 교인들이 무엇을 하는지를 알려주는 활동계획이다.

이상과 같이 교회의 정체성과 특징은 다양한 요소들을 통하여 유지·보존·발전되고 있으며 지역사회조직의 복지시설이나 기관들은 이런 요소들을 잘 파악함으로써 이해와 협력의 체계를 구성할 수 있을 것이다.

② 지역사회와 조직 내에서 교회의 기능

각자의 교회들은 사람들의 집합으로써, 법률적이고 경제적·시설적인 하나의 주체로서, 지역사회의 환경 가운데서 특정한 기능을 갖고 있다. Carroll, Dudley, 그리고 McKinney는 교회가 보다 큰 지역사회 안에서 작용하는 여섯 가지의 기능을 제시하였는데 다음과 같다.

첫째, 교회는 지역사회 주민들로 하여금 고립과 격리를 벗어나 상호지지적 관계를 맺도록 돕는다.

둘째, 교회는 지역사회의 결합과 연속성을 증진하는 프로그램들을 제공한다.

셋째, 교회는 지역사회의 신입자들과 어린이, 노인, 장애인 등의 소외된 사람들이 사회화되도록 하는 기회를 갖게 한다.

넷째, 교회는 재정적, 물질적 지원과 함께 정서적 신체적 보호를 제공함으로써 사람들로 하여금 필요한 것들을 공급받아 유지하고 지탱하도록 돕는다.

다섯째, 교회는 결혼, 장례, 출생, 성년 등, 사람들의 생활 속에서 의미 있는 변화들을 기념하는 의식을 제공하기도 한다.

여섯째, 교회는 지역사회의 가치관을 강화시키기도 하는 한편 비복지적인 제도와 관습에 도전하여 변화를 추구하기도 한다.

건전한 교회는 이상과 같은 기능을 원활히 수행함으로써 지역사회를 강화시키고 그 회원들의 삶에 영향을 미치며 살기 좋은 공동체를 이루는데 한 몫을 담당하게 된다. 그러나 비정상적이거나 이단적 교회들은 스스로를 고립시켜 지역사회를 오히려 해체시키고 대결하는 체계로 나아가게 한다.

③ 지역사회조직과 교회의 협력을 위한 제안

지역교회는 외부와 결코 타협할 수 없는 절대적인 부분과 변화·적응이 가능한 가변적이고 상대적인 부분을 동시에 소유하고 있는 살아있는 유기체다. 교회는 가정과 같이 시간에 따라 발전하고 조직적인 절차를 따라 인간의 욕구에 대응하며 그 자원을 내부와 외부, 양쪽으로부터 받아들인다. 더 나아가 교회는 하나의 조직이라는 차원을 넘어서 느끼고 생각하며, 결정하고 행동하는 하나의 인격체와 같다고 볼 수 있다. 따라서 지역사회조직과 교회와의 협력을 연계, 도모하려고 할 때에는 조심스러우면서도 섬세한 배려가 필요하다고 본다.

첫째, 먼저 해야 할 과제는 개 교회가 갖고 있는 절대적인 부분과 상대적인 부분이 무엇인지를 잘 파악하는 것이 중요하다. 앞에서 제시한 교회의 정체성을 구성하는 요소들과 지역사회 안에서 교회가 갖는 기능들은 지역복지시설의 복지전문직원들로 하여금 지역 내의 교회들을 조사(assessment)하는 데에 도움이 될 수 있을 것이다. 특히 내부적 역학관계는 외부적, 또는 공식적인 상황보다 훨씬 중요하기 때문에 어떤 도움을 주고받는데 있어서 반드시 파악되어야 할 내용이라고 본다.

둘째, 복지시설이나 기관의 직원들은 복지전문가로서 그리고 기관을 대표하는 사람으로서 교회에 복지활동에 대한 전문적 자문을 제공하는 일이 필요하다. 기관이 제공하는 서비스에 대한 정보를 포함해서 지역사회 내에 요구되는 복지적 욕구들, 사회문제들을 교회로 하여금 알게 하는 일이 필요한 것이다. 또 이런 지역공동체적 문제를 어떻게 해결할 수 있는지에 대한 기술적인 정보도 함께 나누는 일이 필요하다고 본다.

셋째, 목회자의 태도는 교회의 모든 사업에 가장 중요한 영향을 일으킨다. 목회자가 자원봉사프로그램에 직접적으로 참여하지 못한다 해도 강단에서의 설교나 광고를 통해, 교회내의 크고 작은 회의를 통해, 또 각 위원회나 평신도 지도자들에 대한 영향력을 통해 복지 분야와의 협력을 도모할 수 있다. 그러므로 목회자의 적극적인 지지를 얻을 수 있도록 노력할 필요가 있다. 따라서 목회자의 참여를 유도할 수 있는 여러가지 방법을 고안해야 할 것이다.

넷째, 협력적인 관계는 두 주체가 함께 공유하고 있는 관심과 가치관에 대한 확인으로부터 출발하게 될 것이다. 지역사회에 어떤 복지문제와 관련된 현안이 발생할 경우 그 문제를 교회에도 알려 그 해결을 위하여 함께 논의하고 참여할 수 있는 기회를 갖도록 돕는다는 것은 매우 중요할 것이다.

다섯째, 앞에서 언급한 것처럼 자원봉사 프로그램은 지역사회의 복지기관의 시설과 교회들이 함께 연합할 수 있는 통로가 될 수 있기 때문에 지역사회조직의 시설들이 자원봉사프로그램을 개방하고 교회들과 공동으로 운영하거나 자매결연 등을 맺어 그들의 참여를 적극 활성화시키는 것이 바람직할 것이다.

지역사회조직을 통한 교회사회사업은 교회가 지역 사회의 복지와 발전을 촉진하기 위해 다양한 사회적 활동을 수행하는 것을 의미한다. 교회는 종교적인 가치와 미션을 기반으로하여 지역 사회의 다양한 요구와 문제에 대응하며, 사회적으로 책임 있는 시민과 기관으로서 역할을 수행한다. 아래는 이러한 활동의 예시와 특징을 다음과 같다.

- **사회복지 프로그램 제공**: 교회는 지역 사회 내에서 빈곤, 홈레스, 노인, 어린이 등 다양한 취약 계층을 돕기 위한 사회복지 프로그램을 제공할 수 있다. 음식 나눔, 쉼터 운영, 노인 복지 프로그램, 아동 교육 등의 활동을 통해 지역 사회의 필요를 충족시키고 지원한다.
- **교육 및 문화 활동**: 교회는 지역 내 교육 시설을 제공하거나 지역 아이들을 위한 교육 프로그램을 운영할 수 있다. 또한 예술, 음악, 스포츠 등의 문화적 활동을 통해 사회적 참여와 문화 교류를 촉진할 수 있다.
- **의료 및 건강 지원**: 교회는 의료 서비스나 건강 관리 프로그램을 제공하여 지역 주민들의 건강을 촉진하고 의료 서비스 접근성을 높일 수 있다.
- **환경 보호 및 지속가능성**: 교회는 지역 환경 문제에 대한 인식을 높이고, 환경 보호 캠페인이나 친환경 활동을 통해 지역 사회의 환경에 대한 책임을 강조할 수 있다.
- **재난 지원 및 긴급구호**: 재난 상황이나 긴급 상황에서 교회는 긴급 구호 활동을 통해 지역 주민들을 돕고 지원한다.
- **상담 및 정신적 지원**: 교회는 정신적인 어려움을 겪는 사람들을 위한 상담 프로그램을 제공하고, 지역 주민들의 정신적인 안녕을 돕는 역할을 수행할 수 있다.

이러한 활동들을 통해 교회는 종교적인 미션을 기반으로 지역 사회의 다양한 측면에서 도움을 제공하며, 사회적인 책임을 이행하는 중요한 역할을 수행한다. 이는 지역사회조직과의 협력을 통해 더욱 강화될 수 있다. 지역사회조직들과 교회가 협력하여 현지 사회의 필요한 요구를 파악하고 함께 효과적인 프로그램을 개발하며, 지역 사회의 발전과 복지를 촉진할 수 있다.

Christian Social Welfare | chapter 04

지역사회조직과 연대하는 교회

1) 교회는 자발적인 조직

교회는 근본적으로 여러 구조를 갖고 있는 자발적인 조직이다. 교회성도들은 교회 조직뿐만 아니라 다른 수준의 조직과도 관계해야한다. 교회는 그 지역 사회를 구성하고 있고 그 지역사회의 정치·사회·경제적인 문제와 직접적인 관련을 가진 개인들로 이루어진 것이며, 이 사람들을 위하여 세워진 기관이다. 그러므로 교회는 그 지역사회의 문제와 직접적으로 연결되어 있는 것이다. 교회는 지역사회 안에 있으며 지역사회의 한 부분인 것이다. 교회의 실존의 근거는 지역사회이다. 그러므로 교회와 지역사회를 분리해서 생각한다는 것은 불가능한 일이다. 또한 교회는 지역사회 안에서 일어나는 사회문제를 진지하게 다루고 그것을 해결하려는 적극적인 움직임과 프로그램을 가져야 할 것이고, 교회와 지역사회와 끊임없는 대화를 통하여 지역사회조직이 가지고 있는 시설과 자원들을 교회와 연계하여 함께 공유하는 사회를 만들어가야 한다. 교회는 지역사회 안 에 있는 그리스도의 몸으로서, 이 몸을 통하여 하나님 나라가 이루어지게 되는 것이다.

2) 지역사회를 위한 교회사회사업

지역사회는 여러 가지로 정의하지만 일정 지역 내에 거주하는 일단의 사람들이 다양한 이해관계를 맺고 있으며 서로간의 상호작용을 하고 상호간의 안전과 행복을 위해 상부상조하는 공동체를 의미 한다 지역사회란 사람들이 생활하는 지역적 공동체이자 인간적 공동체이고 사회적 공동체이자 문화적 공동체다. 지역사회란 한 지역을 재구성하는 사람들과 기관들의 지리적 집합체이자 공동의 관심과 역할을 할 수 있는 집단이기도하다.

지역사회는 지역사회주민들의 구체적 삶의 현장이자 생활의 터전이기도하지만 교회로는 하나님의 사람들이 살아가는 터전이고 신앙공동체를 형성하는 기반이며 구체적인 일터고 이웃과 친교의 장이며 기독교적 가르침과 사랑을 전하고 실천해야 할 장이기도 하다.

지역사회를 위한 교회사회사업이란 교회가 동원 가능한 인적·물적·자원을 활용하여 하나님의 가르침과 사랑을 체계적이고 조직적으로 실천함으로서 지역사회의 구성원이 모두 인간으로서 존엄성을 유지하도록 하고 하나님의 정의를 실현하는 아름다운 지역공동체를 형성하려는 기독교 단체의 실천적 노력을 말한다(김성철, 2017).

3) 지역사회 민간자원의 봉사욕구 부응

지역사회 민간자원들 예를 들면 의료기관·요식업계·사설학원들의 경우 지역사회를 위해 봉사할 수 있는 인적 물적 자원과 시설을 갖추고 봉사의 기회를 찾고 있으나 기회가 없기 때문에 지역사회를 위해 봉사하지 못하는 경우가 있다. 교회는 이들 민간자원의 봉사욕구를 지역사회의 지극히 작은 자들의 결핍과 연계함으로 지역사회복지를 증진하는데 기여함과 동시에 이들의 사회봉사욕구에 부응할 수 있다(김성철, 2017).

4) 사회복지업무분담

최근 동사무소가 주민자치센터로 기능을 전환하면서 인력이 줄어 사회복지사들의 업무량은 오히려 증가하였다. 온갖 행정업무와 수급자에게 급여지원, 소득확인, 금융자산조회, 자활프로그램 관리, 수급자 추가책정과 의료보장관련업무, 그리고 노인과 장애인, 아동복지 등 처리해야할 업무가 많다. 업무량의 과중으로 저소득층에 대한 조사나 자료수집, 상담 등의 소홀해질 수밖에 없기 때문에 이들을 지역사회의 공공복지자원이나 민간 복지자원과 효과적으로 연계할 수 있다(김성철, 2017).

일선에서 복지업무를 담당하는 사회복지사들과 사회복지전담 공무원들의 업무가운데 직접 자산조사나 상태조사와 같은 법적인 판정이나 전문적인 서비스제공과 관련이 없는 실태조사 업무나 상호관리업무 등의 업무를 교회가 분담함으로서 사회복지 전담 공무원이나 사회복지사들의 상담을 통해서 지역사회의 복지자원들과 지극히 작은 자들의 욕구를 보다 충실히 연계하는데 기여할 수 있다.

5) 지역사회 자원연계

(1) 연합사업

개별교회가 단독으로 지역사회를 위해 복지사업을 실천하기가 어려운 경우 여러 개의 기관들이 연합하여 공동으로 복지사업을 수행하는 것이다. 개별기관들이 단독으로 복지사업을 수행하기에는 재정적으로 부족하고 또 복지사업을 수행할 필요 인력도 제대로 갖추지 못하는 경우가 많기 때문에 지역사회의 몇몇 교회들이 공동으로 재정을 부담하고 필요한 인력도 상호 지원하여 지역사회를 위한 복지사업을 수행하는 것이다. 개인주의가 팽배하고 교회간의 경쟁의식이 강한 오늘날 교회간의 연합 사업은 다각적인 노력을 수반해야만 그 효과를 돌릴 수 있다. 교회 간 연합 사업을 통하여 교회와 지역사회의 일반복지기관이나 자치단체와 지역사회복지 시설이나 기관들과 유기적인 서비스망(service network)을 구성하여 운영한다면 지역사회를 위한 교회사회사업을 더 효과적으로 수행할 수 있다. 교회의 연합 사업을 원활하게 하기 위해서는 조직하고 기획하는 조정자의 역할을 수행할 협의회 조직이 필요하다(김성철, 2017).

(2) 개별적 연계

지역사회의 문제를 해결하기 위하여 교회가 지역사회조직과 연계하여 교회봉사를 실시할 때 지역사회의 인적자원, 물적자원, 기관자원과 단독 또는 복합적으로 연계를 행할 수 있다. 이러한 지역사회조직과 연계는 지역사회에서 소외된 지극히 작은 자들(예: 독거노인, 소년소녀가장 등)을 나눔과 섬김으로서 교회사회봉사의 본래목적을 효과적으로 달성할 수 있다(김성철, 2017).

(3) 물질적 빈곤에서 벗어나기 위한 지역사회 자원연계

Client들을 물질적 빈곤에서 벗어나게 하기 위한 지역사회 연계방안으로 공동모금과 연계, 지역사회사업체와 연계, 잉여식품, 나눔 은행과 연계, 지역사회복지관과 연계, 지역복지와 개인과 연계 등을 들 수 있다.

첫째, 교회는 사회복지 공동모금회[1]와 연계하여 Client들을 위한 사업을 할 수 있

1) 1994년 지방자치단체의 잘못된 성금모금과 사용을 막기 위하여 공무원의 모금행위 금지와 성금의 용도를 불우이웃사업에 한정하는 내용의 조례가 제정되고 사회복지공동모금회법이 개정됨에 따라 1998년 11월 중앙과 전국 16개 시·도 지회의 통합 모금단체로 설립되었으며, 보건복지부장관의 지도·감독을 받는다.)

다. 둘째 교회는 잉여식품, 나눔은행(food bank)을 직접 운영하거나 연계하여 교회사회사업을 실시시할 수 있다. 셋째 교회는 지역사회 요식업체 식품가공업체 지역사회 복지관 독지가 기타 사업체와 접촉하여 잉여물품들을 Client들에게 직접 제공하도록 연계하거나 교회가 직접 수거하여 전달해 줌으로써 빈민들의 물질적 결핍을 완화해 줄 수 있다. 넷째, 교회는 지역사회의 개인과 후원 결연을 연계하여 이들의 물질적 결핍을 다소나마 완화할 수 있다(김성철, 2017).

지역사회조직과 연대하는 교회는 교회가 지역 내의 다양한 사회적 문제와 요구에 대응하고 지역사회조직들과 협력하여 지역의 발전과 복지를 촉진하는 것을 의미한다. 이러한 협력은 종교 단체와 비종교적인 사회조직 간의 연합으로, 사회적 문제 해결과 지역 사회의 발전을 위한 효과적인 방법 중 하나이다. 다음은 이러한 협력의 장점과 예시를 설명한다.

▶ 장점

- **자원 효율성**: 지역사회조직과 교회가 연대하는 것은 자원을 효율적으로 활용할 수 있도록 도와주다. 양쪽 조직이 각각의 전문성과 자원을 공유함으로써 중복된 노력을 줄이고 더 많은 사람들에게 혜택을 제공할 수 있다.
- **다양한 관점과 노하우 확보**: 교회와 지역사회조직은 각자 다른 시각과 전문 지식을 가지고 있습니다. 이들의 협력을 통해 더 다양한 관점을 수용하고 다양한 분야의 노하우를 확보하여 문제 해결에 효과적으로 접근할 수 있다.
- **사회적 영향력 증대**: 교회는 종교적인 영향력을 가지고 있기 때문에, 지역사회조직과의 연대를 통해 사회적인 문제에 대한 인식을 높이고, 이를 해결하기 위한 다양한 캠페인 및 활동을 주도할 수 있다.

▶ 예시

- **사회복지 프로그램 협력**: 교회와 지역사회조직은 함께 사회복지 프로그램을 개발하고 운영할 수 있다. 교회는 종교적인 가치를 기반으로 한 지원을 제공하고, 지역사회조직은 전문적인 노하우와 리소스를 기여하여 프로그램의 효율성을 극대화할 수 있다.
- **캠페인 및 이벤트 협력**: 교회와 지역사회조직은 사회적 문제에 대한 캠페인이나 이벤트를 함께 개최하여 주목을 끌고 사회적 변화를 이끌어낼 수 있다. 예를 들어, 환경 보호나 교육 접근성에 관한 캠페인을 공동으로 진행할 수 있다.
- **자원 공유와 지원**: 교회와 지역사회조직은 서로의 자원을 공유하고 지원할 수 있다. 교회의 구성원들이 지역사회조직의 봉사 활동에 참여하거나, 지역사회조직이 교회의 프로그램에 협력할 수 있다.

지역사회조직과 연대하는 교회는 종교적인 가치와 사회적 책임을 조화롭게 결합하여 지역 내 사회적 문제에 대한 효과적인 대응을 도모하고, 지역 사회의 발전과 복지를 함께 추구하는 중요한 역할을 수행한다.

Christian Social Welfare | chapter 05

사회복지 서비스의 주체로서의 교회와 교회성장 시스템

1) 한국교회의 사회복지 의식과 신학적 기반

(1) 복음전파(전도)와 전파된 복음의 실천(봉사)

모든 기독교인의 행동은 기독교적 이념에 뿌리를 두고 있는데, 그 기독교적 이념의 기반은 성경이라 할 수 있다. 그러므로 사회봉사가 성경(복음)의 핵심으로 간주되는가, 아니면 주변적 신앙생활의 요소로 간주되고 있는가의 문제는 교회사회사업을 이해하는데 필수적인 요건이 된다. 한국교회는 전통적으로 전도와 봉사를 교회의 본질적 사명으로 이해해 왔지만 이 중 전도를 가장 중요한 사명으로 인식했다. 그 결과, 교회성장은 양적인 팽창을 가져왔지만 사회봉사에 대해서는 1990년대 초까지 매우 소극적인 태도를 취해왔다(박종삼 외, 2007).

(2) 통전적 선교와 교회사회사업

통전적 선교(Wholistic Mission)는 전도와 사회적 책임의 실천이라는 두 요소를 불가분리적으로 포함한다. 이 둘은 하나가 다른 쪽에 종속되거나 의존해 있지 않고 각각 독립적이며 동역적인 관계를 유지한다. 마치 바지의 두 가랑이나 가위의 양날, 수레의 두 바퀴처럼 서로 상호작용함으로 온전한 기능을 발휘할 수 있다고 본다. 이 개념은 M=E+N+S(S.S+S.A)+F라는 공식으로 설명할 수 있다. E는 전도(evangelism)로서 교회 밖의 사람을 구원, N은 양육(nurture)으로서 교회 안에 있는 교인들에 대한 설교, 심방, 교육, 상담 등의 사역, S는 봉사(service)를 뜻하며 여기에는 사회봉사(social service; SS)와 사회행동(social action; SA)으로 나누어지며, F는 친교(fellowship)로서 개개인 및 교회, 교파, 국가 간의 교회들의 친교와 나눔 및 협력 등을 의미한다(박종삼 외, 2007).

(3) 하나님의 선교와 교회의 선교

한국교회가 지역사회의 복지문제를 해결할 수 있도록 교회사회사업가가 교회에 접근할 수 있는 이론적 패러다임으로는 현재 한국교회가 진지하게 논의하고 있는 '하나님의 선교(Missio Dei)'와 '교회의 선교(Missio Eklesia)'라는 신학적 근거에서 찾을 수 있다.

지금까지 우리나라의 교회는 교회 중심의 선교(Missio Eklesia)가 주류를 이루고 있다. 이와 같은 현상은 교회로 하여금 그의 시각을 내부로 향하게 하였기 때문에 사회적 기능이나 복음의 사회적 책임에 대한 문제가 신학적으로 제기되었다(박종삼 외, 2007). 한국교회가 봉사보다는 전도에 힘쓰게 된 배경에는 '교회의 선교'를 강조한 결과라고 볼 수 있다. 교회로 하여금 지역주민의 복지에 봉사할 수 있도록 동기를 부여하는 방법으로 '하나님의 선교' 신학을 도입할 수 있다. 이 신학은 하나님의 직접 인간의 구원에 관여하고 있으며, 이 사명을 위해 예수님께서 이 땅에 보내심(being sent)을 받았고, 예수님은 교회(인간)를 이 세상에 보내셨다는 신학론이다. 그러므로 교회와 교인은 하나님이 일하시고 있는 지역사회의 주민에게 다가가야 한다는 주장이다(박종삼 외 2007).

2) 한국 교회사회사업의 구조적 조건

교회사회사업은 교회라는 특수한 조직 하에서 사회복지 활동을 전개하게 된다. 교회사회사업가는 교회의 조직적 특성을 알아야 하는데 종교적인 조직은 일반사회복지 조직의 형태와는 너무 달라서 전문사회사업가도 종교적인 배경을 모르면 해석할 수 없을 정도이다. 교회조직의 특성은 교회사회사업의 현저한 영향을 미친다.

우리나라 교회에서 다양한 형태로 실시되고 있는 사회봉사(사회복지) 프로그램을 종합적으로 연구한 박종삼(2007)은 세 가지 범주의 교회사회봉사 실천모형을 Model A, Model B 그리고 Model C로 명명하였다. Model A는 교회가 사회복지 재단을 설립하고 체계적, 전문적 사회복지 서비스를 제공하는 모델이다. Model B는 교회 건물을 중심으로 교회 자원을 동원하여 자원봉사 서비스를 지역주민에게 제공해주는 모델이다. 반면 Model C는 교회 자체로는 직접 사회복지 서비스를 제공하지 않고, 다만 교인들을 자원봉사요원으로 훈련시켜 지역사회 내 여러 복지시설이나 기관 또는 요보호가정에 파송하여 사회봉사를 제공하는 모델이다. 이런 Model A, B, C는 교회의 크기, 위치, 교회 복지자원의 가용성 그리고 교회의 신학적 노선(보수, 중도, 급진)에 따라서 여러 가지 모양의 배합이나 변형이 나타남을 알 수 있다.

3) 사회복지 서비스 객체로서의 지역주민과 교회사회사업

현재 한국교회의 사회봉사의 대상은 교인, 지역주민, 한국사회 내 특수 요보호대상자, 그리고 개발도상국 선교 현지의 주민들이 그 주류를 이루고 있다. 교회사회사업가가 사회사업 서비스를 제공하는 대상자는 현재 아동, 노인, 청소년이 주류를 이루고 있으며, 이 외에 여성, 장애인, 지역사회, 교정시설, 병원시설 등을 중심으로 교회사회사업이 실시되고 있다.

(1) 한국교회의 사회봉사 활동 종류

한국교회의 사회복지사업 참여에 관한 조사연구는 여러 기독교계 연구기관과 교단적 차원에서 이루어지고 있는데, 아직도 범교단적으로 의미 있는 조사는 이루어지지 못하고 있는 실정이다. 한국교회가 하고 있는 사회봉사 프로그램의 동향을 파악하기 위하여 대한 예수교 장로회에서 1993년에 2,008개 교회를 대상으로 조사한 내용을 보면, 첫째, 한국교회 사회봉사의 대상은 아동. 청소년. 노인 순으로 나타나고 있다. 둘째, 한국교회는 공부방, 장학사업, 주부교실, 노인대학, 경로잔치 등 비교적 경비가 적게 들고 시행하기에 수월한 프로그램을 많이 실시하는 것으로 나타나고 있다.

기독교대한감리회 7개 연회에 소속된 4,483개 교회를 상대로 1997년 기독교대한감리회 사회평신도국 연구팀에 의하여 조사회 '사회복지 분야별 교회운영 프로그램'이 의하면, 전체 프로그램에 대한 복지 분야별 프로그램의 비율은 지역사회복지 분야(24.2%), 노인복지(18.5%), 아동복지(17.4%), 청소년복지(17.0%), 그리고 장애인복지 분야(15.6%)로 나타났다(박종삼 외, 2007).

(2) 교회사회봉사 대상과 교회사회사업

교회사회사업가는 교회로 하여금 지역주민의 복지욕구에 대한 영적 이해와 함께 전문사회복지적 이해를 할 수 있는 교육을 시킬 필요가 있다. 적어도 두 가지 차원에서 교회의 사회봉사와 관련된 정책 결정자들을 훈련시킬 수 있는데, 첫째, 지역주민의 생명과 관련된 복지욕구를 이해하는 준거들의 제시이다. 예를 들어서 모든 주민의 복지욕구의 종류는 ① 의. 식. 주, ② 보건. 의료, ③ 교육. 훈련, ④ 직업. 수입유지, ⑤ 오락. 휴식, ⑥ 보호, ⑦ 표현의 자유 등으로 ① 부터 ④ 까지는 복지의 필수조건으로 교회의 사회봉사 대상자들이 어떤 복지욕구가 부족한지 이해하도록 도와야 한다.

둘째, 교회 서비스의 성격은 보조적(supportive), 보충적(supplementary),대리적(substitute) 서비스로 이미 지역사회 내에 구축되어 있는 복지체계(가족, 공공, 민간)와 함께 문제를 해결하도록 노력해야할 것이다.(박종삼 외, 2007).

4) 사회봉사[1])와 섬김에 대한 교육시스템

(1) 한국교회와 서비스연결망

교회는 사회 안에 존재하며, 또한 사회를 위하여 존재한다. 교회가 사회 안에 존재한다는 것이 현상적인 교회의 상황을 말하는 것이라면, 교회가 사회를 위하여 존재한다는 것은 실천의 윤리적 당위성을 뜻하는 것이다. 교회는 사회와 동떨어진, 사회와 무관한 제도가 아니라 사회 안에 있으면서 부단히 사회와 관계를 맺으며 영향을 주고 받는 하나의 사회제도이다. 한편 윤리적으로 보면 교회는 사회에 대하여 빛과 소금의 역할을 감당해야 할 책임이 있다. 즉 교회는 마땅히 수행해야 할 사회적 기능이 있다는 것이다.

그러나 지역사회에서의 지역교회는 관계적 차원에서 문제를 갖고 있다는 것이다. 지역교회는 지역사회와는 완전히 분리해 놓고, 지역사회가 갖고 있는 주민들의 문제를 생각하지 않고 주민을 단순히 전도의 대상으로 생각하는 경우이다. 그러나 지금의 교회는 지역사회와 분리된 존재가 아닌 더불어 살아가는 공동체적인 역동적인 관계를 의식하기 시작하였다.

(2) 물질적 빈곤에서 벗어나기 위한 지역사회 자원연계

Client들을 물질적 빈곤에서 벗어나게 하기 위한 지역사회 연계방안으로 공동모금과 연계, 지역사회사업체와 연계, 잉여식품, 나눔 은행과 연계, 지역사회복지관과 연

1) 사회 복지의 증진을 도모하기 위해 하는 행위

계, 지역복지가 개인과 연계 등을 들 수 있다.

첫째, 교회는 사회복지 공동모금회와 연계하여 Client들을 위한 사업을 할 수 있다. 둘째 교회는 잉여식품, 나눔은행(food bank)을 직접 운영하거나 연계하여 교회사회사업을 실시시할 수 있다. 셋째 교회는 지역사회 요식업체 식품가공업체 지역사회 복지관 독지가 기타 사업체와 접촉하여 잉여물품들을 Client들에게 직접 제공하도록 연계하거나 교회가 직접 수거하여 전달해 줌으로써 빈민들의 물질적 결핍을 완화해 줄 수 있다. 넷째, 교회는 지역사회의 개인과 후원 결연을 연계하여 이들의 물질적 결핍을 다소나마 완화할 수 있다(김성철, 2017).

(3) 사회복지 서비스 객체로서의 지역주민과 교회사회사업

현재 한국교회의 섬김 사역의 대상은 교인, 지역주민, 한국사회 내 특수 요보호대상자, 그리고 개발도상국 선교 현지의 주민들이 그 주류를 이루고 있다. 교회사회사업가가 사회사업 서비스를 제공하는 대상자는 현재 아동, 노인, 청소년이 주류를 이루고 있으며, 이 외에 여성, 장애인, 지역사회, 교정시설, 병원시설 등을 중심으로 교회사회사업이 실시되고 있다.

(4) 노인과 섬김 사역

고령화 사회로 진입하면서 노인복지에 대한 관심이 더욱 증대되고 있다. 노인 자원봉사활동은 노인의 여가를 유용하게 활용함으로써 사회문제를 해결하고, 노인의 사회참여를 통해서 사회통합적인 노후생활을 영위하게 하여 고독과 소외의 문제를 해결하는 데 중요한 역할을 하고 있다. 교회에서도 이러한 노인 자원봉사활동은 노인문제 해결 차원에서의 '노인을 위한 자원봉사'와 노인복지증진 차원에서의 '노인에 의한 자원봉사'를 들 수 있다.

노인이 참여할 수 있는 자원봉사 프로그램은 다양하게 구분하여 제시할 수 있다. 먼저 활동하는 장소에 따른 구분으로는 가정에서 할 수 있는 자원봉사, 지역사회에서 할 수 있는 자원봉사, 복지문제를 갖고 있는 지역에서 할 수 있는 자원봉사, 복지·문화·레크리에이션 등의 시설에서 할 수 있는 자원봉사, 조사·모금 등의 자원봉사 등이 있다.

교회에서 노인들이 참여할 수 있는 자원봉사활동의 영역을 ⓐ상담 및 교육, ⓑ행정, 정치, 법, 경영, ⓒ보건 및 의료, ⓓ예술, 문화, 레크리에이션, ⓔ대인서비스, ⓕ환경보호, 교통, 청소년 선도, 소비자보호, ⓖ국제협력, 구호사업 및 기증 등으로 나누어, 활동 영역을 자원봉사자가 지닌 지식 및 기술의 전문성 정도에 따라 전문영역, 단순 전문영역, 일반영역으로 나누어 보면 다음의 **〈표 5-1〉**과 같다. 그리고 교회는 프로그램에 대한 지속적인 평가와 조정 작업이 이루어져야 하며 교회에서 노인복지사업을 수행함에 있어서는 지역사회 노인전체를 그 대상으로 하되 욕구나 문제의 수준에 따라 우선순위를 두고 서비스를 제공하여야 한다.

〈표 5-1〉 자원봉사 활동 영역

활동영역/전문성수준	전문 영역	단순 전문 영역	일반 영역
상담 및 교육	• 사문 및 전문상담: 회계, 재정, 마케팅, 엔지니어링, 판매, 학술 • 아동, 청소년, 일반인을 대상으로 한 교육: 한문교육, 윤리·도덕교육, 기술교육, 학습지도, 예능지도, 스포츠·레크리에이션 지도, 소그룹 지도, 취미지도 • 학원폭력예방 프로그램 개발 육성 • 정년퇴직자의 자원봉사활동 육성, 지도자 육성 프로그램 지원	• 단순상담(청소년 상딤, 신잉상담 및 생활상담, 미혼모 및 불우여성상담 등) • 상담 및 교육에 필요한 사무보조 • 유치원·초·중·고등학교 보조교사 • 문맹학습지도	• 생활상담, 인긴관계의 조정, 심리적 원조
정치, 법, 경영	• 공무원 및 국회의원, 지방자치단체 의회 의원 등에 노인복지를 위한 자문 및 정보제공	• 부정선거 감시, 선거 사무소 사무보조, 선거인 등록사업 보조 등	• 투표·개표 참관인 활동

활동영역/ 전문성수준	전문 영역	단순 전문 영역	일반 영역
	• 법률상담 및 자문, 법률교육, 유언 작성, 유산상속 절차, 자원봉사활동의 활성화를 위한 각종의 법제도 개발지원 • 퇴직 노인들이 자신의 경력을 활용하여 중소기업 살리기 프로그램 개발 및 자문	• 법률상담 및 자문, 법률교육 업무보조, 유언 작성 보조, 유산상속 절차 보조	
보건 및 의료	• 보건·의료에 관한 전문상담, 건강상담 및 교육 • 의료진료(예: 은퇴노인 의료봉사팀 • 평생 동안 의사로서 또는 간호사로서 직장생활을 한 후 은퇴한 의료봉사팀을 조직하여 질병치료, 재활, 건강관리 등을 함)		
예술, 문화, 레크리에이션	• 음악교육, 판소리지도, 미술교육, 서예지도, 도자기기술교육, 연극 및 춤 지도, 노인운동 지도 및 상담 • 민요, 가요, 무용, 건강체조, 사물놀이, 레크리에이션, 단전호흡 지도 • 출판물 제작 및 인쇄 업무	• 노인합창단, 예술단을 구성하여 위문공연 • 족보상담, 가훈보급, 가정의례교육 • 박물관·미술관 등 안내 및 홍보, 안전지도, 업무보조 • 노인운동지도 보조 • 출판물 제작 및 인쇄 업무 보조, 교정업무	• 각 지역의 문화재 보호, 관리, 전통 민속 보존 • 전통문화 계승운동 • 각종 문화행사 및 노인운동행사 지원
대인 서비스	• 식이요법지도 및 상담 • 點譯(점역)서비스, 수화 서비스 • 케어 서비스 • 가사 서비스	• 전기제품수리 • 의류수선 • 이·미용 서비스 • 거동 불편자를 위한 운전	• 우호방문, 말벗해 주기, 매일 전화 확인, 외출보조, 여행보조, 옷 입기 보조, 목욕보조, 산책보조 • 음식배달, 시장보기지원, 목욕탕 동반, 병원 동반, 행정서류 대서, 편지 써주기, 가사일 돕기, 식사보조, 급식 서비스, 도시락 제작·배달, 세탁, 세탁물 수거 배달

활동영역/ 전문성수준	전문 영역	단순 전문 영역	일반 영역
			• 영아돌보기, 일반가정 초대 및 생일축하회, 캠프지도 보조, 직업알선, 신변처리 보조, 조부모-손자녀 맺기
환경보호, 교통, 청소년 선도, 소비자보호	• 환경교육, 환경오염조사 • 교통관련 자문 및 상담 • 성폭력 상담·교육 및 계몽, 재활교육 • 소비물품 상담, 불량품 현장 조사	• 환경교육 및 환경오염 조사 업무보조 • 교통 관련 자문 및 상담보조 • 소비물품 상담, 불량품 현장 조사 업무보조	• 쓰레기 줍기, 쓰레기 분류 및 관리, 나무심기, 지역사회 환경정화 및 계몽활동, 근린공원 및 휴식공간의 관리, 어린이 놀이터 아동보호·안전관리, 환경미화·개선, 환경감시 운동, 자원재활용 • 노인 교통정리, 지하철 안전지도원, 각종 행사를 위한 교통질서 정리, 교통단속 감시원, 학생등·하교 시 사고예방·교통안전지도 • 유해환경조사 및 퇴치 캠페인, 지역사회 안전보호, 지역방범대 등 • 불량식품 고발 등 소비자보호 운동 • 우리농산물 애용운동 전개, 국산품 애용 캠페인
구호사업, 기증, 국제협력	• 외국어 통역 및 안내 봉사, 각종 자료 번역	• 긴급구호 활동, 인명구조활동, 지역소방대	• 119전화당번 지원, 저소득층 구호, 이재민 급식, 미아보호소 운영 • 난민구호: 개발도상국 의료·물품·식량지원 보조, 후진국 사회개발을 위한 활동 • 금품기증(공동모금기금 바자회 및 일일 찻집 등, 유산기탁, 지정기탁 등), 헌혈 및 장기기증 • 국제협력 행사 지원, 외국인 숙박제공

(5) 장애인과 섬김 사역

장애인들이 갖는 의료적, 사회적, 직업적 욕구들은 일반인과 크게 다르지 않다. 단지 이와 같은 사회적 인식으로 인해 이러한 욕구들이 그동안 적절히 해소되지 못했고 그러한 기회들이 근본적으로 차단되어 있었다는 점이다. 결국 문제해결을 어렵게 하는 것은 장애인이 갖고 있는 장애 자체보다도 바로 장애사회(handicapped society)인 것이다. 그러므로 장애인을 이해하고 '더불어 함께 살 수 있는 사회'가 곧 진정한 의미의 복지사회이며, 사회통합을 촉진시킬 수 있는 중요한 매개체가 장애인을 대상으로 한 자원봉사활동이다.

교회에서의 장애인을 위한 자원봉사활동은 다른 대상들에 대한 것보다 다양하고 광범위하다. 이것은 장애인의 연령층이 어린 유아부터 노인층에 이르기까지 다양하며, 장애 유형별 특성 또한 크게 다르기 때문이다. 즉, 장애 아동의 경우에는 보호와 교육에 대한 욕구가 크고, 청·장년의 경우에는 직업 활동과 사회활동에 대한 욕구가 크며, 노령 장애인의 경우에는 집중적인 간병이나 수발을 필요로 하게 된다. 일반적으로 봉사의 유형을 ⓐ단순노력봉사, ⓑ기술봉사, ⓒ학습봉사, ⓓ전문적인 봉사 등으로 구분하기도 하며 봉사활동을 기능별로 나누어 ⓐ단순보조, ⓑ상담봉사, ⓒ교육봉사, ⓓ치료적 봉사, ⓔ조사연구 분야 봉사, ⓕ환경개선봉사 등으로 구분할 수 있을 것이다.

장애인은 '장애'라는 특수성을 갖고 있을 뿐 아니라 장애의 정도와 유형에 따라 그리고 개인적인 특성에 따라 각기 다른 다양한 욕구를 지녔기 때문에 장애인에 대한 자원봉사활동을 일률적으로 규정하기 어렵다. 장애인의 장애나 부적응행동이 개선되도록 하기 위해서는 이들에게 적절한 도움이 필요하다. 장애인이 일반인과 접촉하고 그들과 같은 경험을 하게하고 원하는 활동을 하기 위해서는 무엇보다 기회가 필요하다. 이를 위해서 교회의 자원봉사 시스템은 가정, 장애인복지시설, 특수교육기관, 장애인복지단체 등에서 장애인을 돕는 지원체계를 갖추어져 있어야 한다. 특히 장애인 시설이나 복지관과 교회간의 상호 보완적 협력체계 구축이 중요하다고 본다. 교회 자원봉사가 전통적인 시설 서비스나 제도화된 서비스도 필요하겠지만 이제는 가정이나 학교, 이웃과 같은 지역사회에서의 장애인의 실생활과 관련 있는 영역으로 방향을 전환하고 욕구에 부응하는 프로그램들이 개발되어야 한다.

(6) 지역사회와 섬김 사역

교회에서의 섬김 사역은 원칙적으로 가까운 지역사회에서부터 정착되어야 한다. 왜냐하면 섬김 사역은 자신의 생활하는 지역에서 활동할 수 있을 때 오가는 소요시간을 아낄 수 있고, 지역주민과 자주 대하는 시간을 가짐으로써 가장 효과적이며, '더불어 사는 공동체' 만들기에 공헌할 수 있기 때문이다.

자원봉사자가 교회를 통해 봉사활동을 하는 동안 지역사회의 일원으로서 지역사회를 돕고 경험을 통해 지역사회 공동체의 소속감을 새롭게 인식하고 이웃과 더불어 사는 의미를 몸소 체험하게 된다. 나아가 봉사활동을 통해 활동범위를 확대시켜 나감으로써 다양한 경험을 하게 되며 보다 건전하고 성숙한 문화를 형성할 수 있게 된다. 특히 자연생태계와 공동체 속에서 직접 체험을 통해 세대 간의 형평성, 지역사회의 공동체 회복, 수평적이고 쌍방적인 의사소통 구조의 형성을 위한 개개인의 역할과 책임에 대한 자각을 높일 수 있다.

교회에서의 섬김 사역은 지역사회의 문제나 욕구를 해결하고 지역사회 발전을 위해 지역주민들이 언제 어디서나, 누구나 자유롭게 참여할 수 있는 자발적인 사회적 활동이다. 따라서 지역사회 자원봉사 프로그램은 지역주민들이 가지고 있는 지식, 기술, 경험, 관심 및 특성 등에 맞게 개발되어야 하고, 효과적인 활동을 위하여 적절한 계획, 교육, 훈련, 지도·감독, 보상, 평가 등 일련의 과정을 거쳐야 한다.

지역사회 내에서 섬김 사역을 할 수 있는 활동터전은 특정한 시설과 조직을 갖춘 기관뿐만 아니라 우리들이 생활하고 있는 지역사회도 중요한 활동 터전이며, 산이나 바다와 같은 자연 속에서도 섬김 사역의 활동터전을 찾을 수 있다.

교회를 통한 지역사회의 섬김 사역활동은 지역사회를 훈훈한 인간미가 넘치고, 따뜻한 보금자리로 느끼게 하며, 쾌적하며 신바람 나는 공동체로 만들기 위한 일이다.

그 일에는 환경, 교통, 범죄, 교육, 의료, 소비자, 문화, 스포츠에 이르기까지 다양하며, 광범위한 분야에서 대상자에게 직접 서비스를 제공하는 역할과 대상자는 없으나 공공기관이나 사회단체와 함께 시민들 전체가 공동적으로 겪는 문제를 해결하고자 하는 자원봉사활동으로 나타나게 된다. 이러한 자원봉사활동은 누구나 간단히 할 수 있는 자원봉사활동뿐만 아니라 자신의 특기나 취미를 살려 보다 전문적인 지식과 기능을 지역사회나 사회단체에 도움을 주는 높은 수준의 봉사활동도 많다. 그 내용을 정리하면 **〈표 5-2〉**와 같다.

〈표 5-2〉 지역사회 자원봉사활동 분야

분야	어린이	중·고교생	대학생과 직장인	여성	어르신
환경	• 쓰레기 줍기 • 낙서 지우기, 길바닥 껌 떼기 • 어린이환경모임 구성, 참가 • 야생동물 먹이 주기 • 우리학교 푸르게 가꾸기 • 환경교실·캠프	• 나무에 이름표 달아 주기 • 도시하천 살리기 • 생태기행 • 환경보호·계몽 활동 참가 • 야생 동식물 그리기 • 환경오염지도 만들기 • 비닐·농약병, 건전지 수거	• 교육, 계몽 • 자료수집, 검색 • 번역, 홍보물 제작 • 오염·현장조사 • 언론, 비디오 환경 모니터링 • 환경감시활동 • 홈페이지 관리 • 사무지원	• 쓰레기 줍기 • 교육, 계몽 • 오염·현장조사 • 언론, 비디오 환경 모니터링 • 환경입법운동 • 환경감시활동 • 일회용 쓰지 않기 캠페인 • 사무지원	• 거리청소 • 벽보 떼기 • 재활용품 분리 • 계몽활동 • 정책자문활동 • 산불감시활동
교통	• 초등학교 주변 교통정리 • 노약자보호석 지키기 활동	• 행사 교통정리 • 교통질서 캠페인 • 표지판·시설물 점검 • 학교주변 교통 안전 실태조사 • 대중교통이용 캠페인	• 보행환경, 자전거 이용 여건 모니터 • 월드컵 교통봉사 • 카풀 • 행사안내, 정리 • 도로 파손상황 점검	• 거리표지판 제작 설치활동 • 교통안내시스템 개선활동 • 안전한 통학로 만들기 • 카풀	• 어르신교통정리 • 교통안전 캠페인 • 우편발송
범죄		• 학교주변 유해환경 추방 운동	• 유해환경조사 및 추방운동 • 학교폭력예방 활동	• 유해환경조사 및 추방운동 • 자율방범대활동 • 교육, 계몽	• 출소자 사회복귀 지도 • 정책자문활동

분야	어린이	중·고교생	대학생과 직장인	여성	어르신
			• 교육, 계몽 • 상담 • 비행청소년 선도	• 성폭력상담 • 비행청소년 선도 • 후견인 맺어주기	
교육		• 청소년 금연 캠페인	• 기능훈련 보조 • 캠프 • 약물·아동학대 예방, 계몽 • 성교육 • 교육 모니터링 • 방과 후 청소년 지도	• 기능교육 • 캠프 • 약물·아동학대 • 예방, 계몽 • 성, 어머니 교육 • 교육 모니터링 • 문맹 노인학습 지도	• 기술교육 • 학업 중퇴자 지원
의료	• 환자위문 • 거즈접기 및 붕대감기	• 환자위문·동행 • 헌혈 캠페인 • 당뇨캠프 • 이동도서 대출 • 아이돌보기 • 산책보조 • 번호표 발행 • 거즈 접기 및 붕대감기	• 정보제공 • 레크리에이션 지도 • 호스피스, 간병인 • 병원업무보조 • 보건위생강좌 • 상담, 계몽 • 사회심리극 • 수술비 모금운동 • 사무지원	• 정보제공 • 호스피스, 간병인 • 병원업무보조 • 수속절차 안내 • 상담, 계몽 • 사회재활 서비스 • 이·미용 • 식사보조 및 세탁	• 호스피스, 간병인 • 장기기증
정치		• 우편물발송 • 명찰 만들기 • 선거벽보 부착 및 제거	• 계몽, 홍보 • 후보자 모니터링 • 언론 모니터링 • 부정선거감시 • 의정활동평가 • 유권자교육 • 공명선거캠페인 • 사무지원 • 관련법 제정 활동 • 소집단 활동	• 계몽, 홍보 • 후보자 모니터링 • 부정선거감시 • 의정활동평가 • 여론수집·조사 • 공명선거캠페인 • 사무지원 • 관련법 제정 활동 • 정책개선 압력 활동	• 계몽활동 • 후보자초청 정책 토론회 • 선거자금 모금 • 후보자 감시 • 법률자문활동
경제			• 노동자권익보호 • 교육, 계몽 • 자료수집, 검색 • 현장조사 • 관광가이드 • 카풀	• 구인·구직 개척 교육, 계몽 • 우리 고장 특산물 알리기 캠페인 • 상거래질서 운동 • 도·농공동체운동	• 취업 및 전업지원 상담 • 기술훈련 • 우리 고장 특산물 알리기 캠페인 • 경영컨설팅

분야	어린이	중·고교생	대학생과 직장인	여성	어르신
			• 행사안내, 정리 • 사무지원	• 카풀 • 사무지원	
소비자			• 소비자 교육 • 현장조사 • 홍보, 고발 • 자료수집, 검색 • 번역, 홍보물제작 • 현장조사 • 상담 • 우리 상품·아껴 쓰기 운동 • 사무지원	• 소비자 교육 • 현장조사 • 홍보, 고발 • 번역, 홍보물제작 • 현장조사 • 상담 • 우리상품·아껴 쓰기 운동 • 사무지원	
문화	• 쓰레기 줍기 • 낙서 지우기	• 행사 교통정리 • 질서·문화 캠페인 • 지역문화홍보 • 꽃길 가꾸기 • 깨끗한 화장실 가꾸기 • 자료·도서정리	• 문화재보호활동 (훼손, 방치시정 요구) • 문화명소 안내·통역 • 문화행사 안내, 진행보조, 정리 • 관광문화 모니터 • 자료수집, 검색 • 모금활동 • 위문활동 • 홈페이지 관리 • 사무지원	• 문화재보호활동 (훼손, 방치시정 요구) • 지역문화재(가족 운동회·주민 잔치) • 주민 독서운동 • 문화시설 이용 여론조사 • 사무지원	• 우리 고장 문화 알리기 • 전통문화 전승 운동
행정		• 행사 교통정리 • 자료, 도서정리	• 행사보조 • 홈페이지 관리 • 자료, 도서 전산화 • 사무지원	• 민원안내·상담 • 행사보조 • 행정개선활동 • 친절행정 캠페인 • 행정 모니터링	• 민원안내·상담 • 일일 기관장활동 • 대필
스포츠	• 쓰레기 줍기 • 낙서 지우기	• 행사 준비활동 • 행사 교통정리 • 체육대회 보조 • 행사전단 배포	• 생활체육 지도 • 캠프 • 레크리에이션 • 각종 행사 안내, 정리 • 인터넷 홍보 • 체육대회 보조	• 가정 민박 • 생활체육 보조	

교회가 사회복지 서비스의 주체로서 활동하고, 교회성장 시스템이 어떻게 이와 관련되는지에 대해 정리하면 다음과 같다.

▶ 교회가 사회복지 서비스의 주체로서 활동

교회는 종교적인 가치와 사회적 책임을 기반으로하여 사회복지 서비스의 주체로서 활동한다. 이는 기독교 신약성서에 나타난 복지이념을 바탕으로 하며, 예수 그리스도의 가르침을 따라 다양한 사회적 문제에 대응하는 역할을 수행한다. 교회가 사회복지 서비스를 제공하는 몇 가지 예시는 다음과 같다:

- **음식 나눔 및 쉼터 운영**: 교회는 빈곤층이나 배고픈 사람들을 위해 음식 나눔 프로그램이나 임시 숙소를 운영하여 지원한다.
- **노인 및 어린이 복지**: 교회는 노인들을 돌보고 돕는 프로그램, 어린이들의 교육과 보호를 위한 프로그램 등을 제공한다.
- **정신적 지원**: 교회는 정신적으로 어려움을 겪는 사람들을 위한 상담 프로그램이나 지원 그룹을 운영한다.
- **의료 서비스 및 건강 관리**: 교회는 의료 서비스나 건강 관리 프로그램을 통해 지역 주민들의 건강을 촉진하고 지원한다.

▶ 교회성장 시스템과의 관계

교회성장 시스템은 교회의 지속적인 발전과 성장을 지원하는 프로세스를 의미한다. 이 시스템은 교회의 인프라, 리더십, 교육, 예배 등을 포함하며, 교회가 사회복지 서비스의 주체로서 활동하는데 중요한 역할을 할 수 있다.

교회성장 시스템은 다음과 같은 방식으로 사회복지 서비스에 관련될 수 있다:

- **리더십 개발**: 교회성장 시스템은 교회 리더들을 교육하고 지원하여 사회복지 서비스를 효과적으로 계획하고 운영할 수 있는 역량을 강화한다.

- **비전 수립**: 교회성장 시스템은 교회의 비전을 수립하고 발전시켜 사회적 책임과 사회복지 활동에 대한 포괄적인 계획을 수립하는데 도움을 줄 수 있다.
- **자원 확보 및 관리**: 교회성장 시스템은 자원 확보와 관리를 효율적으로 진행하도록 지원하며, 사회복지 서비스를 위한 자금, 물질, 봉사자 등의 자원을 확보하는 데 도움을 준다.
- **지속적인 평가와 개선**: 교회성장 시스템은 교회의 사회복지 서비스를 지속적으로 평가하고 개선하는 데 도움을 주어 효과적인 프로그램 운영을 가능하게 한다.

요약하면, 교회가 사회복지 서비스의 주체로서 활동하려면 교회성장 시스템을 통해 리더십 개발, 비전 수립, 자원 관리, 평가와 개선 등의 프로세스를 지원하며, 종교적인 가치와 사회적 책임을 토대로 지역 사회의 발전과 복지를 추구한다.

Christian Social Welfare | chapter 06

분야별 교회성장을 위한 섬김 사역 프로그램

교회에서의 섬김 사역 활동은 활동의 장과 대상, 과업의 성격, 개입방법에 따라 구분해 보면, 활동의 장은 국제, 지역사회, 사회복지시설, 학교·병원 등으로 나뉘며, 활동의 대상은 아동, 청소년, 노인, 장애인 등으로 나뉜다. 과업의 성격은 직접적 원조, 예방적 활동, 전문적 활동, 일반적 활동 등으로 나뉘며, 개입방법은 직접적 개입(대부분의 활동 해당)과 간접적 개입(이사/위원으로 활동)으로 나뉜다.

교회에서의 섬김 사역 활동 영역을 나누는 또 하나의 방식은 공동체의 기능에 따라 분류하는 것이다. 자원봉사자들은 각 공동체의 기능을 확대하기 위해 각 공동체 전문가들과 함께 봉사할 수 있다.

1) 아동[1)] 영역

사회변동이 급격하게 일어남에 따라 가족의 기능이 해체되어 가족의 따뜻한 보호 속에 양육되고 교육되어야 할 아동들과 청소년들이 안정된 생활을 영위하지 못하고 있어 이들의 인격을 발전시키고 각자의 능력을 최대로 성취할 수 있도록 돕는 사회 각계의 노력이 필요하다. 즉 산업사회의 진전에 따라 가족이나 인근 생활공동체가 담당했던 기능이 상당부분 사회로 이양되고 있으므로 아동 및 청소년 문제의 예방과 해결에 사회성원들의 자발적 참여가 중요한 시점에 이른 것이다.

이 같은 의미에서 아동 및 청소년들을 돕는 자원봉사활동의 중요성은 아무리 강조해도 지나치지 않을 것이다.

교회에서의 자원봉사자들은 불우하거나 원만치 못한 가족과 사회 환경으로 인해 낮은 자기상을 가지고 변화에 잘 적응하지 못하고 자립의 의지를 상실한 아동 및 청소년들을 도와 그들이 보다 나은 생을 즐기며 힘차게 성장하고 고독과 불행에서 벗어날 수 있도록 도와야 한다. 일반 아동 및 청소년들뿐 아니라 결손가정의 경우에는 동일시 대상의 상실에서 오는 여러 문제점들을 해소하고 조화로운 성장을 이룰 수 있도록 사회성원들의 적절한 개입이 절대적으로 필요한 것이다.

열악한 환경 속에서 자아의 고립감을 해소하지 못하고 역기능적으로 행동하는 아동들과 청소년들에게 자원봉사자들과의 바람직한 집단경험은 대단히 유익하다. 아동이나 청소년들을 위한 집단지도사업이나 캠프사업 등은 이들에게 참된 민주적 가치나 생활의 훈련을 받을 수 있는 기회를 제공하여 궁극적으로 모든 생활과 활동 면에서 원만한 민주시민으로 성장하도록 도울 수 있다. 또한 올바른 사회화를 통해 적의나 소극적인 감정을 희망적인 것으로 승화시킬 수 있도록 도와주고, 원만한 대인관계

1) 교육법에서는 만 6세-만 12세까지를 초등학교 의무교육을 받아야 할 학령아동으로 규정하고 있다. 또 아동기는 신체적·사회적·정서적·지적 발달의 속도가 매우 현저하므로, 이를 다시 아동전기와 아동후기로 나누기도 한다. 즉 6-8세까지를 아동전기, 9-12세까지를 아동후기로 하여 발달단계를 구분한다. 아동기의 앞을 유아기(3-5세), 아동기 이후를 청소년전기(12-14세)라고 한다.

를 가지도록 도우며 목표나 목적달성의 의지를 굳게 가지도록 함으로써 건전한 사회인으로 성장하게 한다.

이러한 인식을 바탕으로 우리의 아동과 청소년들이 현재의 교과과정 중심의 학교생활에서 얻을 수 있는 한정된 지식 이외에도 다양한 체험활동을 통해 도덕성과 정체감을 성숙시켜 가 수 있도록 해야 한다. 자아정체감의 형성이 청소년기의 중요한 발달과업이며, 타인에 대한 관심과 사회성원으로서의 책임감을 포함한 도덕성이 우리사회의 생존을 위해 필수적 가치라고 한다면 자아정체성과 도덕성을 통합시킬 수 있는 시기인 청소년기에 여러 가지 활동을 경험할 수 있도록 해야 하는 것이다.

오늘날의 아동과 청소년들은 21세기 복지사회를 이룩하기 위하여 이웃과 더불어 사랑을 나누며 이웃과 함께 고뇌하고 고통을 분담하여 사회적 책임을 생활화하는 창조적 지혜와 사랑 그리고 평화를 위한 실천 노력을 자생적으로 생성 및 발전시켜야 할 시점에 있다. 이는 21세기를 향한 우리나라의 시대적 요청이며, 아동 및 청소년들을 비롯한 우리 모두에게 주어진 공동의 복지목표를 위한 필연적 과제이다. 우리가 이상적으로 생각하는 공동체적 복지사회나 21세기로의 발전은 단순한 사회제도의 마련이나 이느 특정인 혹은 특정 집단의 산발적 노력으로 이룩할 수 있는 것은 아니기 때문이다.

교회가 아동복지의 증진을 위해 가장 먼저 해야 할일은 지역의 아동을 대상으로 복지욕구를 철저히 파악하는 것과 교회가 이들을 위하여 무엇을 해주어야 하는지에 대한 객관적인 조사가 필요하다. 또한 교회 내에 자원체계를 평가하고 이들을 위한 전담조직 기구를 구성하는 것이 필요하다고 본다. 그리고 이러한 프로그램이 지역사회에서 선교적 효과성과 효율성을 가질 수 있도록 교회에서 수행 가능한 프로그램을 최종 결정하여야 한다.

아동의 섬김 사역활동 시의 유의사항은 다음과 같다.

(1) 대상아동에 대한 지속적인 관심과 이해

교회에서 자원봉사활동에 있어서 중요한 것은 기술이나 재능보다 대상 아동에 대한 지속적인 관심과 진정한 이해이다. 아동은 주변 사람들로부터의 사랑과 관심, 보호를 필요로 하고 주위 환경과 타인의 감정에 민감하며 욕구충족에 대한 기대가 강렬하다. 아동들의 욕구충족에 대한 계속적인 실패는 불안과 불신을 조장하고 바람직한 아동기의 가치관 형성에 상당한 지장을 초래한다. 따라서 자원봉사자는 대상아동에 대해서 지속적인 관심을 가지고 아동의 심리·정서적 변화와 주위 환경의 변화를 관찰할 수 있도록 하여야 한다.

(2) 약속 시간의 엄수와 신뢰관계 형성

교회에서 자원봉사활동을 시작할 때 너무 무리하게 시간을 할애하면 쉽게 포기하는 경우가 발생한다. 봉사활동이 스스로에게 부담이 되면 더 이상 지속되기가 어렵다. 그러나 아동은 자신들이 경험하는 사회집단이나 타인과의 관계를 통해서 인간에 대한 사랑과 신뢰감을 형성한다. 따라서 자원봉사자가 대상아동과의 약속시간을 자주 어기게 되면 아동은 자원봉사자를 신뢰할 수 없게 되고 바람직한 관계 형성이 어렵게 된다. 그것은 곧 봉사활동으로서의 의미를 상실하게 되는 것이다. 그러므로 봉사자는 불가피한 경우에만 사전 양해를 구하도록 하고 효율적인 시간활용으로 봉사활동의 효과성을 높이고 시작할 때의 마음가짐을 지속시키는 것이 중요하다.

(3) 눈높이 자원봉사

아동들은 진정한 마음으로 자신과 대화를 나누고 이야기를 귀 기울여 들어 주며 자연스럽게 어울려 놀 수 있는 자원봉사자를 원하고 있다. 따라서 그들의 욕구를 세심히 관찰하고 그들의 수준에서 그들의 원하는 방향과 방법을 선택해 그들과 함께 하여야 자원봉사의 의미를 찾을 수 있다. 그리고 자선심이나 동정심에 의한 일방적인 시혜성의 선물은 자칫 잘못하면 아동에게 수치심을 주고 무력감을 느끼게 하며 상처를 줄 수 있을 뿐 아니라 의존심을 조장할 수 있으므로 유의하여야 한다.

⑷ 아동의 솔직한 자기감정 표현과 긍정적인 감정의 유도

특히 아동기에는 다양하고 강한 욕구를 가지게 되고 이러한 욕구의 표현을 통한 충족을 필요로 한다. 아동이 가지는 욕구가 적절하게 충족되지 못하면 아동은 심리·정서적인 상처뿐만 아니라 욕구의 충족을 위해 거짓말 등의 왜곡된 욕구의 표현과 도벽 등의 비행행동을 유발할 수 있다. 따라서 자원봉사자들은 아동의 올바른 사회화를 위해 이들로 하여금 스스로의 감정을 말로 표현하도록 격려하며 적의나 소극적인 감정을 희망적인 것으로 승화시킬 수 있도록 도와야 한다.

⑸ 원만한 대인관계 기술 및 일상생활 지도

가정과 학교, 사회에서 부적응 현상을 나타내는 아동들에게 사회적 인간으로 성장할 수 있도록 원만한 대인관계 기술과 일상생활 지도를 통하여 적응력 향상을 도와야 한다.

⑹ 시설아동 자원봉사에 대한 각별한 주의

시설에 수용되어 있는 아동들은 현재 그룹 홈과 같은 소규모 형태의 시설 운영이 활성화되어 있지 못한 관계로 일반 아동과는 사뭇 다른 환경에서 자라고 있다. 이러한 사정으로 인하여 그들은 일상 속에서 보모 등의 직원으로부터 그들의 개별화된 욕구의 충족은 사실상 어렵다. 그러나 간헐적으로 방문하는 자원봉사자의 경우에는 대상아동을 상대로 할당된 짧은 시간만큼은 개별화된 관심과 사랑을 베풀 개연성이 매우 높다고 보았다. 그러나 이는 역설적으로 어려운 여건 하에서도 최선을 다 하고 있는 보모 등의 직원과 아동 간의 관계를 악화시키는 빌미가 될 수도 있다. 시설 아동을 위한 자원봉사의 경우 특히 이러한 역학관계가 사전에 충분히 검토되어야 한다.

아동을 위한 자원봉사 프로그램의 예 **〈표 6-1〉**을 참고 하면 좋을듯하다.

〈표 6-1〉 아동을 위한 자원봉사 프로그램

목적	목표	서비스	프로그램
자립 기능 향상 (직접 대인 서비스)	심리적 지지	상담	전화 상담 가족과의 상담 학교부적응 아동 상담 문제행동 아동 상담 신앙 및 고충 상담
		심리적 자립	결손가정 아동 지도 요보호아동 결연 실직가정 아동 심리·정서 지도
	사회적 증진	교육지원	어린이 공부방 학습 지도 학습부진아 지도 어린이 교육프로그램 지도(한글, 영어, 한자 등) 어린이 컴퓨터 지도 어린이 자원봉사자 지도
		여가선용 지도	취미교육(미술, 음악, 종이접기, 동화구연, 무용 등) 동아리활동 지도(연극, 영화, 만화, 노래, 댄스, 영어, 문학 등) 캠프활동 보조·레크리에이션 지도 독서지도 전통문화놀이 지도(사물, 탈춤, 판소리, 서예, 예절 등) 어린이 병동 자원봉사
		사회활동 지원	동반외출 농촌활동 지도
	생활안정	보호활동	방과 후 아동보호 지도 일일위탁부모 영·유아보호시설 아동 돌보기 탁아시설 아동 돌보기
사회적지지 (간접 서비스)	시설지원	업무보조	아동단체·시설 업무보조
		초청/방문	아동복지시설 방문, 봉사
	사회환경 조성	조사활동	유해 문화환경 조사·감시 위험장소 검사 및 시정 건의
		정보제공	자원봉사활동 정보지도 제작 아동을 위한 지역사회신문 제작
		캠페인	가출아동공동체 건립·운영을 위한 바자회 소년소녀가장을 위한 음악회 개최를 위한 모금캠페인

목적	목표	서비스	프로그램
			낙도 도서·놀이감 보내기 캠페인 결식아동을 위한 사랑의 빵나누기 모금 저소득가정 아동의 교육비 지원을 위한 물품기증 바자회 아동학대 예방 및 신고 캠페인 심장병어린이 수술비 모금을 위한 편지 쓰기

2) 청소년[2)] 영역

청소년기의 주요 과업은 자아정체감 형성이다. 자아정체감 형성은 청소년의 성장·발달, 가정, 사회 환경에 영향을 받는데, 청소년을 위한 섬김 사역은 '자아정체감 형성'을 도와주는 사회복지의 한 방법이다. 청소년을 위한 자원봉사는 개인적·사회적 의미에서 중요하다. 청소년은 아동에서 성인으로 성장해 가는 '과도기'로 갑작스러운 신체적·생리적 변화와, 사회적 역할과 환경의 변화, 이에 따른 자아정체감의 형성은 청소년 개인을 혼란스럽게 할 수 있다고 보았다. 사회적으로 청소년을 위한 자원봉사는 청소년의 권리를 보호하고, 건강한 시민으로 성장할 수 있는 환경을 조성한다는 의미에서 자발적인 사회구성원들의 참여가 필요하다. 청소년을 위한 자원봉사 프로그램의 예 **〈표 6-2〉**이다.

〈표 6-2〉 청소년을 위한 자원봉사 프로그램

목적	목표	서비스	프로그램
자립 기능 향상 (직접 대인 서비스)	심리적 지지	상담	청소년 상담(전화, 면접, 집단상담) 학교상담 자원봉사 비행청소년 상담(법무부, 검찰청 관련) 신앙 및 고충 상담

2) **청소년**(青少年)은 어린이와 청년의 중간 시기이다. 흔히 '청소년'이라 하면(이하 연령은 전부)(만 나이로) 14세 이상 20세 미만인 사람을 말하며, 통상 중학교와 고등학교의 시기에 해당된다.
청소년에 대한 연령 규정은 법령이나 규범에 따라 다른데, 대한민국의 청소년기본법에는 8세에서 24세 사이의 사람으로 규정되어 있다.[1] 그러나, 청소년의 보호와 규제를 목적으로 하는 청소년보호법에서는 20세 미만(19세가 되는 해의 1월 1일을 맞이한 사람은 제외한다)을 청소년으로 정의하고 있다.

목적	목표	서비스	프로그램
		결연	소년소녀가장, 결손가정(시설청소년), 비행청소년과 개별 결연
	사회성 증진	교육지원	기능교실(컴퓨터, 서예 등) 지원 방과 후 학습지도 청소년 자원봉사자 지도
		사회활동 지원	산업시찰 및 역사탐방 안내 농촌활동 지도
		여가선용	음악·그림·문학·연극 지도 캠프 지도 전통놀이 지도
	생활안정	취업지원	청소년들의 직업훈련 취업알선 및 사회적응훈련 시설을 퇴소한 연장아동 지도·지원
		생활 및 가사 지원	결식청소년 무료급식 및 노력봉사 불우청소년 도시락 및 밑반찬 전달 이·미용 서비스 차량지원 청소, 세탁, 생필품구입, 시장보기 등 가사봉사
		보호활동	가출청소년 일시보호(쉼터) 민간가정 위탁
사회적지지 (간접 서비스)	시설지원	업무보조	시설환경 정리 행정업무보조 차량지원
		시설장비	보육시설 화단 만들기 보일러·수도 등 각종 시설장비 놀이터 등 장비정비 청소년 수련시설 자연학습장 만들기
		방문활동	시설에서 레크리에이션 지도 보호관찰소·소년원 등 위문
	사회환경 조성	조사·정보제공·캠페인	청소년 유해 문화환경 조사·감시 청소년신문 제작 청소년 욕구조사 보조 근로청소년을 위한 음악회 개최 불우아동 및 청소년 장학금 모금을 위한 활동(바자회) 청소년을 위한 금연, 성교육, 약물남용 방지 캠페인 가출청소년을 위한 아웃리치

3) 노인[3)] 영역

현대사회는 고령화 사회이다. 경제성장에 따른 생활개선과 의학기술의 발달은 인간의 수명을 연장하고 노인의 인구를 계속 증가시키고 있다. 사람이 나이가 많아지면 심신기능이 쇠약해지고 노인성 질환으로 거동이 불편해져 자립생활이 어려워진다.

과거에는 이런 노인들이 가정에서 자녀들의 부양을 받으며 살아 왔다. 그러나 정보화 사회로 들어오면서 변화된 노인들의 생활환경과 젊은이들의 노부모 부양에 대한 의식변화를 비롯한 가정의 부양기능의 약화는 노인 단독가구 증가의 원인이 되어 또 다른 노인문제를 발생시키고 있다.

노인은 장애인 및 아동과 함께 섬김 사역의 주된 대상이 되고 있고 특히 고령화 사회에서 노인복지가 사회복지의 가장 큰 문제로 대두되고 있다고 보았다.

인간은 생애의 마지막 주기에 이르러 행복하고 건강하며 앞으로 더 번영하고자 하는 인간생활의 욕구충족이 노화현상으로 제한을 받거나 문제를 일으키게 되는데, 노인복지란 이러한 문제들을 해결하고 원조하기 위한 전문적이고 조직적인 활동을 말한다. 즉 노인복지는 노인이 한 가족과 사회에 잘 적응하고 통합될 수 있도록 노후생활에 필요한 자원과 서비스를 제공하는 활동이라 할 수 있다. 교회는 생명의 안전망이라는 사명을 가지고 이러한 서비스가 미치지 못하는 부분을 헌신적으로 파트너십을 가지고 적극적으로 임해야 할 것이다.

날로 증가하는 고령 노인들의 서비스 욕구를 가정이나 정부의 자원만으로 감당하기 어렵기 때문에 시민들의 자발적인 참여와 봉사를 필요로 하고 있다. 노인에 대한 시민들의 자발적인 참여와 봉사는 결국 우리 사회의 노인문제를 해결하고 더불어 사는 사회를 구성하는 데 큰 역할을 할 것이다. 노인을 위한 자원봉사 프로그램의 예 **〈표 6-3〉**이다.

---

3) 나이가 많은 사람. 성경에는 오래 산 늙은이(렘6:11) 를 가리킬 뿐 아니라 장로나 우두머리, 지도자 등을 뜻하기도 한다(사24:23; 렘19:1; 겔8:12). 성경에서는, 노인이 되는 것을 일종의 복으로 간주했고(잠16:31; 20:29), 자식으로서 부모에게 순종한 상급으로 노인의 반열에 설 수 있음을 가르치고 있다(출20:12). 또한, 노인에 대해 존경할 것을 명하고 있다(레19:32; 욥32:4-5).

〈표 6-3〉 노인을 위한 자원봉사 프로그램

목적	목표	서비스	프로그램
자립 기능 향상 (직접 대인 서비스)	심리적 지지	정서적 위문	노인에게 안부전화 걸기 독거노인 결연 무의탁노인 가정방문 무의탁노인 경로잔치 및 생일잔치 신앙 및 고충 상담
		심리적 자립	인지치료 보조 회상치료 보조
	사회성 증진	교육지원	노인대학 운영 보조 문맹노인 학습 지도
		사회활동지원	노인 자서전 쓰기 지도 독거노인 모임 보조 장애인 및 허약 노인 외출 동행 치매노인 사회적응 지도
		여가선용	노인 체육 지도 노인 취미활동 그룹 지도 노인 특기개발 지도
	생활안정	취업지원	노인취업 알선 노인공동작업장 지원
		생활 및 가사 지원	노인가정 환경미화 노인 급식 및 도시락 배달 노인 목욕 보조 무의탁 노인 세탁물 배달 이·미용 서비스 영정사진 촬영
		의료 및 건강지원	노인 진료 보조 간병활동 및 임종간호(호스피스) 저소득층 노인을 위한 무료진료단 조직 신체 재활운동 지원 병간호 및 신체적 수발 약품구입 대행 개인위생 대행(머리손질·손발톱 깎기 등)
사회적 지지 (간접 서비스)	시설지원	업무보조	시설환경 정리 차량 운행 행정업무 보조

목적	목표	서비스	프로그램
		방문활동	노인시설 위문공연 시설노인 생활보조 노인정 방문
		시설(장비) 정비	노인복지시설 환경미화 보일러·수도 등 각종 시설 장비 휠체어 등 노인장비 정비
	사회환경 조성	조사·개발	노인 관련 출판물 제작 보조 노인 생활물품 조사 보조 노인 욕구조사 보조

4) 장애인[4] 영역

장애인들에게 섬김 사역을 할 봉사자들이 더욱 깊은 인간적인 정을 느끼고 치료효과를 끌어낼 수 있기 때문에 교회에서의 장애인에 대한 섬김 사역은 그 만큼 중요하고 의미 있는 일이다. 이동이나 운동이 곤란한 지체장애인이나 맹인이 가야 할 곳이나 가고 싶은 곳에 갈 수 있도록 보조해 주어야하며, 시각장애인, 특히 맹인이 시각자료에 접근할 수 있도록 촉각자료나 청각자료를 만들어 주거나 대독 또는 설명해 주고 일상생활을 보조해 주어야 하고, 청각장애인, 특히 수화사용 청각장애인이 의사소통에서 어려움을 겪지 않도록 말을 수화로 그리고 수화를 말로 통역해 주며, 또한 언어장애인이 의사소통에서 어려움을 겪지 않도록 하기 위해 이들의 언어생활에 필요한 지원을 한다고 보았다. 그러나 수화 등은 전문영역이므로 자원봉사자는 항상 노력하여야 하며 자원봉사 활동 시 필요한 지식들을 습득할 수 있는 기회를 계속 가져야 할 것이다.

정신지체 인이나 중증의 정서 장애인이 일상생활을 적절히 할 수 있도록 간헐적 또는 전반적인 지원을 해야 하며, 학습장애인을 비롯한 장애인이 각자에게 알맞고 필

4) 지체장애, 시각장애, 청각장애, 언어장애 또는 정신지체 등 정신 능력이 원활하지 못함으로 인해 장기간에 걸쳐 일상생활 또는 사회생활에서 어려움이 있는 사람을 말한다.

요한 교육을 받을 수 있게 하기 위해 개별지도나 개별화 교육을 해야 한다.

특히 장애인의 장애나 부적응 행동이 하루속히 개선되게 하기 위해서는 이들에게 적기에 적당량의 치료를 해야 하며, 또 장애인이 일반인과 접촉하고, 일반인이 하는 것과 같은 경험을 하고 원하는 활동을 할 수 있게 하기 위해서는 그렇게 할 수 있는 기회를 갖게 해야 한다.

그러기 위해서는 교회, 가정, 장애인 복지시설, 특수교육기관, 장애인 복지단체 및 기관 등에서 장애인의 보호, 교육, 치료, 취업, 기타 생활을 잘 할 수 있도록 돕는 사회적 지원체계가 있어야 한다. 특히 무엇보다도 장애인들을 돕는 많은 인력의 지원이 필요하며 교회는 교회가 가지고 있는 인적 자원을 사회적 책임을 가지고 함께 동참하는 자세가 절실히 필요하다고 본다. 그러나 현재는 필요한 인력을 요구되는 수만큼 공급하지 못하고 있다. 그러므로 교회와 지역사회의 자발적 봉사가 절실히 필요하다.

모든 장애인이 정상적인 생활을 할 수 있도록 하기 위해서는 이들에게 필요한 지원도 해야 하지만, 장애인에 대한 일반인의 인식을 개선하고 모두가 공동체 의식을 갖게 해야 하는데, 그 방법 중 가장 좋은 방법은 장애인을 위한 자원봉사활동을 하게 하는 것이 매우 중요하다고 본다. 장애인을 위한 자원봉사 프로그램의 예 **〈표 6-4〉**이다.

〈표 6-4〉 장애인을 위한 자원봉사 프로그램

목적	목표	서비스	프로그램
자립 기능 향상 (직접 대인 서비스)	심리적 지지	정서적 위문	재활 전화 상담 책·신문 읽어 주기 말벗
		심리적 자립	발달장애인 친구 되기 장애인 홈페이지 운영 심리재활 프로그램 안내 및 보조
	사회성 증진	사회활동 지원	발달장애인의 대중교통 이용 지도 및 보조 발달장애인의 지역사회 시설 이용 지도 및 보조 언어소통을 위한 수화 통역 중증장애인 나들이 보조

목적	목표	서비스	프로그램
			특수학교 장애아동 통학 보조 시각장애인 길 안내 운전 자원봉사 활동 장애인 특수장비 보수(휠체어·목발·의족 등)
		교육지원	장애아동 학습지도 및 보조 장애인 컴퓨터 교육 시각장애인 이동 훈련 보조 직업훈련 보조
	생활안정	여가선용	장애아동 발달을 위한 학예활동 지도 체육활동 지도 현장학습 보조 여가선용 보조 운동회 개최 견학 및 야외학습 보조
		취업지원	구인·구직 개척 및 상담 구직 장애인을 위한 작업지도 및 보조 장애인 직업재활을 위한 욕구분석 보조 취업 알선 및 사후 지원 고용 홍보 보조 영세가정 장애인 개별 결연
		생활지원	목욕·반찬·가사 지원 환경미화 이·미용 서비스
		보호활동	장애아동 돌보기 장애인 그룹 홈 관리 보조
		의료 및 건강 지원	순회 진료 언어 치료 보조 건강검진 및 병원이용 안내 병간호·신체적 수발 물리치료 및 재활치료 보조 건강관리 지도
사회적지지 (간접 서비스)	시설지원	업무보조	관련 시설·단체 업무 보조 시각장애인을 위한 녹음테이프 제작 보조 시각장애인을 위한 도서 전산화작업 보조 장애아동 학습 증진을 위한 학습자료 제작 보조 장애인 체육대회 보조 후원자 개발·관리 보조

목적	목표	서비스	프로그램
		기술지원	설비·장비 보수 및 환경 관리
	사회환경 조성	조사·개발	장애인 관련 조사연구 보조 강연회 개최, 영화 상영, 계몽서 출판 장애인 주택 개선
		캠페인	장애인 관련 각종 행사 및 캠페인 보조

5) 문화 영역

우리나라는 상당수 사람들이 시간적·경제적 이유, 문화의 지역적 편재, 정보 부족 등으로 말미암아 문화생활을 제대로 향유하지 못하고 있다. 뿐만 아니라 문화예술 분야의 국가적 지원 역시 매우 미흡한 실정이다. 따라서 이러한 우리 사회의 문제점을 해결하고 현실을 개선하기 위해 자원봉사자들이 문화 영역에 적극적으로 참여할 필요가 있다.

주변의 문제점이나 어려운 점을 공동체 안에서 자발적으로 해결함으로써 더 향상된 삶을 향유할 수 있고, 자기 스스로를 계발할 수 있기 때문에 자원봉사활동은 문화적 삶을 가꾸어 나가기 위해 꼭 필요한 것이라고 할 수 있다. 이 영역은 특별히 교회에서의 자원봉사자들에게는 매우 유익한 활동이 될 수 있다.

■ 문화영역의 섬김 사역 프로그램

<한글교실 운영>

① 프로그램 개요

'한글교실 운영'은 아직 한글을 깨우치지 못해 일상생활에서 불편을 겪고 있는 사람들을 대상으로 한글을 가르치는 프로그램이다. 한글을 읽지 못하는 사람을 모아 기본철자 및 문자 쓰기, 그밖에 생활에 꼭 필요한 문장, 서류작성 등을 가르친다.

② 프로그램의 목표

글자를 전혀 모르는 사람들이 일상생활을 하는데 불편함은 말할 수 없이 크다. 우리나라의 문맹률은 낮은 편이나 아직도 글을 읽고 쓸 줄 몰라 불편을 겪는 것은 비단 노인층에게만 국한된 문제는 아니다. 초등학교가 의무교육임에도 불구하고 여러 가지 이유로 그 혜택을 받지 못한 사람들이 의외로 많다. 따라서 이 같은 문제를 해결해 줄 프로그램이 필요하다.

프로그램의 기대효과는 문맹퇴치에 기여, 자신과 처지가 다른 사람을 이해할 수 있는 기회, 교육실습의 기회 등이다. 문화 영역의 자원봉사 프로그램의 예 **〈표 6-5〉**이다.

〈표 6-5〉 문화 영역의 자원봉사 프로그램

목적	목표	서비스	프로그램
문화재 보존	무형문화재 계승	보급 활동	무형문화재 공연(전시) 및 강습
	유형문화재 및 문화시설보호	관리활동	유형문화재 보호·감시·제도 유형문화재 안전점검 문화재 지역 환경정화 문화재 보호 캠페인
	문화재 발굴	자료조사	박물관 자료정리 향토 문화 조사·연구
		현장작업	문화재 발굴 보조
문화생활 향상	계몽 및 편익제공	교육활동	한글교실 운영 입원환자를 위한 노래방 운영
		정보제공	문화시설 이용 및 문화행사 정보지 발간
		제작 및 공연	생활문화예술 제작·연출·공연
	생활불편 및 유해환경 개선	조사활동	청소년 유해환경 실태조사 청소년 유해시설 감시 문화시설 이용에 관한 여론조사
		모니터링	텔레비전 모니터링 만화 모니터링 컴퓨터 통신 모니터링
문화 복지	대인 서비스	위문활동	지역사회 음악회에서 봉사

목적	목표	서비스	프로그램
서비스			노인복지시설 위문공연
		행사후원	문화행사 진행 보조
		교육지원	문화공연 영상자료 제작 유형문화재 영상자료 제작
	문화시설 이용 서비스	행정지원	지역도서관 도서정리
		업무보조	지역문화시설 안내 문화시설 탁아보조
문화 영역 후원	행정 서비스	사무, 행정보조	운영·지원·기술·관리행정 업무 및 사무보조 사무용품 관리
		통·번역 봉사	동시통역·순차통역 외국어 안내·번역
	기술 서비스	기술보조	전산, 통신, 방송, 전자 시설 관리 및 보조
	운영 서비스	운영보조	차량 및 환경관리 후생편익 일반 안내 물자전달 기술 보조 출입통제 및 출입증 관리 소방 및 일반안전 지원

교회성장을 위한 섬김 사역 프로그램은 교회 내에서 다양한 분야에 걸친 활동을 통해 교회 구성원들의 영적 성장과 지역 사회에 대한 봉사를 촉진하며, 교회 자체의 성장과 발전을 목표로 한다. 아래에 몇 가지 분야별 섬김 사역 프로그램의 예시를 설명한다.

(1) 예배와 영성 성장 프로그램:

- **성경 공부 그룹**: 성경 공부 그룹을 형성하여 구성원들이 성경을 함께 공부하고 신앙을 깊게 나눌 수 있도록 지원한다.

• **예배 참여 촉진**: 예배 참여를 촉진하기 위해 다양한 예배 스타일을 도입하거나, 음악, 말씀, 기도 등을 다양한 방식으로 풍부하게 제공한다.

(2) 지역 사회 봉사 프로그램:

• **지역사회 서비스데이**: 교회 구성원들이 정기적으로 모여 지역 사회 봉사 활동을 실시한다. 음식 나눔, 홈레스 돕기, 공원 정리 등을 포함할 수 있다.

• **교육 지원**: 어린이나 청소년들을 위한 교육 프로그램을 운영하거나, 지역 내 학교에서 지원이 필요한 학생들을 위해 튜터링 프로그램을 제공한다.

(3) 가족 및 부부 지원 프로그램:

• **결혼 세미나**: 부부와 예비 부부들을 위한 결혼 세미나를 개최하여 가족 관계 강화와 부부의 성장을 돕는다.

• **가정 섬김**: 노인 부모나 어린 자녀를 돌보는 가족들을 지원하기 위한 프로그램을 운영한다.

(4) 청소년 및 어린이 사역 프로그램:

• **청소년 그룹**: 청소년들을 위한 예배, 성경 공부, 봉사 활동 등을 통해 영성적인 성장과 사회적인 참여를 지원한다.

• **어린이 예배**: 어린이들을 위한 별도의 예배와 교육 프로그램을 제공하여 그들의 영성적 기초를 다지도록 돕는다.

(5) 사회복지 및 봉사 프로그램:

• **음식 나눔 센터**: 지역 내의 빈곤층에게 음식을 나눠주는 센터를 운영하고 관리한다.

- **임시 숙소 운영**: 홈레스나 긴급한 숙박이 필요한 사람들을 위해 임시 숙소를 제공한다.

이러한 분야별 섬김 사역 프로그램은 교회 구성원들의 다양한 필요에 부합하며, 교회 내에서 영적 성장과 지역 사회에 대한 봉사를 조화롭게 결합하여 교회성장을 촉진한다. 이뿐만 아니라 교회 성장은 이러한 섬김 사역 프로그램을 통해 교회의 목표와 비전을 실현하며 더 큰 영향력을 갖는 기회를 창출할 수 있다.

Christian Social Welfare | chapter 07

주체별 섬김 사역 프로그램

교회에서의 섬김 사역은 누구나 할 수 있다. 하는 사람이 따로 있는 것은 아니다. 누구나 마음만 먹으면 부담 없이 가볍게 할 수 있는 것이 섬김 사역이다. 누구나 바라는 것이 없이 자발적으로 꾸준히 할 수만 있다면 해볼 만한 소중한 일이 교회에서의 섬김 사역이다. 따뜻한 손길과 부지런한 발걸음을 기다리는 곳도 많고 기대하는 사람들도 무수히 많다. 시간을 내고 손발과 두뇌를 빌려줄 수 있는 사람이면 누구나 자원봉사자가 될 수 있다.

1) 교회학교 아동부의 섬김 사역

(1) 아동의 봉사활동의 의미와 가치

어릴 때의 습관과 의식들이 성인이 된 이후의 행동과 태도에 크게 영향을 미친다는 의미에서 아동들의 자원봉사활동은 매우 중요하다. 아동들에게 꿈과 희망을 심어 주고 건강한 심신을 갖도록 하는 일은 사회 공동의 책임이며 의무이다. 김영호(2006)는 만약 오늘날의 아동들이 협동심보다 이기적으로, 모두가 잘 사는 공동체 의식보다 현실에서의 경쟁 주의적 사고를 지니도록 방치한다면 이는 사회와 나라의 미래를 위하여 심각하게 걱정하지 않을 수 없는 일이라고 했다.

우리가 지금 직면하고 있는 많은 문제들을 살펴보면, 대부분이 입시문제로 귀결됨과 아울러 어른들의 잘못된 가치관과 교육관에서 비롯된다는 사실을 알 수 있으며, 이러한 문제들의 해결을 위해서는 지식 위주의 교육에서 탈피하여 삶의 소중함을 인식하는 인성교육 강화 및 인간을 인간답게 사고하고 행동하도록 하는 인간교육이 가정과 사회 그리고 학교에서 이루어져야 한다는 당위성이 강하게 제기되는 것이다.

교회학교에서의 섬김 사역 활동은 아동들에게 가장 소중한 인간성 상실을 예방하고 올바른 감수성을 기르는 바람직한 인간교육의 하나가 될 것이다. 자원봉사 활동은 이론과 실제를 통하여 인간에 대한 사랑과 가치를 배우게 하며, 이 활동을 통해 희망찬 미래를 가꾸는 데 기여한다는 점에서 매우 가치 있는 교육방법이 될 것이다.

따라서 이러한 목적달성을 위해서는 아동들의 신체적·정신적 특성을 고려한 적절한 프로그램 개발과 연결, 그리고 중간지도자 양성과 후속적인 지도가 꾸준히 이루어져야 할 것이다. 그리고 교회는 예수님의 사랑을 실천하는 다양한 삶 속에서의 실천 프로그램을 연구하고 개발해야 할 것이다.

(2) 일반적인 아동들의 특성

올바르게 아동을 이해하기 위해서는 먼저 일반적인 아동들의 기본 특성을 이해하여야 하며, 그 특성으로는 첫째, 아동들은 신체적·정신적으로 급속한 성장의 특성을 갖는다. 둘째, 좋은 습관을 길러주어야 할 시기이다. 셋째, 직업에 대한 탐색이 시작되는 시기이다.

김영호(2006) 는 아동들의 다양한 특성들을 고려할 때 이 시기가 자원봉사활동을 통한 인간화 교육을 하기에 가장 적합하다고 보는 이유이다.

이런 의미에서 우리나라의 경우도 어릴 때의 교육을 중시한다는 점에서 자원봉사활동을 통한 인간화 교육은 궁극적으로 자신과 사회와 인류 모두를 위하는 일이며 교회에서도 이러한 측면에서 자원봉사 교육을 통하여 미래의 지도자를 위한 교육이 매우 필요하다고 본다.

(3) 아동 자원봉사활동을 지도하는 데의 유의점

아동들의 교회에서의 자원봉사활동을 지도하는 데 있어서 유의해야 할 내용으로는 다음과 같다.

첫째, 아동이 스스로 자기의 일을 처리하고 해결해 나가도록 한다.

둘째, 남을 돕는 일이 하나님의 사랑을 실천 할 수 있는 즐겁고 가치 있는 일이라는 체험을 가질 수 있도록 한다.

셋째, 봉사활동의 범위를 교회를 중심으로 점차적으로 늘려 나간다. 즉, 가족에서 친구나 교사로, 집단사회에서 지역사회로 확대한다.

넷째, 봉사활동 후에는 칭찬과 격려를 함으로써 봉사활동을 계속할 수 있도록 인정해 주어야 한다.

다섯째, 아동이 능동적으로 생활의 한 몫을 담당하도로 하여 자부심을 갖게 한다.

여섯째, 아동들의 눈높이에 맞춘 체계적인 프로그램을 개발하여 일거리를 제공하며, 결과에 대해 교회학교에서 함께 이야기를 나누면서 스스로 평가를 유도한다.

(4) 아동들이 할 수 있는 섬김 사역 내용

아동들이 교회섬김사역을 생활화하기 위해서 가족단위로 봉사활동에 참여하는 것이 가장 바람직하다. 그것은 부모나 가족들과 함께 하는 봉사활동은 바른 인생관 형성과 가족 유대감을 형성하는 데 효과가 크기 때문이다. 또는 교회학교 반별로 부서별로 진행하는 것도 바람직하다고 생각한다.

가족봉사는 아동들만으로 힘든 일을 부모나 형제가 함께 함으로써 보다 안정된 구성원들끼리 봉사활동이 자연스럽게 봉사학습으로 연결되는 것이다. 아동들의 섬김사역 내용은 우선 아동이 쉽게 흥미를 가질 수 있는 일거리를 제공하는 데서부터 시작하는 것이 좋다고 본다.

〈표 7-1〉 아동의 주요봉사 활동내용

활동주체	주요 봉사활동 내용	
아동	• 아픈 친구 도와주기 • 쓰레기 분리수거 및 재활용품 모으기 • 수고하신 분들께 감사드리기 (집배원, 환경미화원, 경찰원 등) • 노인, 장애인 돕기 • 불우이웃 찾아보기	• 입지 않는 옷이나 장난감 모아서 나누어 쓰기 • 혼자 사는 노인에게 안부 전화하기 • 질서 지키기 • 부모, 형제, 교사 도와드리기 • 지구촌 난민 돕기 등

2) 청소년의 자원봉사

(1) 청소년 자원봉사활동의 대두배경

최근 우리나라에서 자원봉사활동에 대한 관심은 그 어느 때보다도 높아져 가고 있는 실정이다. 이러한 관심의 증가가 대두된 배경은 다양한 사회문제의 해결에 있어서 국가나 지방자치단체의 책임만으로는 한계가 있음을 인식하고 공동체의식에 입각한 민간단체와 기업, 그리고 지역주민의 자발적인 참여활동이 적극적으로 요청되고 있기 때문이다. 그 중에서도 의미 있는 작업 중의 하나는 중·고등학생들을 대상으로

한 학생 자원봉사활동의 제도화라 볼 수 있다.

학생 자원봉사활동의 제도화는 1995년 5월 31일 교육개혁위원회가 제시한 '신교육체제 수립을 위한 교육개혁 방안'에서 9개의 정책과정 중의 하나인 '인성 및 창의성을 함양하는 교육과정'에 나타나고 있으며, 이의 추진사항으로 청소년의 수련활동과 봉사활동을 '학교생활기록부'에 반영하는 것을 주요 골자로 하고 상급학교진학 시에 이를 반영되도록 규정하였던 것이다. 이런 취지 속에 교회도 교회 자체적으로 학생회를 중심으로든 반별로 교사를 중심으로 자원봉사를 실천해나가는 것이 바람직하다고 본다.

〈표 7-2〉 교육부 지정 7개 학생 자원봉사활동 유형

영역	활동내용
1. 일손돕기활동	복지시설, 공공기관, 병원, 농어촌 학교 내 일손 돕기
2. 위문활동	보육원, 양로원, 장애인, 병약자 자매부대 위문
3. 지도활동	동급생, 하급생, 사회교육, 교통안전 지도
4. 캠페인활동	공공질서 확립, 교통안전, 학교주변 정화, 환경보전 캠페인
5. 자선·구호활동	재해 구호, 불우이웃돕기, 헌혈-골수 기증, 국제협력-난민구호
6. 환경·시설보전활동	깨끗한 환경 만들기, 자연보호, 문화재 보호
7. 지역사회개발활동	지역실태조사, 지역사회 가꾸기, 지역홍보, 지역행사 지원

(2) 청소년 자원봉사활동의 의의와 기대효과

청소년기는 성인이 되기 위한 학습시기로서 사회적 기능을 획득하며, 육체적·심리적·사회적으로 중요한 변화와 성장과정을 겪게 되고, 자아정체감과 도덕성을 형성하면서 한 인간으로서의 행동 기준과 가치관을 정립해 나간다. 이 시기에 일어나는 질적 변화들은 사회 환경으로부터 많은 영향을 받게 되므로 건강한 환경의 제공은 청소년들의 인성 발달에 필수적이라고 할 수 있다. 특히 자아정체성과 도덕성을 통합시킬 수 있는 시기인 청소년기에 사회참여의 기회로서 교회에서의 자원봉사활동 경험은 청소년의 건전한 성장을 돕기 위해 꼭 필요하다.

따라서 교회에서의 청소년 자원봉사활동의 필요성을 살펴보면 다음과 같다.

첫째, 봉사활동을 통해서 자신의 잠재력을 발견할 수 있으며 집단경험을 통해 사회적 연대감, 공동체 의식을 키우게 된다.

둘째, 민주시민으로서의 자질을 함양하게 된다.

셋째, 사회와 환경을 체험함으로써 청소년들의 정신적·심리적 성숙에 기여할 수 있게 된다.

교회에서 중·고등학교 학생자원봉사활동이 가지는 의의는 이웃에 대한 사랑과 학교교육의 보완, 성인으로의 준비라는 교육적 효과가 있을 뿐만 아니라 자원봉사활동을 통해서 자신의 잠재력을 개발하거나 사회 환경을 체험함으로써 청소년들의 정신적·심리적 성숙과 발달을 도모할 수 있는 장점들이 있다. 또한 청소년들의 자원봉사활동을 통한 사회참여는 사회적 연대감과 공동체의식을 배양하여 장기적으로는 복지문화를 형성하는 기반이 될 수 있을 것이다. 이러한 의의와 함께 청소년들이 자원봉사활동의 경험을 통해서 얻을 수 있는 3가지의 기대효과는 **〈표 7-3〉**과 같다.

〈표 7-3〉 청소년 자원봉사활동의 기대효과 영역

기대효과	내용
개인적 성장과 발달	자아존중감, 개인적 유능감, 자아와 도덕 발달, 새로운 역할과 관심의 탐색, 새로운 도전의 수용과 위험의 감수, 가치와 신념의 수정과 강화, 책임감의 향상, 자기행동의 결과에 대한 수용
지적 성장과 발달	기본적인 학업기술(생각의 표현, 읽기, 계산하기), 높은 수준의 사고기술(편견 없는 태도, 문제해결, 비판적 사고), 봉사경험과 직접적으로 관련된 내용과 기술, 경험으로부터 습득한 기술(관찰, 질문, 지식에 적용), 지식의 습득과 보유에 대한 동기, 책이나 강의를 통해서 설명할 수 없지만 꼭 알아야 할 통찰력, 판단 및 이해
사회적 성장과 발달	다른 사람의 복지에 대한 관심과 사회적 책임성, 정치적 유능성, 민주시민이 참여정신 함양, 자원봉사와 관련된 직업에 대한 지식과 탐색, 다양한 배경과 삶의 상황에 처해 있는 사람들에 대한 폭넓은 이해와 평가

이러한 의의와 함께 청소년 자원봉사활동을 바라보는 입장은 크게 3가지로 구분하여 살펴볼 수 있다.

첫 번째 관점은 '학습'으로서 자원봉사를 바라보는 점이다. 이 관점은 청소년이 봉사활동을 통하여 문제해결의 방법을 스스로 구해보도록 하며, 지역사회의 다양한 사회문제에 대하여 학교에서 배운 이론의 적용과 사회 현실의 경험, 그리고 도덕적 가치의 체험까지 동시에 통합적으로 습득할 수 있는 과정을 배우는 것이 자원봉사활동이라 보는 것이다. 이러한 관점에서 청소년 자원봉사활동을 바라본다면, 청소년봉사활동은 점수 따기 식의 봉사활동이 아니라 학업과 연계한 봉사학습이 되어야 하고, 부여된 과제완수 위주의 봉사활동보다는 청소년의 인성적 발달과 교육적 측면을 중시하여야 하며, 청소년은 사회 현실을 무시한 채 아무 것도 모르는 사람이 아닌 무한한 잠재력을 지닌 사회 구성원으로 바라보아야 할 것이다.

두 번째 관점은 교회를 자원봉사활동의 실시에서 나타나는 '활동의 방법'으로서 자원봉사를 바라보는 관점이다. 이는 자원봉사가 시간과 장소를 불문하고 교육이 아닌 활동으로 이루어지기 때문에 참가하는 청소년들의 주체성, 자발성이 중요시되고 본인의 봉사활동 경험을 기초로 스스로 봉사활동을 작성하여 평가하며, 나아가 집단토의나 사례발표 등을 통하여 지식과 경험을 상호 교환해야 한다. 따라서 청소년 자원봉사활동은 수동적·타율적 봉사에서 창의력 개발과 기술양상이 가능한 활동으로 이어지며, 청소년을 '위해서'라는 자세에서 청소년과 '함께'한다는 자세로 전환되어야 할 것이다.

세 번째 관점은 '더불어 살아가는 생활'의 한 요소로써, 즉 생활구조로서 자원봉사를 바라는 관점이다. 더불어 살아가는 생활은 인간 상호간의 도움과 협동을 필요로 하며, 구성원들이 상호부조와 연대감을 가지고 개인생활을 전개해 나갈 때 가능할 것이다. 이러한 점을 생각한다면 청소년 자원봉사활동이란 청소년 생활의 한 부분이며 동시에 복지공동체 사회의 성립에 중요한 기초가 된다는 것을 알 수 있다. 따라서 이 관점은 생활 주체자인 청소년의 가치 및 행위방식이 이타적이며 적극적인 생활구조로 될 때, 봉사활동이 쉽게 가능하게 된다는 것이며 나아가 사회 환경이나 조건이 청소년 자원봉사활동을 쉽게 가능하게 할 수 있는 생활구조로 만들어져 있다는 것이다.

이러한 관점에서 청소년 자원봉사활동을 바라본다면, 이기적이며 자기중심적인 생활 활동에서 이타적이며 사회 정의적 생활 활동을 전개해 나가고, 사회 및 단체의 부담이라는 생각을 버리고 상호 협력과 지원을 아끼지 않는 동반자적 관계로 인식하여, 주어진 과제나 현 사회문제의 해결이라는 단기적 봉사활동에서 더불어 살아가는 복지공동체 사회를 구축한다는 장기적 시각에서 봉사활동을 바라보아야 할 것이다.

청소년 자원봉사활동에 대한 개인 및 사회의 태도변화를 실제 청소년 자원봉사 활동이 이루고 있는 현장에서 살펴보면 위의 2가지 관점은 각각 개별적으로 이루어지는 것이 아니라 서로 상호 보완적이며 통합적인 관계에서 이루어지고 있다는 것이다. 이러한 세 가지 관점과 관련하여 청소년 자원봉사활동에 대한 개인 및 사회의 태도변화를 요약 정리하면 다음 **〈표 7-4〉**과 같다.

〈표 7-4〉 청소년 자원봉사활동에 대한 개인 및 사회의 태도변화

관점	청소년 자원봉사활동에 대한 개인 및 사회의 태도변화
학습	점수따기식 봉사활동 ⇒ 학업과 연계한 봉사활동(봉사학습) 부여된 과제완수 위주 ⇒ 청소년의 인성적 발달과 교육적 측면 중시 아무것도 모르는 사람 ⇒ 무한한 잠재력을 지닌 사회 구성원
활동	수동적·타율적 봉사활동 ⇒ 주체적·자발적 봉사활동 보조적인 단순 노력복사 ⇒ 창의력 개발과 기술양성 가능한 업무 청소년을 위해서(for)라는 자세 ⇒ 청소년과 함께(with)한다는 자세
생활구조	이기적이며 자기중심적인 생활 활동 ⇒ 이타적이며 사회 정의적 생활 활동 사회 및 단체의 부담 또는 짐 ⇒ 상호 협력과 지원을 통한 동반자 관계 단기적 문제해결 중심의 봉사활동 ⇒ 장기적 복지공동체 구축을 위한 봉사활동

(3) 청소년 자원봉사활동의 필요성

청소년들이 미래사회의 책임자로서 복지사회 건설의 건전한 시민으로서 양성하기 위한 필요성을 살펴보면 다음과 같다.

① 개인적 측면

여가가 증가해 가는 현대사회일수록 자원봉사활동을 통해 '만족스러운 여가의 활용 기회, 자기실현의 욕구'등과 같은 인간의 기본적 욕구를 충족시켜 정신적 안정과 성실감을 가질 수 있게 함과 동시에 여가를 건전하게 사용할 수 있게 함으로써 여러 가지 사회문제를 예방함은 물론 인생의 보람과 희망을 갖게 할 필요가 증가하고 있다.

청소년들은 비교적 소극적이고 비활동적인 여가생활을 하고 있는 것으로 나타났다. 여가생활의 만족도는 전체생활의 질을 좌우하는바 제한된 여가를 행할 수밖에 없는 현실에서 보면 여가활동을 겸해서 자아실현도 성취할 수 있는 자원봉사 활동의 프로그램 내용을 개발 및 홍보하여 청소년을 참여토록 하는 것이 무엇보다 필요할 것이다.

청소년들이 봉사활동을 통해서 얻을 수 있는 이점들을 제시하면 다음과 같다.

a. 봉사활동을 통해 학생들의 자기존재 의미와 가치 존중의 정신을 깨달을 수 있고, 인간의 존엄성과 가치를 인식하여 건전한 인격형성의 바탕을 마련할 수 있다.
b. 봉사활동은 학생들로 하여금 원만한 인간관계를 유지토록 하는 사회성을 함양하여 준다. 즉 다른 사람과의 접촉을 통하여 서로 이해하고 원만한 생활을 유지할 수 있는 능력을 길러준다.
c. 봉사활동은 학생들에게 자신감을 갖게 하고 잠재적인 지도력을 개발하여 표현력을 길러주고 잠재적인 지도력을 개발하게 된다.
d. 학생들은 봉사활동을 통해 어려운 사람들을 도와 함께 살아가는 공동체 의식을 기를 수 있다. 현대의 산업화된 개인적인 의식구조 하에서 봉사활동은 이러한 이기적인 태도를 극복하고 서로 돕고 살아가는 공동체 의식을 길러준다.
e. 학생들에게 바람직한 민주시민의 정신을 함양시켜준다. 자발적으로 참여하며 서로 협동심과 책임감을 바탕으로 한 민주시민의 역량을 제고시킨다.
f. 의미 있는 여가생활을 보낼 수 있다.

따라서 청소년들은 자원봉사활동을 체험함으로써 자신의 삶의 의미를 새롭게 인식하게 되며, 자발적인 참여로 인하여 지역사회에의 한 일원으로 책임감과 보람을 갖게 한다. 또한 탈선과 비행을 예방하고 자신의 적성을 발견하여 자원봉사활동을 통한 여가생활을 건전하게 전개함으로서 바람직한 진로를 선택할 수 있다.

② 학교 교육적 측면

오늘날 입시 위주의 획일화된 교육과 과중한 사교육비 부담에 대한 교육환경의 반성으로 인한 문제해결의 대안으로 청소년 자원봉사활동에 대한 사회적 관심이 높아지게 되었다. 시대적인 요청으로 인하여 중, 고등학생의 봉사활동을 종합생활기록부의 평가 자료로 삼아 내신 성적에 반영하고 있으며 이와 관련된 각종 시책들이 시행, 추진하게 됨으로써 학교교육에는 새로운 전환점을 가져오는 계기가 마련되었다.

학교에서의 자원봉사활동의 의무화와 제도화로 인해 학교에서는 지식전달 위주의 교육현장을 탈피하여 다양한 분야와 내용에 걸친 봉사활동을 통해 경험과 실천의 교육현장을 마련할 수 있게 되었을 뿐만 아니라, 학교로 국한되어 있던 교육의 장을 학교뿐만 아니라 지역사회로 까지 확대하는 효과를 얻을 수 있게 되었다.

따라서 학교 교육적 측면에서 청소년 자원봉사의 장점을 제시하면 다음과 같다.

a. 청소년들은 봉사활동을 통해서 지역사회에 대한 이해를 넓힐 수 있으며, 이 같은 봉사활동을 통해 교육의 장을 학교뿐만 아니라 지역사회에까지 확대하는 효과를 얻을 수 있다.

b. 봉사활동을 통해 제한적인 교육공간을 탈피하여 각종 체험을 통한 풍부한 교육의 기회를 접할 수 있다.

c. 봉사활동을 통해 학교와 지역사회와의 관계를 증진시킬 수 있다. 학교가 지역사회의 일원으로써 서로 협력하고 지역발전에 동참할 수 있는 관계를 형성토록 한다.

d. 학생과 교사가 협동하여 함께 자원봉사활동을 하는 과정 속에서 학생과 교사의 관계가 증진될 수 있다.
e. 개별교사들은 자원봉사활동프로그램을 통해 창의적 혁신에 대한 도전을 받아들이고 성취업적에 대해 인지함으로써 자신들의 긍지가 고양되었음을 발견하게 된다. 또한 활동의 결과는 전체적으로 가르치는 직업에 대한 긍지를 높인다.

③ 지역 사회적 측면

1960년대 이후 급속한 경제발전에 따른 지역간, 산업 간의 인구이동은 지역주민의 생활양식과 의식구조의 변혁을 일으켜 왔고, 이에 수반되는 물질문명의 발달과 선진화된 문화의 유입으로 인해 자연적 환경뿐만 아니라 유기적으로 결속되어 오던 기존의 사회적 환경에 많은 변화를 가져왔다.

류종훈(2007)은 변화하는 현대 사회 속에서 이러한 변화에 능동적으로 대처하여 창의적이고 주체적이며 인간성이 풍부한 미래의 주인공으로써 우리 청소년들을 교육하는 것은 지역사회의 균형발전 차원에서 무엇보다도 중요한 과제로 보았다. 이러한 과제를 수행함에 있어 청소년들로 하여금 자원봉사활동에 적극적으로 참여하도록 하는 것은 지역사회에 있어서 공동체 지향적인 주민정신을 갖게 하고 주인의식을 높일 수 있는 계기를 마련해 줄 수 있다.

청소년들은 자원봉사인력으로서 지역사회가 발전하는데 크게 기여한 점들이 많은데 구체적으로 내용을 제시하면 다음과 같다.

a. 지역사회의 문제를 지방정부나 공공기관에 의지하여 해결하려는 풍토를 극복하고, 자의적으로 해결하는 과정에서 소외된 계층을 돌보고 지역의 환경을 개선해 가는 등의 자발적인 의식구조로의 전환을 기대할 수 있을 것이다.
b. 학생들이 봉사활동의 지도를 받음으로써 장차 지역사회의 문제를 해결할 재원으로 성장하게 될 것이며, 이에 따른 중추적인 지위에서의 활발한 지역사회 활동을

기대할 수 있을 것이다.

c. 지역의 청소년들과 협력하여 일함으로써 성인들로 하여금 오늘날의 청소년들에 대한 이해를 높이고 그들을 수용할 수 있게 한다.

(4) 청소년들이 활용할 수 있는 활동내용

청소년들이 할 수 있는 봉사활동의 구체적인 내용은 **〈표 3-12〉**와 같으며, 미국촛불재단이 제시하고 있는 청소년들이 할 수 있는 주요 봉사활동 내용과 기대효과를 살펴보면 **〈표 7-5〉**와 같다.

〈표 7-5〉 학생들을 위한 봉사활동 분류

봉사활동 목적에 따른 구분	주요 봉사활동 내용		비고
1) 일손 돕기 활동	• 복지시설 일손 돕기 • 병원 일손 돕기 • 학교 내 일손 돕기	• 공공기관 일손 돕기 • 농어촌 일손 돕기	
2) 위문활동	• 고아원 위문 • 장애인 위문 • 자매부대 위문	• 양로원 위문 • 병약자 위문	
3) 지도활동	• 동급생 지도 • 사회교육 지도	• 하급생 지도 • 교통안전 지도	
4) 자선·구호활동	• 재해구호활동 • 헌혈 및 골수기증	• 불우이웃 돕기 • 국제협력과 난민구호	
5) 환경·시설 보전활동	• 깨끗한 환경 만들기 • 나무심기 및 가꾸기	• 자연보호 • 문화재 보호	
6) 지역사회 개발활동	• 지역실태 조사활동 • 지역 홍보활동	• 지역사회 가꾸기 • 지역행사 지원활동	
7) 기타	※ 앞서 언급한 7가지의 큰 영역으로 분류하기 어려운 봉사활동이 개발되면, 그 활동내용을 구체적으로 명시		

〈표 7-6〉 청소년들이 할 수 있는 봉사활동 내용과 기대효과

발달분야	중학교(6~8학년)	고등학교(9~12학년)
지성 발달	• 구체적 사고 • 현실과 현실에서의 경험, 가능성 중시 • 급속한 신체변화 • 짧은 집중력 주기 • 서투름	• 추상적 사고력 발달 • 제도와 전통에 대한 비판적 사고 • 구체적 경험과 추상적 사고의 연결 • 신체변화 정지 • 집중력 주기증가 • 성인으로 대우받기 원함
경제성 발달	• 집단소속을 동경함 • 부모, 동료 및 성인으로부터의 긍정이 필요함	• 자아 정체를 찾음 • 자기 비판적 경향을 띰 • 자신을 평가하기 시작하고 미래에 대해서 생각함
사회성 발달	• 자아의식 발현 • 일치하고 싶은 강한 욕구 • 동료들의 압력에 매우 민감	• 동료들의 압력에 덜 민감함 • 친구 선택에 신중을 기함 • 독립적 사고 경향을 띠어감
도덕성 발달	• 남을 돕는 일에 높은 관심을 가짐 • 윤리문제를 흑백논리 또는 법적 태도로 보는 경향 견지 • 자신의 가치관을 세우기 시작함	• 자신이 세운 가치관에 매우 민감 • 윤리적 원칙들에 대한 이해 발생
연령층에 맞는 프로젝트	• 환경의식 고취를 위한 캠페인 기획과 실천 • 기아 해방 또는 무료 급식소를 위한 식품수집 • 아동학습 돕기 • 동료를 돕고 격려하는 활동기획	• 각종 차별(인종, 성, 연령, 학력, 출신지역 등)과 폭력 방지교육 • 주택, 사무실 수리 및 신축 • 수질검사 및 향상을 위한 활동 • 장애인 돕기 및 장애인시설에서의 보조 활동

3) 교회학교 노년부의 섬김 사역

(1) 노인 자원봉사활동의 대두 배경

① 노인인구[1)]의 증가

노인인구는 지속적으로 증가하고 있으며 이러한 노인인구의 증가는 노인의 양적인 증가뿐만 아니라 질적인 측면에서도 노인의 사회참여와 사회봉사를 유도해야 한다는 것이다.

② 노인상의 변화

일반적으로 현대의 노인상은 경로대상에서 보는 시각에서 적극적, 활동적, 자립적인 노인관으로 변화하고 있다. 즉 유교 문화적 지배를 받았던 우리사회에서는 경로대상이라는 노인관이 팽배해 있었다. 그러나 앞으로는 노인이 지역사회에서 자주적으로 생활하면서 노후를 풍요롭게 누릴 수 있도록 하기 위해서는 일본사회의 '제 2현역세대'라는 말처럼 적극적이고 활동적인 노인관으로 변화해야 한다는 것이다.

그러므로 노인을 보는 시각이 사회성원의 일부분으로 노인을 인식함과 동시에 사회성원으로서 역할을 부여하고 그 역할을 수행할 수 있는 사회제도적 장치가 이루어져야 할 것이다. 이러한 측면에서 노인에 대한 사회적 태도와 인식을 변화시키기 위하여 자원봉사활동이 일반화 될 것이다.

③ 성공적인 노화와 노인교육의 중요성

노인복지에 있어 성공적인 노화를 가능하게 하는 것은 중요한 과제이나 성공적인 노화는 그 결정요인이 다양하고 접근하기가 어려운 문제이다. 일반적으로 현재 확실히 언급할 수 있는 조건은 건강과 경제 상태와 사회참여를 포함한 인간관계의 풍부함이다.

1) 65세 이상 인구를 말한다. 노인인구가 전체 인구 중 20%를 넘으면 초고령사회라고 한다. 우리나라는 2026년 초고령사회에 진입할 것으로 예상하고 있다.

그런데 이 중에서 건강과 경제 상태는 갈수록 안정되어 가고 있으므로 앞으로는 사회참여를 포함한 인간관계가 중요시 될 것이다. 이상과 같은 변화 속에서 노인들의 사회참여가 활성화되려면 평생교육으로 노인의 재교육이 필요하다. 그러므로 교회에서도 노인의 자원봉사교육을 통하여 보다 전문적인 지식으로 중요한 역할을 해야 할 것이다.

(2) 노인 자원봉사활동의 목적과 의의

최근 자원봉사에 관한 사회적 관심이 높아지면서 노인 자원봉사활동에 관한 관심도 고조되고 있다. 그러나 노인 자원봉사활동은 아직까지 노인을 비롯한 대다수 사람들이 '노인을 위한 봉사활동'으로만 인식하고 있을 정도로 그 활동이 매우 미약한 실정이다.

하지만 요즘은 '노인에 의한 봉사활동', 즉 노인이 주체가 되는 자원봉사활동의 중요성이 점점 대두되고 있다.미국의 경우 성인 자원봉사자의 비율은 1970년대 이후 매년 200%씩 늘어나는 놀라운 증가세를 보여 왔는데, 그 증가의 대부분은 노인에 의해 이루어졌다. 노인 자원봉사자가 폭증하는 이유는 대체로 건강이나 재정적인 여건이 향상되었거나, 혹은 여유 시간이 늘어나면서 이 시간을 사회적으로 의미 있는 일에 사용하기를 원하는 사람이 많아졌기 때문이다. 좀 더 자세히 보면, 높은 교육수준을 가진 사람들이 노년층으로 유입되면서 사회문제에 많은 관심을 갖게 되었고, 그 중에서도 특히 여성 노인들이 사회적 고립을 벗어나기 위한 방법으로 자원봉사를 선택하면서 노인자원봉사를 활성화시킨 것으로 풀이된다.

노인의 자원봉사활동은 노인들에게 사회적인 유용함을 느끼게 해 주고 소외감을 없애 주므로 긍정적인 자아상 형성에 도움을 주고, 노인들이 절실히 필요로 하는 의사소통의 기회를 제공해 주면서 퇴직으로 인해 상실했던 사회적 지위와 역할을 보충해 준다. 노인들은 생산적인 노년기를 보내고 싶어 하며, 자원봉사자로 활동하고 있는 노인들은 그들의 도움에 의존하고 있는 개인이나 자선 및 문화단체, 그리고 지역사회에 커다란 기여를 하고 있기에, 노인 자원봉사활동은 '기적'을 만든다고 까지 말할 수 있다. 그리고 사회적 활동이 줄어들고 노인들의 역할이 제한되고 있는 현실에서 노인 자원봉사활동은 사회 구성원으로 자부심을 느끼게 해 주고, 정신적·육체적 건강에 도움을 줄 뿐 아니라, 뜻하지 않게 재미있는 경험을 얻을 수도 있다. 사회적 측면에서도 노인은 자원봉사활동을 통해 지역사회와 관계를 맺고 사회에 봉사하여 사회복지에 공헌할 뿐만 아니라 노인 또는 노화에 대한 인상을 긍정적으로 변화시킬 수 있다는 의의가 있다.

교회에서의 노인 자원봉사활동은 노인들에게 사회통합의 계기를 만들어 준다. 자원봉사활동은 노인에게 있어서 집단적이고 조직적인 여가활동이 되며, 노인에게 의미 있는 사회적 역할을 제공함으로 역할 상실의 위기에 처한 노인들에게 사회통합의 기회를 제공한다.

이러한 의미에서 볼 때 교회에서 노인의 자원봉사활동은 자신뿐만 아니라 국가나 지역사회를 위해서도 매우 바람직한 시대적인 요청이며, 현대사회를 사는 노인이라면 필히 동참해야 할 한국교회의 사회적 책임 활동이라 볼 수 있다.

(3) 노인 자원봉사활동 영역

노인층은 다른 세대보다 훨씬 삶의 보람을 찾기 위한 자원봉사 활동에 관심을 갖는다. 옛 경험이나 기술을 살려 봉사할 수 있는 기회를 마련해 주고, 특히 동료 오인들의 문제해결에 참여할 수 있도록 해주는 프로그램의 개발이 필요하다. 그러나 노인들은 자원봉사 참여에 따른 부대비용을 부담할 능력이 없는 경우가 많다. 그래서 교통비나 중식비 혹은 간식 등의 제공이 요구되며, 노인들의 신체적 특성상 안락한 활동환경을 요구하기도 한다. 노인 자원봉사활동영역을 다음과 같이 제시하였다.

① 환자 노인 방문 및 말벗 상대

② 노인클럽 활동

③ 청소년 선도 및 상담

④ 학교 앞 교통정리 및 방과 후 생활지도

⑤ 지역사회 공공시설 업무 보조

⑥ 지역사회 전문영역의 자문 및 모니터링

⑦ 학교 주변 유해 환경에 대한 감시, 감독

4) 여성의 자원봉사

(1) 여성 자원봉사의 의의

여성의 교회 자원봉사활동은 한국교회 자원봉사활동의 역사에서 볼 때 큰 중심의 역할을 해왔을 뿐 아니라 현재도 마찬가지이다.

여성은 자원봉사활동의 중요한 참여자인 동시에 수혜자이기도 하다. 특히 여성의 자원봉사활동은 우리나라 자원봉사활동을 이끌어 온 주역들이다. 이들은 상대적으로 시간을 조절할 수 있는 능력이 있고 다양한 기술과 잠재능력을 가지고 있어 여성의 사회참여나 유휴인력의 활용 면에서 매우 중요한 대상이다.

그러나 문제는 여성 자원봉사자의 수가 전체 여성 인구수에 비하면 매우 낮은 비율이며 또한 중상류 계층의 여유 있는 여성을 중심으로 집중적으로 행해지고 있다는 것이다. 김영호(2006) 는 활동을 행한 여성들이 오랫동안 활동하지 못하고 중간에 포기함으로써 자원봉사활동이 단명 한다는 점을 지적했다. 이러한 자원봉사자의 중도 탈락은 자원봉사 활용기관의 측면에서는 막대한 자원의 낭비를 초래하며 또 서비스 대상자의 입장에서 보면 서비스의 제공이 지속화되지 못한다는 어려움이 있지만 교회를 중심으로 한 자원봉사활동은 이러한 문제를 보완 할 수 있다고 본다. 여성들의 자원봉사활동의 의의는 다음과 같다.

① 사회참여의 증진

전통사회에서 여성은 주로 가정이라는 제한된 테두리 내에서 생활해야 했으나 가사노동의 감소와 육아기간의 단축 등으로 여성 여가시간의 증대 및 교육수준의 향상, 여성의식의 변화는 여성으로 하여금 사회참여를 증진시키고 있다. 특히 자원봉사활동은 한 인간이 자신을 사회적 존재로 자각하며 스스로 다른 사람에게, 또는 다른 사람과 더불어 봉사하는 경험을 통해 자신의 인격성장과 잠재능력을 실현하는 기회를 갖게 하는 것으로 복지사회의 토대가 된다. 따라서 여성들의 자원봉사활동은 현대사회를 살아가는 주체적인 인간으로 자아실현은 물론 잠재능력을 계발 활용함으로써 사회와 교회에 공헌할 수 있게 한다.

② 자원봉사활동의 생활화 실현

자원봉사활동은 전 국민의 공동참여와 연대의식을 바탕으로 함께 생활하며 참여하는 복지사회를 추구하기 위한 활동이다. 이것은 우리의 삶 속에서 자연스런 생활의 일부가 되는 것이 필요한데 그러기 위해서는 먼저 우리 사회에 쉽게 뿌리내릴 수 있는 토양이 갖추어져야만 한다. 자원봉사활동의 생활화를 위해서 청소년 자원봉사활동을 적극적으로 추진하고 있지만 가장 중요한 것은 기본적으로 가정생활에서 자원봉사활동의 정신이나 경험이 내재화될 수 있도록 하는 것이 중요하다. 그러한 의미에서 어린 시절부터 자원봉사활동을 생활화하는 분위기의 조성은 여성에게 크게 좌우된다고 할 수 있다. 따라서 여성이 자원봉사활동에 만족감을 느끼고 적극적으로 참여하며 자원봉사활동에 바른 이해와 철학을 가지는 것이 중요하다. 이러한 영향은 가장 기초 생활단위인 가정에서부터 자원봉사활동이 삶의 한 과정에서 자유스럽게 행해질 수 있도록 유도해야 할 것이다.

③ 유휴인력 활용을 통한 대인적 서비스의 보완

경제가 발전되고 국민의 의식수준의 높아짐에 따라 정부에 대한 행정, 복지 서비스의 요구가 증대하고 있다. 그러나 이러한 수요를 충족시키기 위해서는 막대한 예산과 인력이 필요한데, 그 중 여성 유휴인력의 활동은 예산의 절감 및 다양한 복지수요를 충족시킬 수 있다. 특히 우리나라의 경우 교육이라는 변수가 여성의 경제활동 참여를 이끄는 강력한 힘으로 작용하지 못하고 고학력의 고급인력들이 비경제적 활동인구로 머물러 있음을 고려해 볼 때 이들을 활용하는 것은 고급인력을 활용할 수 있다는 점에서 매우 고무적이라고 할 수 있다. 아울러 복지를 추구하기 위한 국가의 책임과 개입을 강조하고, 국민의 생활을 국가가 제도적으로 보장해야 한다고 주장하는 복지국가의 이념에 입각해 경제적·시설적 보장 등의 다양한 복지시책과 복지 종사자들의 배치 등의 다각적인 노력을 해 왔으나, 산업사회가 시작된 이후 야기된 인구의 고령화, 장애인의 증가, 각종 대인 서비스의 증가 등의 문제는 일부 특정 계층만의 문제가 아닌 모든 국민의 문제이므로 서비스의 대상자가 전 국민으로 확대되었고 급기야 현대사회의 다양한 문제들을 해결하는 데는 정부의 노력만으로는 어려움이 많게 되었다.

특히 가족기능의 약화로 인해 가족 내의 노인, 아동, 장애인에 대한 보호의 필요성이 대두되면서 인간적인 만남, 정서적인 교류, 외출 서비스, 식사 서비스, 목욕 서비스 등 물질적이거나 금전적인 것으로는 해결되지 않고 사람에 의해서만 해결이 가능한 대인적 서비스에 대한 요구가 증대되었다. 따라서 공공 서비스를 보완하며 그 틈을 메워 줄 민간인들의 참여가 절실히 요구되었는데, 이런 역할은 상대적으로 시간적 활용이 자유로운 여성이 수행하기에 적합하다고 하겠다.

5) 교회 장애인부의 섬김 사역

(1) 장애인 자원봉사활동의 의의

자원봉사활동을 통해서 여러 가지 종류의 체험을 하는 것은 개인을 성장시켜 주며, 자기실현을 도모하는 중요한 요인이 된다. 현대사회에 있어서 자원봉사활동은 개인적인 발전을 위해서 필요불가결한 것이며, 또한 이 사회를 구성하고 있는 사회 성원으로서의 의무이기도 하다.

기관에 따라서는 자원봉사자가 클라이언트로 되는 경우도 있고, 클라이언트가 자원봉사자로 되는 경우도 있다. 클라이언트 자신이 자원봉사자가 되어서 다른 사람을 원조할 수 있다고 느끼게 되었다면, 그것은 그 사람에게 있어서 상당히 유익한 경험일 것이다. 물질적 원조이든 대인적 원조이든 원조를 요구하는 것은 매우 어려운 일인 경우가 많다. 다른 사람의 입장과 문제를 수용한다고 하는 것과 수용당하는 측의 감정을 경험하는 것은 그 사람의 성장과 발달로 이어진다. 원조를 받는 측과 하는 측의 괴리를 메울 수 있는 것은 이러한 활동이 그 사람과 자신을 위해 도움이 될 뿐만 아니라 지역사회의 관용과 이해에도 깊게 영향을 미친다는 신념을 갖는 것이다.

그런데 이제까지는 자원봉사활동을 통한 사회참가와 관련해서 '할 수 있는 사람, 할 수 없는 사람', 혹은 '서비스의 담당자·수혜자'라는 분단의 문제가 있었다. 즉, 노인이나 장애인은 '할 수 없는 사람'인 동시에 '서비스의 수혜자'로서 자리매김을 강요당해 왔던 것이다.

서비스 수혜자로서의 입장에 처해 있던 사람이 서비스의 담당자로서 자원봉사활동에 참여하게 될 때 스스로에 대한 유용감을 느끼거나 사회적 고립으로부터 탈피하여 소외감이 감소되며, 의사소통을 할 수 있는 기회를 부여받고 유용한 여가시간을 보낼 수 있게 됨과 동시에 사회적 지위와 역할을 보충하게 되는 바람직한 결과를 초래할 수 있을 것이다. 교환 이론의 관점에서는 이들이 가진 교환자원의 평가저하에 따라 교환관계에서의 불균형이 초래됨으로써 이들은 필연적으로 다른 개인, 집단, 사회에 의존하게 되지만, 자원봉사활동에의 참여는 이들과 교환자원의 가치나 힘을 증가시킴으로서 새로운 자격이나 지위를 획득할 수 있어 균형적이고 상호 의존적인 교환관계를 설정할 수 있다는 것이다.

(2) 활동이론

활동이론의 관점에서는 사회활동의 참여 정도와 생활만족도는 상관관계가 있다고 본다. 따라서 이들은 신체적·정신적 기능 쇠퇴 및 상실로 인해 강요당했던 역할 부재를 대신할 만한 것으로 자원봉사활동을 택하고 이를 통하여 사회참여를 추구한다는 것이다. 그리고 계속 이론에서는 사고나 질병에 의한 장애이든 고령에 의한 장애이든 간에 전 생애를 택하고, 이를 통하여 계속적으로 이루어질 수 있는 활동으로서 자원봉사활동을 들고 있다.

사람은 자신이 어떤 역할도 하지 않고 일방적으로 보살핌을 받으며 성가신 인물이라고 여겨지는 입장이 되는 것을 참을 수 없을 것이며 특히 장애인들처럼 의존상태에 있거나 주류에서 탈락되어 있으며, 무능력자라고 하는 스티그마들로부터 도피하고자 하는 욕구를 가지고 있는 집단들은 '더불어 사는 사회'속에서 일정역할을 담당함으로써 이러한 욕구들을 충족시키고 나아가서는 '삶의 보람'을 되찾게 될 것이기 때문이다.

교회의 사명은 소외되고 사회적 약자들을 돌보는 역할을 해야 하지만 이제 한국교회는 보다 적극적으로 장애인들이 서비스를 받는 대상에서 이제 서비스를 줄 수 있는 주체적인 위치에서 자원봉사를 할 수 있도록 배려해주고 협력 할 수 있다면 하나님의 사랑의 실천을 할 수 있는 좋은 기회가 될 것이라고 본다.

주체별로 구체적인 섬김 사역 프로그램을 제시 보면 다음과 같다.

▶ 교회를 위한 섬김 사역 프로그램

- **어린이 교육 프로그램**: 매주 주일에 어린이들을 대상으로 성경 이야기를 가르치고 창의적인 활동과 놀이를 통해 기독교 가치를 전달한다.
- **사회 봉사 프로젝트**: 매월 한 번, 지역의 필요한 곳을 방문하여 노인들이나 환자들을 돕고, 공원이나 길 정리 등의 사회 봉사를 실시한다.
- **예배 음악 팀**: 주일 예배와 특별 행사를 위한 음악 팀을 운영하여 찬양과 예배를 도울 수 있는 기회를 제공한다.
- **기도 그룹**: 주중에 기도 모임을 개최하여 교회 구성원들의 기도 요청 사항을 함

께 나누고 함께 기도하는 시간을 가진다.

▶ 학교를 위한 섬김 사역 프로그램

- **과외 지원**: 학교 내에서 학업적으로 어려움을 겪는 학생들을 대상으로 과외 프로그램을 운영하여 학업 성취도를 높이는 데 도움을 준다.
- **환경 보호 캠페인**: 학생들에게 환경 보호의 중요성을 가르치고, 정기적인 쓰레기 청소 나눔 활동을 통해 지역 사회의 환경을 개선한다.
- **학교 도서관 관리**: 학생들을 위한 도서관을 운영하며, 도서 대여, 정리, 독서 프로그램 등을 진행하여 학생들의 독서 문화를 촉진한다.
- **문화 교류 행사**: 다양한 문화를 가진 학생들을 위해 국제 음식 축제, 문화 교류 박람회 등을 개최하여 서로의 문화를 이해하고 존중하는 기회를 제공한다.

▶ 지역 사회를 위한 섬김 사역 프로그램

- **재능 나눔 플랫폼**: 지역 주민들이 자신의 재능을 나누고 배울 수 있는 온라인 플랫폼을 운영하여 컴퓨터 스킬, 요리, 공예 등을 교환하고 공유한다.
- **노인 돌봄 서비스**: 고령자들에게 식사 제공, 집안 정리, 외출 도움 등의 봉사를 실시하여 노인들의 삶의 질을 향상시킨다.
- **청소년 멘토링**: 어려운 가정 출신의 청소년들에게 멘토링을 제공하여 학업적·인생적으로 지원하고 성장을 도모한다.
- **재난 대비 교육**: 지역의 재난 상황에 대비하여 구급법, 신호 등의 교육 프로그램을 개최하여 지역 사회의 안전을 증진시킨다.

이러한 프로그램들은 각 주체의 목적과 가치에 따라 유연하게 조정될 수 있다. 프로그램을 구체화하고 세부 사항을 결정할 때는 주체의 요구사항과 사회적 상황을 고려하는 것이 중요하다.

Christian Social Welfare | chapter 08

자원봉사 프로그램 개발과 실행과정

프로그램(program)이란 특정목적을 달성하기 위하여 모든 과정을 마칠 때까지 요구되는 내용의 선정, 조직 및 활동, 지원체계, 시설, 자원, 기간 등에 관한 전체적인 계획이라고 할 수 있다. 사람들은 자원봉사활동을 도움의 행위로 이해하고 있다. 그러나 돕는 행위 그 자체는 자선 혹은 선행이라고 말한다. 자원봉사는 돕는 행위를 수단으로 하여 사람과 사회를 변화시키는 사회적 행동이다. 따라서 자선과 자원봉사가 다른 것은 자원봉사에는 목적체계와 실천체계 및 평가체계로 구성된 일련의 프로그램이 필요하다는 점이다. 프로그램은 인터체인지와 같다. 또한 프로그램 개발은 인터체인지를 설계하는 것과 같다. 다양한 지향성을 가진 구성요소들이 하나의 방향으로 진입하여 목표를 향해 갈 수 있도록 하는 것이다.

1) 프로그램의 개념

(1) 프로그램이란 ?

이성록(2005) 은 프로그램을 "의도된 계획에 따라 어떤 목적을 달성하기 위해 인적·물적 자원을 활용하는 일련의 집합적인 행동들"이라고 정의하였다. 특히 사회복지 프로그램은 사람들이 원조를 받는 활동들로 구성된다. 교회자원봉사 프로그램은 사회의 구성원들에 대한 원조를 제공함으로써 사회의 욕구를 충족시킴과 동시에 교회 성도들에게는 성취감과 만족감을 주는 수단이 되기도 한다.

따라서 교회 자원봉사 프로그램은 의도된 계획에 따라 구체적인 목표를 달성함으로써 사람과 지역사회를 변화시키고자 하는 것이다. 아울러 서로 다른 역할과 책임을 가진 구성원들의 행동을 기술한 것이고 변화를 창출해 내는 자원봉사자 및 클라이언트 등 관련된 구성원 간의 관계에 대한 방법과 규범을 제공하는 것이라고 할 수 있다.

계획(plan)이란 어떤 일을 하기에 앞서서 방법, 순서, 규모 등을 미리 생각하여 세운 내용을 의미한다. 계획을 수립하는 과정을 기획(planning)이라고 하고, 이 과정을 통해서 얻어진 결과 산출을 계획이라고 한다. 계획이란 용어는 두 가지의 경우에 통용되지만, 기획은 계획하는 과정에 한하여 사용된다. 그러므로 프로그램 계획이란 교회에서 어떤 목적 하에 언제/어디서/어떠한 방법으로 문제를 해결할 것인가에 대하여 장기 또는 연차별 활동을 개략적으로 수립하는 것을 의미한다.

(2) 프로그램 설계란?

프로그램 개발은 문제발견과 정의로부터 시작하여 포괄적인 목적과 구체적인 목표를 조작·설정하고 이를 성취하기 위한 실행체계를 구성하는 과정을 의미한다. 그리고 이 과정에서 고려해야할 중요한 개념은 실행가능성(feasibility)과 실용성(practicality)이다. 즉 프로그램이 실행가능하게 계획되어야 하고, 그 결과는 현실적으로 긍정적인 결과를 산출할 수 있어야 하는 것이다.

이러한 프로그램 개발에 있어서 주요과업은 설계이다. 이성록(2005) 은 프로그램 설계는 프로그램 계획단계에서 적절한 변화를 창출하기 위하여 산출된 과학적·기술적 및 실천적 정보를 체계적으로 적용하여 이용 가능하도록 기술하는 것이라고 보았다. 프로그램 설계의 구성요소는 ① 구성원들의 관심영역 ② 문제의 발견·정의 ③ 문제해결을 위한 대안 및 전략 선택 ④ 실행 ⑤ 평가 및 긍정적 평가의 강화·보급으로 볼 수 있다.

교회에서 효과적으로 자원봉사자를 활용하려면 프로그램 개발이 반드시 필요하다. 그런데 교회에서 프로그램 개발을 소홀히 함으로써 원래의 취지와 목적을 성취하지 못하고 실패하거나 오히려 문제를 일으키고 있다.

2) 자원봉사 프로그램

(1) 자원봉사 프로그램의 개념

교회 자원봉사활동의 활성화를 위한 가장 기본적인 과제는 성도들이 자신의 동기나 욕구에 맞게 참여할 수 있는 다양한 자원봉사활동 터전을 개발하여 정보를 제공하는 것이라 할 수 있다. 하지만 자원봉사자를 위한 활동 터전이 마련되어 있다고 할지라도 이들이 직접 참여하여 활동할 수 있는 활동거리, 즉 자원봉사 프로그램이 없으면 효과적이고 효율적인 자원봉사활동이 이루어질 수 없다.

자원봉사 프로그램의 성패를 좌우하는 가장 중요한 요소는 관리의 문제이다. 자원봉사자의 중도 탈락과 참여 정도에 영향을 미치기 위한 모집, 선발, 훈련, 배치, 지도감독, 보상 등으로 구성된 자원봉사관리이론으로 자원봉사 프로그램이 필요하다. 교회자원봉사에서도 이러한 관리와 지도 감독, 보상의 부분을 더욱 관심을 가지고 연구해야 할 것이다.

(2) 자원봉사 프로그램의 필요성

교회에서 자원봉사라고 하면 소년소녀가장, 장애인, 노인 등을 먼저 떠올리거나, 자원봉사자를 '사회복지시설에서 봉사활동을 하는 사람들'이라고 이해해 왔다. 그래서 일반적으로 박애정신에 의한 자선활동을 자원봉사활동으로 잘못 인식하고 있는 경우가 많다. 하지만 자원봉사활동은 단순한 자선활동이나 선행이 아니다. 자원봉사활동은 '도움의 활동(helping service)'을 통하여 자신은 물론 사람과 사회를 변화시키는 '변화의 활동'이다. 다시 말해서 자원봉사활동은 도움이라는 사실(fact), 즉 자선이나 선행에 의미와 가치를 부여함으로써 사람과 사회가 변화되는 사건(event)이다. 따라서 자원봉사활동에 참여하면서 어떠한 문제의식을 가지고 있고, 어떠한 가치를 부여하느냐에 따라 자원봉사활동인지 혹은 자선활동인지 판가름 나는 것이다.

돕는 행위로 끝나 버리는 자선이나 선행을 베풀 때는 특별한 기술이 필요 없다. 그러나 변화를 시도하는 자원봉사는 기술과 과정이 필요하며 갈등도 일어난다. 그래서 김동배(2005) 는 자원봉사는 누구나 할 수 있는 일이기도 하면서, 또 이러한 점 때문에 아무나 할 수 없는 일이기도 하다고 보듯이 자원봉사는 사람과 자연과 의미 있는 관계를 갖는 변화의 노력이므로 이를 실현할 수 있는 합리적이고 구체적인 활동의 묶음, 즉 자원봉사 프로그램이 필요하고 리더가 필요하며 활동기술이 필요한 것이다. 교회에서 자원봉사가 아무리 증가하고 이들의 활동을 필요로 하는 수요처가 있다 해도 무슨 일을 어떻게 배치하고 진행할지에 대한 구체적이고 적절한 업무내용, 즉 자원봉사 프로그램 없이는 효율적이고 효과적으로 자원봉사활동을 할 수 없다.

3) 자원봉사 프로그램 개발

교회에서 자원봉사 프로그램 개발은 프로그램 수행에서 꼭 필요한 자원봉사자를 성공적으로 모집하기 위한 매우 중요한 부분이다. 그리고 이러한 자원봉사 프로그램을 개발할 때 고려해야 할 점은, 많은 자원봉사자들이 자신들의 활동이 가능하면 짧은 기간 동안 의미 있고 특별한 것이 되길 원하고 있다는 것이다.

(1) 자원봉사 프로그램 개발의 개념

자원봉사 프로그램 개발을 김동배(2005) 는 '변화의 활동'인 자원봉사를 시작하기 위한 사전단계로서 자원봉사자를 활용하기를 희망하는 곳에서 자원봉사자를 받아들일 준비를 하는 과정을 말한다. 다시 말하면, 자원봉사 프로그램 개발은 자원봉사자의 관심영역과 그 분야의 현황을 파악함으로써 변화시켜야 할 문제점을 발견하고 정의하는 데서부터 시작하여, 자원봉사 프로그램의 목적과 목표 설정을 통해 문제 해결 방법을 찾고, 이를 성취하기 위한 구체적인 실천계획을 수립하고 평가하는 전 과정을 의미한다. 이 과정 속에서 다양한 인적·물적·지적 자원들을 어떻게 조직적으로 동원하고 활용할 것인지가 드러나게 되고, 그 결과물을 평가하는 방법이 제시되는 것이다. 이러한 일련의 자원봉사 프로그램 개발 과정을 통해 궁극적으로 자원봉사활동 체계의 안정과 발전을 도모할 수 있는 것이다.

자원봉사 프로그램 개발 과정은, 인간의 행복을 증진시키기 위한 서비스 제공을 위해 개발되는 교육·의료·사회복지 영역의 프로그램이나 지역사회문제 해결을 위한 프로그램 개발 과정과 비교했을 때 큰 틀은 그리 차이가 나지 않을지 모른다. 그러나 이들 프로그램과 구별되는 확실한 차이는, 자원봉사 프로그램 개발은 자원봉사자들을 어떻게 효과적으로 참여시키고 그 관리를 효과적으로 할 것인지와 같이 자원봉사자에 더 초점을 맞춘다는 데 있다. 교회에서 자원봉사자가 의미를 느끼면서 참여할 수 있는 동기부여를 할 수 있는 것이 자원봉사 프로그램 개발의 핵심이다.

(2) 자원봉사 프로그램 개발의 필요성

교회, 사회복지기관, 학교, 직장, 의료기관, 공공기관 및 지역사회, 개인 등 모든 분야에서 자원봉사활동의 중요성과 필요성을 강조하는 목소리가 높아지고 있다.

하지만 교회의 목적과 업무내용에 따라 자원봉사자를 활용하긴 하지만 거의 모든 일이 유급직원에 의해 이루어지는 교회도 있고, 다양한 수준과 형태의 자원봉사자가 업무의 많은 부분을 담당하는 교회도 있다. 이렇듯 교회 내 참여 정도는 각기 달라도 자원봉사자를 필요로 하는 것은 사실이다. 교회에 자원봉사자가 필요한지 규명하기 위해서는 다음의 세 가지 질문에 응답하여야 한다.

첫째, 교회의 목적을 달성하기 위해 어떤 부분에서 자원봉사자가 필요한가? 즉, 교회의 목적을 달성하기 위하여 자원봉사자의 필요성이 제기되면 그 업무 성격에 맞는 유능한 자원봉사자의 역할이 결정되고 그러한 자원봉사자를 모집하고 유지시키기 위한 계획도 수립되는 것이다. 오늘날 자원봉사자들은 분명하게 규정된 업무를, 한정된 시간 안에, 성취감을 맛보면서 활동하기를 원하기 때문에 처음부터 자원봉사자의 필요성을 구체적으로 규명해야 한다.

둘째, 교회에서 자원봉사자를 활용할 때 들어가는 비용보다 이익이 더 많은가? 자원봉사자는 유급직원을 활용해야 하는 시간과 비용을 절약해 주는 반면, 교회는 자원봉사자를 관리하는 데 교회의 자원을 소비해야 하므로 이 둘 사이의 비용 효과를 비교 측정해야 하는 것이다.

셋째, 가장 중요한 질문으로, 교회에서 자원봉사자 참여를 위한 프로그램을 개발하였는가? 자원봉사 프로그램은 교회의 장·단기 사업계획에 따라 열정을 갖고 장기간 활동할 수 있는 자원봉사자에게 교회의 목적달성을 위해 시간을 기부하도록 설득하는 내용을 담고 있어야 하고 또한 그들이 기여하는 시간에 대해 충분히 보상해야 한다.

자원봉사자를 효과적으로 활용하는 가장 중요한 방법으로서 자원봉사 프로그램 개발의 필요성이 제시되고 있는 것이다. 자원봉사 프로그램 개발은 자원봉사활동에 참여할 수 있는 잠재적 자원을 개발하기 위한 적극적인 노력이라고 할 수 있다. 종전의 방식대로 스스로 찾아오는 사람을 접수(intake)하여 활용하는 차원이 아니라, 자원봉사자들의 다양한 참여 동기 요인과 욕구 및 관심이 무엇인지를 파악하여 잠재적 자원봉사자의 자발적 참여를 이끌어 내고 이를 효과적으로 활용하기 위한 수단으로서 자원봉사 프로그램 개발이 필요해지는 것이다. 그런데 많은 교회들은 자원봉사를 모집하기까지는 하는데 자원봉사 프로그램 개발을 소홀히 함으로써 원래의 취지와 목적을 성취하지 못하고 실패하거나 오히려 문제를 일으키고 있다. 이렇듯 교회 자원봉사 프로그램 개발은 자원봉사활동을 시작하기 전에 반드시 선행되어야 하는 중요한 작업이라고 본다.

4) 프로그램 개발

(1) 프로그램 개발의 전제조건

교회에서의 자원봉사 프로그램은 참여자가 잠재력이 있고 시간이 지남에 따라 성장과 변화를 성취할 수 있다는 사회복지의 핵심 가치에 입각해서 설계되어야 한다. 이러한 관점에서 프로그램에 참여하는 모든 개인은 가치와 존엄성이 있으며, 다른 사람과의 관계 속에서 프로그램을 통해 학습되고 개발될 수 있는 능력이 있음을 기본 전제로 하여야 한다. 따라서 프로그램 관리자들은 이러한 가치를 프로그램의 운영에 반영하여야 한다. 이를 위해 우선 프로그램 참여자에 대한 자세한 정보를 알 필요가 있다. 특히 참여자의 욕구, 관심, 장점을 프로그램에 어떻게 연결시킬 것인가에 대한 구체적인 계획이 있어야 한다. 또한 프로그램 참여자와 교회에서의 자원봉사관리자와의 우애적 관계를 유지할 수 있는 방법을 모색해야 한다. 류기형(2005) 은 프로그램 개발시 다음 5P(Person, Problem, Purpose, Process, Place)를 고려하여야 한다고 제안했다.

① Purpose: 합목적성 및 목표의 일관성

프로그램 내용은 목적이 제시하는 바로 그 내용에 적합하여야 한다. 참여자로 하여금 협동심을 고취시킨다는 목적이나 목표를 세워 놓고 그 내용에는 경쟁상태의 활동 내용만을 포함시켰다면 그 내용은 그만큼 목적이나 목표에 일치시키지 못한 셈이다. 따라서 프로그램 내용에 지나치게 치중하여 수단이 목적(purpose)이나 목표(objectives)에 전도되는 '목표전치'현상이 발생되지 않도록 유의하고 프로그램을 진행하는 중간에 목적과 목표를 점검해 보도록 한다.

② Person: **능력 수준과 흥미에의 적합성**

프로그램 내용 선정에 있어서 가장 중요한 것이 대상자에 대한 고려이다. 프로그램의 내용은 대상자의 필요와 흥미 또는 능력 수준을 고려하여 주제의 내용과 방법이 적합하고 친밀감이 있는 것으로 선정한다. 뿐만 아니라 프로그램의 대상자에는 참여자 및 그 가족들을 포괄할 수 있는 것이 보다 바람직하다.

③ Problem: **프로그램의 통합성**

프로그램의 통합성이란 프로그램에 참여하는 대상자의 문제해결이나 목표 달성을 위하여 단편적인 프로그램을 제공하는 것이 아니라, 인간의 경제적·사회적·심리적·문화적 제반 문제들을 통합적으로 고려하는 프로그램을 제공하는 것이다.

④ Process: **프로그램의 지속성과 네트워크화**

프로그램은 지속적이며, 제도적인 안정성을 띠어야 한다. 프로그램들은 일시적이고 일회적인 접근으로 이루어져서는 안 되며, 장기적이고 체계화된 일정 계획 아래, 지속적으로 제도화된 프로그램이 되도록 한다. 또한 프로그램의 내용을 구성할 때, 지식, 이해, 기능, 태도 등의 측면이 프로그램 장면에서 의미 있게 통합되어 보다 높은 공통목표를 성취하는 데 기여할 수 있도록 다양한 성격의 서비스기관들이 참여할 수 있도록 해야 한다.

⑤ Place: **지역성**

프로그램을 실시하는 교회의 지역적·문화적 상황이 다르기 때문에 프로그램의 내용 선정에서도 지역적 특성을 반영하거나, 각 지역의 독특한 특성을 발굴해 내는 일 또한 중요하다. 특히 그 지역의 문화적 특성이나 전통, 관습, 방언 등을 발굴하여 프로그램명이나 집단명으로서 활용할 때, 프로그램 참여자나 팀 구성원 및 지역사회 주민들이 프로그램에 보다 쉽게 접근될 수 있고 많은 호응도를 불러일으킬 수 있는 이점이 있다

(2) 자원봉사 프로그램 계획에 반영해야 할 것들

류기형(2005) 은 프로그램을 계획할 때는 다음의 세 가지, 즉 리더 자신을 위한 준비, 팀원을 위한 배려, 클라이언트에 대한 배려를 고려해야 한다고 제안한다.

① 리더 자신을 위한 준비

첫째, 먼저 자원봉사 현장체험의 기회를 가져야 한다.

자원봉사 정신을 이해하고 스스로 현장체험을 해야 하고 그래야 프로그램 개발뿐만 아니라 프로그램 실행에 있어서 클라이언트와 팀원들의 반응을 예측할 수 있으며 다음 단계로 나아가는 데 도움이 된다. 자원봉사는 분명 아름다운 일이다. 그러나 자원봉사 현장에는 험난한 일들이 많이 일어난다. 리더에게는 현장에서 일어나는 여러 케이스들에 대한 분석, 대처능력이 요구된다.

둘째, 자신감을 가지고, 팀원을 믿어야 한다.

'난 내가 원해서 리더가 된 것도 아니고, 경험도 부족하다'고 생각하는 사람들도 있을 것이다. 기왕에 리더로 나서게 되었으니 잘할 수 있다는 자신감을 가지고 적극적으로 활동한다면 분명 자기발전의 좋은 기회가 될 것이다. 그리고 '우리 부서 사람들은 자원봉사를 하려는 마음이 없다'고 푸념하는 사람도 있을 것이다. '과연 해낼까?'걱정부터 하는 사람도 있을 것이다. 팀원들을 믿어야 한다. 리더가 믿음을 가지면 분명히 변화되고 기대 이상의 성과를 얻게 될 것이다.

셋째, 협력자를 발굴하고, 그리고 네트워크를 도모해야 한다.

자원봉사는 내부 자원과 지역사회 자원의 협력이 있어야 가능한 일이다. 정보, 기술을 제공해 주고 프로그램 계획과 실행을 도와줄 우호적인 내부 및 외부 협력자를

발굴하게 된다면 자원봉사활동을 통하여 보다 큰 효과와 성취감을 얻게 된다.

② **팀원을 위한 배려**

첫째, 자발성을 유도하는 내용을 반영해야 한다.

자원봉사의 기본은 '자발성', '자주성'이다. 따라서 팀원들의 욕구와 필요성이 반영되어야 한다. 먼저 팀원들의 욕구를 파악하고 아울러 팀원들이 스스로 선택하였다는 느낌을 갖도록 기회를 제공해야 한다.

둘째, 연대감을 조성하는 내용을 반영해야 한다.

자원봉사활동에 가장 큰 보상은 성취감 또는 만족감이며, 특히 만족감은 동료 간의 인간관계에서 크게 영향을 받게 된다. 따라서 자원봉사를 하면서 팀원들 상호 간 서로 유대감도 강화할 수 있는 기회를 프로그램에 반영해야 한다.

셋째, 성취감을 도모하는 내용을 반영해야한다.

자원봉사에 참여하는 사람에게 가장 큰 보상은 활동 직무에서 얻게 되는 성취감이다. 그러므로 프로그램에 참여하는 팀원들이 성취감을 느낄 수 있도록 직무를 편성하여야 한다. 특히 감동을 체험할 수 있는 기회를 반영하여야 한다.

③ **클라이언트[1])를 위한 배려**

첫째, 상대방이 원하는 것을 반영해야 한다.

기본적으로 자원봉사 프로그램은 클라이언트가 기쁘게 받아들이는 것이어야 한다. 당연히 프로그램에는 클라이언트 입장이 중요하게 반영되어야 한다. 독선적 자원봉사는 곤란하다. 선의라고 해서 싫어하는 상대에게 밀어붙여서는 안 된다. 클라이언트

1) 케이스워크 등의 원조를 요청해 찾아오는 내담자를 일반적으로 원어 그대로 부른다. 원래 고객이라는 의미에서 점차 변호사나 사회사업가 등의 전문가의 원조를 청해 상담을 의뢰하는 사람의 뜻으로 쓰이게 되었다. 엄밀하게는 원조가 필요하여 신청한 단계에서는 아직 신청자(applicant)이지만 사회복지시설이나 기관에서는 일정한 수속절차에 따라 동의해 계약이 이루어진 사회사업가와의 접촉이 개시된 시점부터 클라이언트라고 부른다.

에게 꼭 필요하다고 확신하는 경우에는 거부될 수도 있다. 상대의 필요에 맞지 않으면 선의를 억지로 파는 결과를 초래할 수 있다.

둘째, 생활리듬을 반영해야 한다.

봉사활동 현장의 실정에 대하여 충분한 정보가 없으면 충동적으로 선택하게 되고 적절한 계획을 세울 수도 없기 때문에 빗나간 행동이 되기 쉽다. 따라서 사전에 현지조사를 하거나 신문 등의 자료를 조사한다. 가능하다면 전문가의 자문을 받는 것이 유익하며 팀의 리더 및 동료들과 의견을 교환한다.

셋째, 세심한 마음을 반영해야 한다.

시설이나 도움 수요자의 사정에 대하여 충분한 검토와 이해를 근거로 적절한 계획을 세우지 않으면 자원봉사활동이 오히려 폐가 될 수 있다. 적절한 계획수립과 아울러 교육훈련을 소홀히 해서는 안 된다. 또한 충분한 어떤 경우에라도, 실시를 위한 준비를 철저히 해야 한다. 활동을 실시하는 데 필요한 비품이나 용품의 준비는 물론 돌발적인 사태에 대한 대비책 등 세심한 마음의 준비를 해야 한다.

(3) 프로그램 개발단계

교회에서 자원봉사활동을 효과적이고도 효율적으로 전개해 나가기 위해서는 프로그램 개발이 반드시 필요하다. 그런데 많은 교회, 자원봉사기관들이 프로그램 개발을 소홀히 함으로써 원래의 취지와 목적을 달성하지 못하고, 오히려 일회적이거나 가시적인 활동으로 끝나 버리거나 봉사자들의 중도탈락 등 수혜자나 봉사자 모두에게 불만족스러운 문제를 불러일으키는 경우가 많다. 따라서 훌륭한 프로그램의 개발은 만족스러운 봉사활동을 전개해 나가는 데 있어서 필수적인 작업이다.

프로그램 관리란 프로그램을 계획하고 실행하며 평가하는 프로그램 개발과정에서 관리자가 수행하는 체계적 개입과정을 말하는 것으로, 프로그램 개발과정에서 고려해야 할 사항은 다음과 같다.

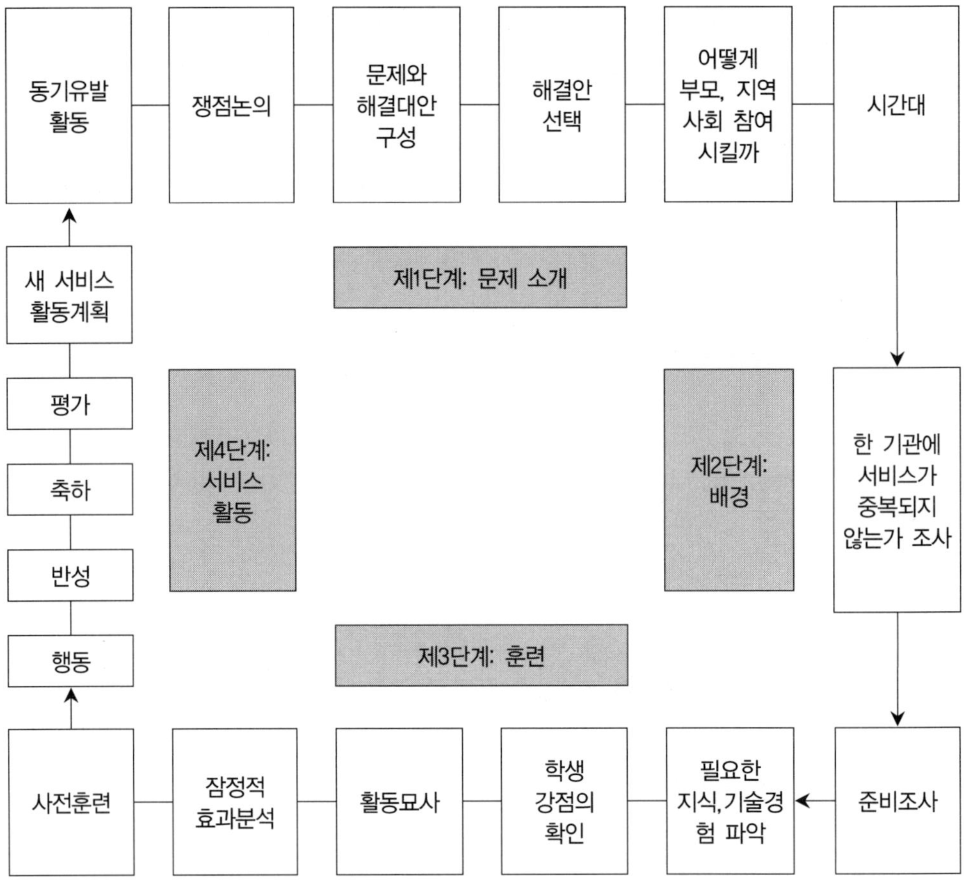

[그림 8-1] 자원봉사 프로그램 순환

ⓐ **가치:** 프로그램 관여자들이 받아들일 수 있는 가치가 반영되어 있는가?

ⓑ **실현 가능성:** 프로그램을 실행할 만한 정치적 승인과 경제적 자원을 동원할 수 있는가?

ⓒ **준비성:** 프로그램의 주관 기관이나 조직이 제안된 프로그램을 진행할 만한 준비가 되어 있는가?

ⓓ **합리성:** 프로그램이 객관적 사실에 근거하여 준비되고 있는가?

다른 자료에 의하면 자원봉사 프로그램을 몇 가지 단계별로 구분하여 과정으로 서술하고 있다. 먼저 한국사회복지협의회는 자원봉사를 능동적으로 해 나갈 때 구체적으로 그 진행과정은 크게 ① 문제의 소개, ② 배경, ③ 훈련, ④ 서비스 활동의 4단계로 구분하여 살펴보고 있다. [그림 10-1]은 동기유발활동으로부터 시작하여 서비스 활동계획으로 이루어지는 일련의 과정을 자세히 나타낸 것이다.

이성록(2005) 은 5단계로서 ① 문제 확인단계 ② 프로그램 조직단계 ③ 교육훈련단계 ④ 봉사활동단계 ⑤ 평가단계로서 순수한 자원봉사 프로그램 개발만을 위한 단계보다는 관리과정까지 내포하고 있는 포괄적 프로그램 관리과정으로 설명하였고, 이후 이성록(2005) 은 프로그램 사례연구에서 문제정의-목적설정-하위목적-성취목표-활동내용-대안선택-실천방안-자원배정-실행-평가 10단계로 구분하였다.

프로그램 개발은 문제발견과 욕구분석으로부터 시작하여 포괄적인 목적과 구체적인 목표를 조작·설정하고 이를 성취하기 위한 실행체계를 구성하는 과정을 의미한다. 자원봉사 프로그램 개발은 국내·외 학자들의 사회복지 프로그램 개발 단계를 참고하여 개발해 볼 수도 있을 것이다. 또 다른 연구에 의하면 7단계로 구분하여 자원봉사 프로그램 개발을 서술하기도 한다.

즉 7단계 과정은 문제의 구체화와 욕구사정(problem and need assessment)-자원체계확인(resource system identification)-목적(purpose) 및 세부목표설정(objectives establishment)-자료수집과 대안선택(gathering and alternative choice)-실천계획의 묘사(표현) (representing action plan)-실천 활동과 실행(action and implementation)-측정과 평가(measure and evaluation)이다.

① 문제의 구체화와 욕구사정

교회 자원봉사 프로그램에 있어서 가장 먼저 문제를 발견하고 욕구분석을 통하여 원인을 규명하고 근본적인 문제를 진단하는 것이다.

a. 사전모임과 동기유발

자원봉사자들이 한 팀이 돼 자원봉사에 나서기로 했다면, 먼저 자원봉사자들이 사전 모임을 갖고 관심 있는 봉사분야(사회복지, 환경, 교통, 문화, 체육 등)를 선정하는 일에서부터 동기부여가 이루어져야 할 것이다.

b. 문제분석

동기유발이 이루어지고 나면 다음 작업은 문제의 원인을 분석한다. 즉, 어떻게 그 같은 사태가 발생했는가, 그 문제의 원인은 무엇인가, 또 이 문제에 이해관계가 걸려 있는 문제는 무엇인지를 분석하는 것이 필요하다.

c. 욕구사정

욕구는 프로그램 개발을 특징짓는 중요한 용어이다. 자원봉사 프로그램의 목적과 목표를 결정하고 활동 설계를 하는 다음 단계에서 차질이 생기기 전에 자원봉사 프로그램에 관련된 모든 사람들의 욕구에 관해 명백히 하는 것이 중요하다. 즉, 새로운 자원봉사 프로그램 개발이나 기존의 자원봉사 프로그램을 수정할 때 개발과 기획 그리고 실행(implementation)에 있어서 자원봉사자와 자원봉사 프로그램의 수혜자에 대한 정보들을 고려해야 한다는 것이다.

만약 욕구를 명확히 하거나 세분화하지 못하면 자원봉사 프로그램은 자원봉사자나 지역사회의 지지를 받을 수 없을 뿐만 아니라 효과적·효율적이지 못할 가능성이 크다. 이는 자원봉사자가 적극적이고 지속적으로 자원봉사 프로그램에 참여하지 못하게 하는 중요한 요인이 된다. 그러므로 자원봉사 프로그램은 반드시 자원봉사자와 수혜자들에 관한 정보와 이들의 다양한 욕구까지도 고려해야만 한다(김동배, 2005).

교회 자원봉사 프로그램 개발자는 이렇게 표현된 욕구에 대한 사정뿐만 아니라, 표현되지 않은 욕구를 알기 위해 더욱더 관심을 기울일 필요가 있고, 프로그램 계획을 시작하기 전에 이러한 욕구를 지적할 필요가 있다. 표현되지 않은 욕구는 비록 표출

되지 않았을지는 몰라도 반드시 고려해야 하는 것이기 때문이다. 다양한 욕구에 대한 사정이 만족스럽게 되었다면 자원봉사자는 새로 개발되는 프로그램에 높은 주인정신을 갖고 참여할 수 있을 것이다.

교회 자원봉사 프로그램 개발자는 자원봉사 프로그램 관리자들의 다양한 욕구를 확인하고 이를 모두 충족시키는 프로그램을 개발하고자 노력해야 한다. 그러나 실제 모든 욕구들을 동시에 만족시키는 프로그램을 개발하기란 거의 불가능한 일이다. 자원봉사 프로그램 개발자는 효과적인 프로그램 개발을 위해서 여러 욕구들 중에서 몇 가지 욕구를 선정하는 것이 바람직하다. 자원봉사 프로그램 개발자는 욕구를 선정하기 위해 프로그램 운영에 활용할 수 있는 가용자원, 즉 인력(프로그램 관리자, 실무자 및 지도자, 자원봉사자 등), 시설 및 설비, 재정 등을 고려해야 한다. 또한 사정된 욕구들 가운데 프로그램의 목적과 목표로 전환될 욕구를 선정하는 데는 그 긴급성·중요성·파급성 및 성취 가능성 등의 욕구선정 기준에 따라 값을 매겨, 그 합으로 순위를 결정하는 방법이 있다. 이러한 절차에 따라 최종 선정된 자원봉사자들의 욕구는 목적과 목표로 전환되어야 한다. 즉, 자원봉사 프로그램의 목적과 목표를 명확히 설정·진술하는 과정이 뒤따라야 한다.

② 자원체계의 검토

자원체계의 검토란 프로그램을 하기 위해서 교회자원봉사 프로그램 관리자와 봉사활동 참여자가 필요한 인적·물적 자원이나 지식 및 기술, 사회적 환경이 어떠한가를 살펴보는 활동을 의미한다(류기형 외, 2005).

자원봉사자들이 먼저 누구를 대상으로 봉사활동을 할 것인가를 파악하고 결정하는 일이다. 즉 교회자원봉사 프로그램 관리자가 가장 먼저 하는 일은 프로그램과 연관된 사람들을 확인하는 것이다. 자원봉사 대상자의 파악은 프로그램에 대해 진정한 관심을 가진 사람들과 프로그램에 의해 직접적인 영향을 받게 되는 사람들을 의미한다. 자원봉사 대상자를 집단적으로 선정할 때는 다음과 같은 네 가지 집단으로 구분하여 살펴볼 수도 있다.

ㄱ. **일반집단**: 프로그램에 영향을 미칠 대상가능 인구

ㄴ. **위험집단**: 일반집단 중 해당문제 노출위험이 있거나 욕구가 있는 집단

ㄷ. **표적집단**: 위험집단 중 봉사 프로그램 영향이 구체적으로 미치는 집단

ㄹ. **클라이언트 집단**: 표적집단 중 실제 봉사 프로그램의 대상집단

③ 인적·물적자원의 확인

다음으로 자원봉사활동 프로그램 참여자의 관심, 장점, 기술과 시설 및 장비를 프로그램에 어떻게 연결시킬 것인가에 대한 구체적인 점검이 있어야 한다. 예를 들어 노인을 돕기 위해서 그들의 원하는 욕구가 무엇인가를 파악하고 나면, 자원봉사활동 참여자들이 과연 대상자의 그러한 욕구를 충족시켜 줄 수 있는 지식, 기술, 경험이나 시설 및 장비가 존재하는가를 구체적으로 파악하는 것이다. 예를 들어 청소년들이 대상 노인들이 필요로 하는 능력과 경험을 자신들이 가졌는가를 알지 못하고 그냥 봉사에 나섰다가는 서로 지루한 시간이 되기 쉽고 흥미를 잃기 쉽다. 따라서 아무리 목적이 좋고 동기유발이 잘 되어 있는 프로그램일지라도 참여자들의 능력과 자원이 부족한 경우에는 근본적으로 그 프로그램은 한계를 안고 있다고 볼 수 있다.

(4) 목적과 하위목표설정

욕구 사정 작업을 통해 교회자원봉사 프로그램 개발자는 자원봉사자의 다양한 욕구들을 확인하고 이렇게 확인한 욕구들을 충족시키기 위한 표적(target)으로서 프로그램의 목적과 목표를 설정하게 된다. 프로그램의 목적과 목표 설정 단계는 프로그램을 통해서 구체적으로 무엇을 성취할 것인지 결정하는 과정이다.

현실적으로 보면 목적과 목표라는 용어를 혼동하여 사용하는 경우가 많다. 일반적으로 이 용어들은 '특정의 추구하는 방향'이라는 뜻을 내포한다. 그러나 이들 용어는 분명히 구별되는데, 이 중 목적은 좀 더 포괄적이고 궁극적이며 일반성을 갖는 개념

이고, 목표는 이보다 구체성을 가진 개념이다. 즉, 목적은 바라는 결과에 대한 추상적이고 일반적인 진술이고, 목표는 바라는 관찰 가능한 결과에 대한 구체적이고 조작적인 진술이다.

먼저, 목적(goal)은 거시적이며 포괄적이고 추상적이며 장기적인 방향의식으로서, 먼저 설정된다. 그리고 목표(objectives)는 좀 더 미시적이며 부분적이고 구체적이며 단기적인 방향의식으로서, 앞에서 설정된 목적을 근거로 측정 가능한 더 세분화된 차원에서 설정된다.

목적, 목표, 하위목표가 문제와 연관되도록 하기 위해서 목적은 문제의 정의, 목표는 문제의 원인, 하위목표는 세분화된 원인과 연결되어야 한다. 그러기에 목적, 목표, 하위목표는 서로 긴밀히 연계되어 있어야 한다. 이러한 맥락에서 보면, 하위목표가 달성되면 목표가 달성되는 것이고, 궁극적으로 목적이 달성되는 것이다. 자원봉사개발 프로그램의 목적이 명백하게 문서화되어 있고, 목적달성을 위한 준비를 계획할 수 있을 때 프로그램의 목표는 현실화될 가능성이 매우 높다.

① 비전을 제시할 수 있는 목적 서술

자원봉사자의 생각과 교회의 주어진 목적을 조화시킨 비전을 제시할 수 있는 목적을 설정하도록 한다. 자원봉사 프로그램의 근본 목적은 사람과 사회를 변화시키는 궁극적인 문제해결에 있다. 따라서 프로그램의 목적은 문제 진단에 따라 설정된다. 즉, 진단된 문제는 프로그램이 궁극적으로 해결하고자 하는 목적을 제공함으로써 프로그램의 존재 의의를 뒷받침하는 것이다. 문제정의가 명확하지 못하면 아이디어가 아무리 우수하여도 존재 의의를 갖지 못하게 되는 것이다.

② 구체적으로 측정 가능한 하위목표설정

목표는 '무엇을 할 것인가?' 그리고 '누가 그 과업을 수행할 것인가?' 및 '언제 할 것인가?' 등을 포함하는 것이다. 이것은 프로그램 수행방법과 관련된 문제이다. 상기

해야 할 것은 수행방법을 결정하기 전에 명백한 것이라고 할지라도 선택 가능한 다른 대안들에 대한 가치검증을 결코 경시해서는 안 된다는 점이다. 가장 명백한 것이 항상 최선인 것은 아니기 때문이다.

목표설정 시 유의사항
① 활동상 상대방의 기대에 부응하는 주제인가? ② 조직과 팀의 목표에 공헌하는 주제인가? ③ 대책이나 결과를 이해할 수 있는 주제인가? ④ 목표를 수량화해서 나타낼 수 있는 주제인가? ⑤ 현황을 수치로 파악할 수 있는 주제인가? ⑥ 문제에 대해 모두가 공감할 수 있는 주제인가? ⑦ 전원이 역할을 분담에서 할 수 있는 주제인가? 주제의 결정방식에 따라 활동 전체가 결정된다.

(5) 서비스의 활동내용과 대안선택

① 관련 자료의 수집과 기존 유사 프로그램의 확인

자원봉사자가 설정한 대상 집단이나 대상문제에 대해 지역사회의 다른 자원봉사자들이 실시하고 있는 프로그램은 있는가, 그리고 자체기관과 타 기관 및 시설의 유사한 경험이나 프로그램, 외국의 실례 등을 조사해 본다. 자료조사의 방법으로는 해당 기관을 방문, 물어 보거나 관계자들을 초청, 내용을 듣거나 현장답사, 기관 전화, 영화나 비디오를 관람하는 것, 인터넷 검색 등 여러 가지 방법이 있을 수 있다. 특히 정보관리체계를 활용하여 인터넷상에서 검색하는 것도 시간절약 및 정보수집에 많은 도움이 될 것이다.

② 서비스의 활동내용 선택

문제를 정의하고 해결을 위한 토의와 서비스 활동내용을 선택할 경우, '만일 이런 것은 어떨까?'하고 상상력을 발휘해 본다면 전에는 발견하지 못했던 여러 가지 기발한 아이디어를 얻을 수 있고 미처 몰랐던 돌파구를 찾을 수 있다. 이때 아무 제약을 두지 않고 누구나 자유롭게 다양한 아이디어를 내도록 해본다. 이 해결 아이디어 구상에는 때때로 문제와 관련, 경험 있는 전문가를 초빙해 도움을 받을 수도 있다.

⑹ 실천계획의 수립과 역할분담

교회 자원봉사 활동 실천계획의 수립은 프로그램의 목적 및 목표의 설정, 내용의 선정과 조직, 프로그램의 실행과 관리에 관한 기본 계획을 포함하며 프로그램을 개발하여 실행하기에 앞서 반드시 선행되어야 하는 작업이다. 프로그램 실천의 설계는 다음과 같은 의의를 가진다.

첫째, 치밀한 설계는 프로그램의 목적을 최대로 충족시킬 수 있다.

둘째, 프로그램 실행에 영향을 주는 여러 요인(예를 들어 대상자의 특성이나 기관의 제한 조건이나 시설, 설비, 봉사자의 능력과 기술 등)들을 차근차근 고려할 수 있다.

셋째, 프로그램의 질을 높일 수 있다. 즉, 단위 프로그램 간의 내용 및 실시방법을 관련시켜 효율성과 능률성을 추구할 수 있으며, 변화와 역동적인 조건하에서 프로그램의 조정기능이 양호해진다. 또한 단위 프로그램 간의 중복을 제거하여 생산성을 높일 수 있다.

① 실천계획의 수립

문제의 해결책이 선택되면 구체적인 실행계획을 수립하여야 한다. 교회와 지역사회의 문제해결과 도움 수요자(client)의 욕구해소에 도움이 되며, 나아가 인간의 행복을 만들기 위해서 구체적으로 해야 할 일들을 선정하고 할 수 있는 범위를 단계적으로 정하여 목적, 목표, 프로그램을 기술한 기본계획 및 활동시간, 장소, 예산, 업무분담 등 구체적 실천방안을 기술한 실천계획서를 만들어야 한다. 이때 자원봉사자들은 자신들이 계획한 봉사 프로그램의 이름을 전술한 프로그램 개발의 전제조건 5P 중 지역성을 참조하여 프로그램 실시 지역의 문화적 특성이나 전통, 관습, 방언, 순수한 한글말 등을 발굴하여 프로그램명이나 집단명으로 활용하는 방법도 고려해 볼 수 있다.

프로그램 이름 만들기
자원봉사 프로그램 이름은 구성원들에게 호기심과 긍지를 자극하고 성격과 가치를 표현하는 것으로서, 창의적이고 구체적인 이름으로 사려 깊게 만들어야 한다. 프로그램 이름은 ① 프로그램의 목적이 표현되는가?, ② 독창적인가?, ③ 구성원의 긍지와 협력적 분위기가 표현되는가? 등을 고려하여 만들고 사은품, 티셔츠, 편지 등에 잘 어울릴 수 있는 이름이 좋다. 또한 짧고 기억되기 쉬우며 말하기 쉬워야 한다. 특히 유의할 것은 프로그램 관련자의 형편을 직접적으로 표현해서는 곤란하다는 점이다. 예컨대 비행으로 인하여 보호관찰처분을 받은 청소년을 교정하는 프로그램 이름을 '비행청소년 선도활동'이라고 한다면 그들은 이 프로그램 이름에 거부감을 느끼고 참여를 꺼리게 될 것이다. 또한 당사자의 거부감을 주는 용어선택을 피해야 한다. 예를 들면 '고아원 어린이와 즐거운 놀이' 또는 '정박아 목욕시켜 주기'등과 같은 프로그램 이름은 적절하지 못한 것이다.

② 실천방안의 구체적 서술

a. 역할분담 및 시간계획

팀으로 방문한다 해도 자원봉사자 개개인이 할 수 있는 업무를 분장하는 것이 좋다. 예를 들어 어느 봉사자는 리더가 되어 봉사기관 및 단체의 방문 준비를 하거, 누구는 회계를 담당하고 누구는 욕구조사를 하고 누구는 프로그램을 준비하고 하는 등 각자가 업무를 나누는 것이다. 그래야만 일이 효율적으로 진행되고 동료 간 예상되는 갈등을 막을 수 있다.

또한 이때 봉사계획에 따른 과제수행을 위한 시간을 계산할 필요가 있다. 예를 들어 학생들이 매주 양로원을 방문하기로 했다면 우선 언제까지 이 자원봉사를 계속할 것인가를 결정한다. 그리고 한번 방문해서 돌아오는 데까지 총 얼마의 시간이 걸릴까? 양로원에서 노인들과 보내는 시간은 또 어떻게 계획할까? 책을 읽어 드리고 함께 레크리에이션을 하고, 선물을 전달하는 등 각각에 걸리는 시간이 얼마나 될까를 가능한 한 자세히 계산해 보는 것이다.

b. 예산체계의 마련

프로그램 총예산을 인건비, 관리비, 기자재 및 집기 구입비, 수용비, 사업비 등의 항목으로 나누어 각 항목의 산출근거를 구체적으로 제시한다. 그리고 예산항목별 자금조달 계획을 할 수 있도록 프로그램의 총예산의 산출 근거를 구체적으로 제시하여야 하며 부담 주체에 따라, 기부금, 봉사자 자신의 부담금, 보조금 등으로 나누어 조달방법을 기재한다.

(7) 프로그램의 실행

프로그램은 효과적인 자원봉사활동을 위한 도구이지 그 자체가 목적은 아니다. 때때로 자원봉사가 목적인지 아니면 프로그램이 목적인지를 구분하지 못하는 경우도 있다. 따라서 프로그램 실행에는 탄력적으로 운영할 수 있는 융통성이 필요한 것이다. 때때로 목적 달성을 위하여 프로그램의 실행계획이 수정될 수도 있는 것이다(류기형 외, 2005).

① 오리엔테이션 및 사전연습

계획된 프로그램의 성공적 수행을 위해서는 오리엔테이션과 사전연습이 요청된다. 보통의 경우, 프로그램 실천계획이 수립되면 봉사자들은 곧바로 프로그램의 실시에 들어가는데, 때로는 보다 효과적인 자원봉사 수행을 위해서는 프로그램에 대한 오리엔테이션과 사전 연습을 갖는 경우도 있다. 프로그램에 관한 정보가 기술된 자료와 실행계획서를 구성원들에게 배포하고 오리엔테이션을 시작한다.

이때 자원봉사자들이 스스로 자원봉사 프로그램의 대안을 마련하고 계획하였다면 오리엔테이션이나 사전연습이 불필요할 수도 있다. 만일 그렇지 못하고 자원봉사 관리자가 프로그램을 계획하였다면, 대부분의 봉사자들은 새로운 자원봉사 프로그램에 관하여 여러 가지 질문을 가지고 있을 것이다. 그리고 봉사자들이 보다 신선하고 창의적인 아이디어를 갖고 있을 수도 있다. 따라서 자원봉사 관리자는 오리엔테이션이 계획된 프로그램과 수칙을 일방적으로 주입시키는 행사가 되어서는 안 된다. 오히려 자원봉사 관리자는 이들의 질문과 제안에 귀 기울여 반영하려는 노력이 필요하며, 활동에 적극 참여함으로써 얻게 되는 개인적·기업적·사회적 이익이 무엇인지를 홍보하려는 노력이 필요하다.

또한 사전연습은 프로그램을 실행할 때 발생할 수 있는 시행착오를 줄이기 위해 봉사자들 간의 상호협력방법이나 의사소통기술, 책임소재 등을 사전에 살펴보는 것이다. 만일, 사전연습 시 전문적인 봉사방법이나 문제해결 기술 등에 문제가 발견되면 이에 대해서는 전문가나 현장 관계자로부터 설명을 들을 수도 있다.

② 슈퍼비전

매일 매일의 자원봉사활동을 끝마치고 봉사자들은 자원봉사자 관리자와 함께 그날의 일들을 토의하거나 조언을 듣는다.

(8) 측정 및 평가

① 측정 및 평가

자원봉사활동에 대한 측정과 평가는 앞서 언급한 '슈퍼비전'과는 성격이 조금 다르다. 측정과 평가는 수혜 대상자와 지역사회에서 일어난 변화, 즉 생산성(products)을 측정하는 것이며 효과성(effectiveness)을 평가하는 것이다. 그리고 가능하면 이 평가 작업은 단순히 '수혜자들이 좋아하더라'하는 것이 아니라 '수혜자들의 대화 횟수가 처음보다 나중에는 100%늘었다'하는 식으로 구체화, 계량화하는 것이다. 그리하여 자원봉사 프로그램이 끝났을 때 자원봉사자나 자원봉사 관리자는 자신들이 이루었던 성과를 이야기로, 보고서로, 사진으로, 인터넷으로, 비디오로, 그림으로, 조형물로 또는 어떤 형태로든 정리하는 것이 바람직하다.

a. 평가종류

자원봉사활동 평가는 ㄱ.프로그램 개시 직후, ㄴ.프로그램 진행 도중, ㄷ.프로그램 종료 후에 할 수 있다. 그런데 대개의 경우 평가는 프로그램이 완전히 끝난 다음에 시행되는 것으로 생각하고 프로그램 시작과 동시에 시행하는 평가를 소홀히 취급한다. 그래서 새로운 정보나 상황의 변화에 적응하지 못하고 실패하는 경우도 흔히 일어난다. 따라서 초기단계에는 주로 계획에 반영되지 못한 정보와 상황을 파악하고 클라이언트와의 관계를 평가하여 직무훈련, 인간관계 개선노력 등의 대응방안을 강구해야 한다.

프로그램 실행과정 중간에 평가하는 것은 이때가 팀원들이 초보 단계를 벗어나면서 과업수행에 익숙해지는 반면, 불만이나 부여된 활동의 목표와 가치에 대하여 의문을 제기할 수 있는 시점이기 때문이다. 이때는 업무 자폐 외에도 동료관계, 수요처 직원 및 관리자와의 관계 그리고 클라이언트와의 관계가 형성되어 이에 영향을 받기 시작하며 동기요인과 조직풍토에 민감하게 반응하는 때이기도 하다. 또한 여러 가지 상황변화를 예의 주시하고 이에 따른 계획의 적절한 변화를 판단하기 위하여 정기적으로 중간평가를 하여야 한다.

대개의 경우 자원봉사 프로그램은 1년 이내의 단위로 운영하도록 권장되고 있다. 단기 프로그램의 경우와 마찬가지로 중·장기 프로그램 역시 시작과 종료의 시점을 분명히 하여야 한다. 그러나 많은 경우 자원봉사 프로그램 또는 자원봉사 활동은 과업수행의 시작점은 있어도 분명한 종료시점을 갖고 있지 못하다. 그래서 중도탈락 되거나 공식적인 평가과정 없이 직무변경 되어 프로그램은 초기의 계획과는 전혀 다른 모습으로 운용되고 있는 것을 흔히 볼 수 있다. 따라서 중·장기 프로그램은 흐지부지되어 평가과정 자체가 의미를 잃어버린다. 그 결과는 무엇을 의미하겠는가?

초기 및 중간 평가를 통하여 수립된 계획에 따라 목표달성을 위하여 다각적인 노력을 시도하고 비록 상황변화에 따라 초기 종료를 하게 되거나 심지어 실패했을 경우에도 최종평가가 이루어져야 한다. 물론 성공적으로 끝났을 때에도 마찬가지이다.

이성록(2005) 은 자원봉사 프로그램은 매우 까다로운 속성을 갖고 있으며, 팀 동료 및 클라이언트와의 인간관계는 이미 중요한 동기요인으로 작용하고 있기 때문에 조직목표에 따른 프로그램 종료 또는 개선이 매우 어려워 질 수도 있다고 보았다. 즉 평가의 의미가 무색해 질 수 있는 것이다. 특히 종료시점을 명확하게 계획하지 않은 경우가 더욱 심각하다. 그래서 연구자들은 시작과 종결이 분명한 프로그램이 바람직한 평가를 가능하게 하며 바람직한 평가는 더욱 발전된 프로그램을 가능하게 한다고 지적하는 것이다.

b. 평가방법

류기형(2005) 은 자원봉사활동이나 프로그램을 시행하고 난 후, 평가하는 방법은 매우 다양하다고 보았다. 일반적으로 프로그램의 평가에서 사용되고 있는 기법으로는 프로그램이나 서비스의 생산성(products), 목표달성 정도(goal attainment), 효율성(efficiency), 효과성(effectiveness), 서비스의 질(quality), 그리고 만족도(satisfaction) 측정 등의 기법이 있다. 자원봉사 프로그램 평가방법들도 사회복지 프로그램 평가기법들과 크게 다르지 않고 이들 기법들을 자원봉사 프로그램 평가에 맞게 적절히 변화하여 활용해 볼 수 있을 것이다.

② 발표 및 시상

실행과 평가가 끝난 후 토론과 나눔의 자리를 위해 별도의 시간을 마련한다. 즉 실천계획에 따라 무슨 일을 했나. 누가 참가했고, 각자는 무슨 일을 했나를 검토하고, 기대했던 효과, 또 기대치 않았던 효과들은 무엇인가? 또 봉사 경험을 통해 어떤 감정을 느꼈고 무엇을 배웠나를 반성해 보며 사기 진작을 위하여 시상하는 것이다.

자원봉사 프로그램을 개발하고 실행하는 과정은 주체의 목표와 요구에 맞추어 계획, 구성, 실행, 평가의 단계로 나눌 수 있다. 아래에 구체적인 단계를 제시해보겠다.

1. 목표 및 대상 설정 단계

- **목표 설정**: 프로그램의 목적을 정의하고 어떤 사회적인 문제나 요구를 해결하려는지 명확하게 설정한다.

- **대상 그룹 선정**: 어떤 집단이나 지역을 위해 봉사를 진행할지 결정합니다 (노인, 어린이, 환경 등).

2. 계획 단계

- **프로그램 디자인**: 목표와 대상 그룹에 맞춰 프로그램 구조를 설계합니다. 활동의 종류, 일정, 장소 등을 결정한다.
- **활동 선정**: 참여자들이 할 수 있는 다양한 활동을 선정하고 이를 프로그램에 통합합니다.
- **인력 및 자원 확보**: 봉사자, 장소, 재료 등 필요한 자원과 인력을 확보한다.

3. 구성 및 준비 단계

- **봉사자 모집**: 온라인, 오프라인 등 다양한 경로를 통해 봉사자를 모집하고 관심을 돈 유용한 정보를 제공한다.
- **훈련 및 교육**: 봉사자들에게 필요한 교육을 제공하여 봉사 활동을 수행하는데 필요한 기술과 지식을 함양한다.
- **일정 및 장소 조율**: 활동 일정과 장소를 조율하여 봉사자들이 참여하기 편리하도록 계획한다.

4. 실행 단계

- **봉사자 활동 지원**: 봉사자들에게 필요한 정보, 지침, 자원을 제공하여 활동을 원활하게 진행하도록 돕는다.
- **활동 실행**: 선정한 봉사 활동을 실시하고, 필요한 경우 지도자나 코디네이터가 지원한다.
- **참여자 간 소통**: 봉사자들과 대상 그룹 간의 소통을 원활히 하여 긍정적인 상호작용을 촉진한다.

5. 평가 및 개선 단계

- **프로그램 평가**: 봉사 활동이 목표에 얼마나 부합했는지 평가하고, 참여자들의 의견을 수집한다.
- **피드백 수집**: 봉사자들과 대상 그룹으로부터의 피드백을 수집하여 프로그램을 향상시키는데 활용한다.
- **개선 계획 수립**: 평가와 피드백을 바탕으로 프로그램의 강점과 개선점을 파악하고, 다음 프로그램을 위한 개선 계획을 수립한다.

6. 홍보 및 보고 단계

- **홍보 및 공유**: 프로그램 결과와 성과를 봉사자들, 참여자들, 스폰서, 커뮤니티와 공유하여 성과를 알리고 동기부여를 높인다.
- **보고서 작성**: 프로그램의 목표 달성 여부, 활동 내용, 참여자 피드백 등을 담은 보고서를 작성하여 이해관계자들에게 제출한다.

각 단계에서 계획이나 일정이 조정될 수 있으며, 유연한 접근이 필요하다. 주체의 목표와 대상, 환경에 따라 상황에 맞게 조정하여 프로그램을 개발하고 실행하는 것이 중요하다.

Christian Social Welfare | chapter 09

기독교사회복지실천의 역사

한국교회의 교회사회복지실천의 역사는 그 자체로서만 이루어진 것이 아니다. 크게는 한국역사 일반과 맞물리고 있으며, 작게는 한국사회복지의 역사 및 한국교회의 역사와 맞물려 있다. 따라서 한국교회의 사회복지의 역사가 가진 의미를 이해하기 위해서는 특정교단이나 교회 혹은 사회사업단체의 세세한 역사를 검토하는 것을 넘어서서 보다 거시적인 맥락에서 검토하는 작업이 필요하다고 본다. 즉 한국교회 사회복지 역사의 의미를 이해하기 위해서 한국사, 한국교회사, 한국 사회복지 발달사의 맥락 속에서 검토할 필요가 있다. 기독교 초기 사회복지는 자선사업과 사회개혁운동의 두 흐름으로 나눌 수 있다. 자선사업은 의료사업, 교육사업, 고아원과 양로원 운영사업 등 이었으며, 사회개혁운동에는 독립협회의 활동, 여권신장, 계몽운동, 항일운동 등이다. 이 두 흐름은 차후에 기독교 사회복지의 전통과 사회선교의 전통의 큰 흐름으로 나타나게 되었고, 그 신학적 배경이나 교회의 여건, 그리고 사회복지의 프로그램 등에 의해 그 흐름이 경향적으로 나타나고 있음을 알 수 있다.

어떤 현상에 대한 역사적 검토에 있어서 시대 구분이란 역사적 평가를 위한 필수적인 작업이면서도 언제나 위험성을 가지고 있다. 왜냐하면 구분의 기준 자체가 연구자의 주관적인 판단에 의존하기 쉬우며, 일단 시대 구분을 하게 되면 복잡한 역사적 과정을 단순화 시키고, 다양한 현상 가운데 필요한 부분을 선택적으로 골라서 해석할 가능성이 커지기 때문이다.

한국교회와 사회복지실천의 역사적 흐름에서 볼 때 한국교회는 짧은 교회 역사에 비해 한국문화에 엄청난 영향을 끼쳤으며 특히 초기의 한국교회는 겨레와 함께 멍에를 메고 온 교회로 이 민족의 사랑을 받으며 칭찬을 받았다. 이것은 초기 한국교회가 작게는 제각기 흩어져 있는 지역사회의 여러 문제점들을 개선하는데 앞장섰으며 크게는 겨레와 함께 하였기 때문이다. 한국교회가 처음 세워졌을 때 지역공동체는 대부분 자연부락 이었으며 유교적 사회질서와 문화가 강하게 작용하고 있었으며 불교적, 무교적, 민속종교도 팽배해 있었다. 이러한 차원서 기독교회는 외래 종교적 소수집단으로서 지역공동체 밖에 존재하였다. 그러나 교회는 지역사회에서 고립되어 있으면서 새로운 문명을 소개하는 창구가 되었다.

한국교회는 사회복지 활동과 불가분의 관계 속에 태어났고 또한 발전해 왔다. 초창기 선교사들은 복음 전도와 함께 사회적 요구를 충족시켜주기 위한 각종 사회사업을 도입, 전담하였으며 특별히 근본적인 사회제도를 변화시켰을 뿐만 아니라 일반 시민들로 하여금 사회문제에 관심을 갖고 사회문제에 참여하도록 정신적 토대를 만들어 주었다. 그 당시 한국의 사회 상황을 교회에 반영된 대로 살펴보면 먼저 당시 조선에 매독과 같은 성병, 가려움증의 피부병, 머리 부스럼, 심한 안질, 백내장, 회충 등의 기생충, 디프테리아, 전염성 열병, 학질, 천연두, 천식, 이질과 같은 질병이 많이 있었다고 초기 의료 선교사들은 보고하고 있다. 그리고 조선에는 미신과 우상이 넘쳐 있어서 데니스(J. S. Dennis)는 '만신의 옥토요, 사귀 집단의 땅'이라고 말하고 있다. 그리고 노비문제, 여성들의 지위문제, 아편문제 등이 외국 선교사들에 의해 지적되고 있으며 이 밖에도 무절제, 나태, 고문, 지적인 발전의 폐쇄성, 보수성, 음주, 흡연 문제 등도 지적되고 있음을 볼 수 있다.[1] 이런 과정에서 교회가 전달하는 가치관과 전통적인 지역사회와의 가치관의 갈등이 일어나기도 한다. 이러한 상황 속에서도 불구하고 교회는 적극적으로 지역사회봉사하는 역할을 지속하여 왔다. 한국 교회는 교인들의 실제 생활 속에서 교회의 봉사, 자선사업을 통하여 지역사회에 소개되었고, 가난한 자들에게 봉사하였다 다시 말하면 사회 저변의 소외 된 자들에게 이웃이 되려고 노력하였다. 또한 초기 한국교회는 전반적인 문화 활동을 동반함으로써 조국 근대화의 주적인 역할을 담당하여 온 것이 사실이다. 개화기에 있어서 기독교를 통한 사회 활동을 보면 신교육사업과 의료사업, 청소년 운동, 문화 활동, 여성해방운동, 생활개선, 건강, 위생에 대한 계몽 등의 사업을 주로 행하였다. 이처럼 교회는 사회 복지실천을 통하여 근대화 작업을 주로 하였다.

한국교회사 속에서 교회사회복지실천의 역사를 살펴보기 위하여 이를 역사의 큰 획을 긋는 시점을 근거로 다섯 시기로 구분하여 살펴보고자 한다.

1) 선교 초기시대의 기독교사회복지실천(1884~1910)

(1) 교회사회복지실천적인 접근

조선 후기에 기독교를 세우기위해서 취했던 전략중 하나는 교회사회복지실천적인 접근이었다. 이러한 시도는 초기 한국 기독교는 복음을 전하면서 기독교사회복지를 실천하였다.[2] 하나님 사랑과 이웃 사랑을 동시에 실천한 것이다. 천주교와 개신교는 선교 방법에 있어서 그 차이가 있다.[3] 천주교는 사회복지적 접근보다는 직접전도에

1) 민경배,「한국기독교 사회운동사 」, (서울:대한기독교출판사, 1987),3-44.

2) 최광수,"조선후기 기독교 사회복지 역사에 대한 소고", 총신대논총,(총신대학교,2006), 294.

3) 강기정외,「기독교사회복지의 이해 」, (서울: 천안대학교출판부,2003), 39.

중점을 두었다. 천주교에 대한 이해가 없는 상황 속에서 조선 정부와 마찰을 겪게 되는 것은 자명한 일이었다. 그리고 1801년에 있었던 황사영의 편지는 천주교 박해의 동기를 제공하였다. 베이징에 있는 주교에게 편지를 보내 천주교를 수용하도록 중국의 황제에게 압력을 요청한 것이다. 이러한 역사적 상황은 조선정부로 하여금 서양종교에 대하여 거부적인 태도를 취하게 만들었다. 이러한 상황 속에서 기독교를 직접적으로 전하기는 쉬운 일이 아니었다. 그래서 개신교 선교사들은 정부와 마찰을 일으키면서 직접전도 활동을 하기 보다는 간접적인 선교 방법을 택한 것이다. 즉 개신교는 당시 한국사회가 필요로 하는 욕구를 채워주는 사회복지적인 접근을 복음전파와 병행하였다. 조선 후기의 개신교는 기독교사회복지를 적극적으로 실천하며 교회를 세워 나갔던 것이다.[4]

(2) 의료선교사 알렌(Allen)

1880년대 중반에 시작한 기독교의 도래와 수용에서 일제하로 들어갈 때까지의 시기를 선교 기초시대라고 할 수 있다. 이 시기의 기독교의 유입은 단순히 어떤 특정 종교의 전래형상으로 그치지 않고 당시의 역사적 상황과 긴밀히 연관되어 있었다. 당시의 한국 사회는 근대사회로 이행을 위하여 힘겨운 노력을 기울였지만 세계 자본주의의 확장에 따라 등장한 제국주의의 침략을 막아내지는 못하여 결국은 식민지화의 길로 빠져 들어가던 상황에 처해 있었다. 한국 교회는 이러한 혼돈의 상황에서 서양문명과 미국이라는 배경을 가지고 한국 땅에 들어왔다. 그리하여 근대사회를 세우고 나라의 독립을 유지하고자 하는 선각자적인 지식인, 전통사회의 관료·양반·지주 등의 억압을 받던 민중, 시대적 혼란 속에서 새로운 세계관과 인생관을 선택한 구도자 등이 자신들의 다양한 동기를 충족시키기 위해서 교회로 들어왔다.

4) 최광수, "조선후기 기독교 사회복지 역사에 대한 소고", 295.

19세기 말 우리나라의 의료 수준은 매우 열악하였다. 거의 모든 질병을 마귀의 소행으로 마귀의 소행으로 생각하고 치료를 위해 마귀를 쫓아내기 위한 기도와 제물을 바치는 것이 고작이었다. 이와 같은 의료적 암흑시대에 1884년 9월 20일 미국 북장로교 소속의 의료선교사 알렌(Allen)[5]이 우리나라에 들어옴으로써 의료선교를 통한 기독교교의 전파와 함께 발달한 서양의술이 도입되게 되었다.[6]

(3) 광혜원 설립

의료선교사 알렌은 1885년 4월 광혜원을 설립하여 병자들을 치료하며 의료복지사업 및 복음 전도 사업을 전개하였다.[7] 알렌은 의사이자 선교사로, 외교관으로서 한국선교의 문을 여는 개척자의 역할뿐만 아니라 한국 의료복지사업의 문을 여는 개척자로서의 역할을 하였다. 광혜원 병원은 초기에 정부청사 근방에 위치하여 서민계층을 대상으로 하는 의료사업을 실시하는데 어려움이 있다고 판단했다. 이로 인하여 1887년 남대문 근방의 구리개 마을로 이전하는 동시에 병원명칭을 많은 무리를 도와주는 집이란 의미의 제중원으로 개명하였다. 병원을 이전하고 나서 병원을 찾는 환자들이 왕실의 귀족들만이 아니라 빈곤계층과 문둥병자에게 이르기까지 다양하였다.[8]

---

5) 알렌은 미국 독립전쟁당시의 영웅이었던 이탄 알렌(Ithan Allen)의 후손으로 1858년 4월, 오하이오 주 델라웨어(Delaware)에서 태어났다. 그는 오하이오 웨슬리안 대학을 졸업하고,1883년 의사자격증을 얻었다. 미국의 제2차 각성운동의 영향을 받은 알렌은 선교사가 될 것을 다짐하고 미국북장로교회에 의료선교사로 지원하여 임명을 받자 곧이어 결혼을 하고,1883년 25세의 젊은 나이에 임지인 중국으로 떠났다.
중국에서 친구의사들의 한국행을 권했고 뉴욕 본부로부터 한국으로 가도 좋다는 연락을 받은 알렌은 1884년9월 제물포에 도착한다.

6) 선교사들이 선교지에서 하는 일을 크게 셋으로 분류 할 수 있다. 첫째는 복음화(Evangelization),둘째는 문명화(Civilization), 셋째는 근대화(Modernization)이다.

7) 최광수,"조선후기 기독교 사회복지 역사에 대한 소고", 301.

8) 강준렬, "국가발전을 위한 기독교의 역할에 관한 연구" 교회의 사회복지사업을 중심으로. "행정학박사학위 논문, 명지대학교 대학원, 2003.61-62.

(4) 보구여관(保救女館)을 개설

1895년 6월 28일에 갑오경장에 의해 관제가 대개혁 되었다. 관제개혁으로 인해 제중원을 운영하는데 드는 비용을 정부로부터 받기 어려워졌다. 이로 인하여 제중원은 경영을 미국 북장로교 선교회로 이관하게 되었다. 1899년 에비손(O.R.Avision)은 제중원 안에 우리나라 최초 의학교를 설립하였다. 복음을 전파하기 위해 가난하고 어려운 사람들에게 접근을 시도할 때 의료복지적인 접근을 함께 시도했다는 것은 오늘날 한국교회에 시사하는 바가 크다.[9)]

1887년 10월에 여의사 하워드(M.Haward)는 서울 정동에 여성의 질병을 치료하기 위한 한국 최초 근대적 여성전문병원인 보구여관(保救女館)을 개설 하였다. 이곳에서 사회체제에서 소외당했던 또 다른 계층인 여성들이 의료의 혜택을 받게 되었다. 간호를 베풀 뿐만 아니라 한걸음 더 나아가 의료교육까지 실시하였다. 이외에도 부산, 평양, 대구, 선천, 재령, 청주, 강계전주, 광주, 해주, 안동, 개성, 춘천, 인천, 진주, 성진, 그리고 함흥 등에 선교병원을 설립하였다.[10)] 조선시대 후기의 외국 선교사들은 의료복지사업을 신실하게 수행 하였다. 이러한 노력으로 많은 사람들이 기독교에 대한 좋은 이미지를 갖게 되었다는 것은 짐작하고도 남을 일이다.[11)]

(5) 만인 평등과 자유 인권 사상

초기 한국 교회는 개인적 영혼만의 구원을 부르짖거나 교회의 성장만을 꾀했던 것이 아니라, 만인 평등과 자유 인권 사상을 삶의 대안으로 제시하였다. 따라서 개화를 자각하던 인사들이 기독교 영향을 받거나 선교사들의 도움을 받아 사회복지 시설로서 병원을 설립하고 학교를 세워 사회사업을 펼쳐나갔다.[12)] 당시조선민중에 대한 의

9) 최광수, "조선후기 기독교 사회복지 역사에 대한 소고", 302.

10) 한국기독교역사연구소(서울:서울기독교교문사, 1991), 195.

11) 최광수, "조선후기 기독교 사회복지 역사에 대한 소고", 303.

12) 민경배. 「한국기독교사회운동사」(서울: 대한기독교출판사, 1987).

료와 교육문제는 매우 심각한 수준이었다. 조선사회에 만연된 질병으로서 나병과 결핵 그리고 콜레라를 들 수 있었다. 1860년 경상도와 전라도에서 30,000명의 환자들이 있음이 집계되었다.[13)]

⑹ 언더우드 시술소

1884년 내한한 미 북장로회 소속 알렌(H. N Allen)은 의료선교사로서 의료 활동을 적극 전개했다. 1885년 광혜원과 감리교 정동병원을 비롯하여 1910년경 약 30여 곳에 병원이 세워져서 의료 선교를 담당했다. 1886년에 대한 아펜젤러(H. G. Apenzeller) 목사의 기록에 따르면 조선인이 매일 5.000명씩 죽어가고 있다고 하였으며, 1895년 여름에 발병한 콜레라로 엄청난 인명피해가 발생하였을 때 언더우드(H. G. Underwood) 목사[14)]는 서대문 밖에 '언더우드 시술소'를 개설하고 피나는 노력을 경주한 끝에 백성과 왕의 신임을 얻어 선교의 터전을 넓히는 계기가 되었다고 한다. 이후 부산, 평양, 대구, 선천 등지에도 병원이 개설되었고, 1904년에는 세브란스 병원과 적십자병원이 세워졌다. 이 병원들은 한국 환자들, 특히 불우한 처지에 있는 환자들을 위한 의료자선사업을 실천하였다.

⑺ 교육기관 설립

선교 초기의 교회는 하나의 종교 활동으로서 뿐만 아니라 새로운 문물을 받아들이는 개화운동의 흐름 속에서, 근대적 민족운동, 민권운동, 교육운동, 문화운동, 의료사업 등으로 선교활동을 전개 했다. 다른 한편으로 열강들 속에서 민족의 존폐에 걸렸

13) 최무열. 「한국교회와 사회복지」(서울: 나눔의 집, 1999).

14) 언더우드(Horace G. Underwood)는 1859년 7월 영국 런던에서 존 언더우드와 엘리자벳(Elizabeth)의 6남매중 넷째로 태어 났다. 언더우드가 12살 되었을 때에 그의 가족들은 미국으로 이주하여 뉴저지(New Jersey)의 뉴 던햄(New Durham)에 정착하여 그들 가족은 화란 개혁교회에 출석하였다. 언더우드는 1877년 뉴욕대학교에 입하하여 1881년 졸업하고 뉴 부른수윅(New Brunswick)신학교에 입학하였다. 신학교를 졸업하고 올트만(Albert Altmann)목사를 만나서 한국의 선교사로 오게 되는 계기를 가지게 되었다.

던 운명을 직감했던 선각자들이 민중계몽운동과 더불어 사회개혁, 독립운동의 씨앗을 뿌렸다. 1910년까지 소학교와 중학교를 비롯하여 대학에 이르기까지 수많은 교육기관들이 설립되어 민족의식과 계몽운동을 펼쳐나갔다.

(8) 언더우드(Underwood)와 감리교의 아펜젤러(Appenzeller)

조선시대 후기 기독교사회복지 활동으로 의료복지사업과 대등한 입장으로 전개된 것이 바로 교육복지사업이다 의료선교사 알렌의 탁월한 의술과 헌신적 봉사로 서양 선교사에 대한 이미지가 매우 좋게 알려졌다. 이로 인해 1985년에는 미국 장로교의 언더우드(Underwood)와 감리교의 아펜젤러(Appenzeller)가 파송되어 교육복지 사업들을 펼쳤다. 언더우드와 아펜젤러는 목사의 신분이면서 교사였다. 조선시대 후기의 조선정부에 공식으로 제출한 보고서에는 교사로 등록되어 있었다. 개신교 선교사들의 교육복지사업을 통해 우리나라는 신교육을 직접적으로 접할 수 있는 계기가 마련되었다. 최초의 학교 설립은 1885년 11월에 아펜젤러가 당시 미국공사였던 폴크(M. C. Foulk)를 통하여 고종으로부터 학교설립 허가를 받으면서 가능했다. 1886년6월 8일에 개교한 배재학당이 최초의 학교이다. 처음에는 2명의 학생으로 시작했다. 개교한지 5개월이 지난 후 32명으로 학생 수가 증가하였다. 1887년에는 고종으로부터 배제학당이란 칭호를 하사받았다. 아펜젤러 목사는 배재학당에 찾아온 모든 학생들에게 하루 점심 값으로 학생 1인당 1원씩을 지급하였다. 또한 공책과 연필 등 필요한 문구류도 무상으로 제공하였다 무려 16년 동안 학비나 숙식비 없이 공부할 수 있도록 봉사하였다. 교육복지사업을 열정적으로 전개한 것이다. 1885년에 선교사 아펜젤러가 한국에 온지 8개월 만에 배재학당을 세웠다.

(9) 연희전문학교

언더우드는 고아원과 같은 형태로 교육복지사업을 시작하였다. 1886년 1월부터 고아들과 극빈자 가정의 자녀들을 중심으로 한 기술학교를 구상하였다. 결국 1886년 5

월 11일에 알렌 선교사의 알선으로 정동에 있는 천 평이 넘는 정승의 집 세 채와 토지를 매입하였다. 이것을 수리하여 고아원 학교인 언더우드 학당을 세웠다. 언더우드 학당은 1902년에 지금의 연지동에 교지를 정하고 '예수교중학교'로 칭하다가 1905년에 학교이름을 경신학당으로 개명하였고 이것이 경신학교의 모체이다. 그 후 경신학교는 중학교 과정에서 대학교 과정까지 설치하였다. 1915년 4월 미 북장로교, 남북감리교, 캐나다 장로교 연합회의 관리로 경신학교 대학부라는 이름으로 운영되었는데 후에 연희전문학교가 된다.[15)]

(10) 스크랜턴 부인(M.F. Screnton)

1886년에 스크랜턴 부인(M.F. Screnton)이 고아와 과부들을 모아 고아원으로 부터 이화학당을 세웠다. 그로 인해 당시 유교적 가부장 제도의 전통 속에서 철저하게 배제되어 있었던 여성들에게 한글교육을 통해 여권신장운동의 기틀을 마련하였던 것이다. 물론 대부분의 학생들은 버려진 아이나 과부였다. 이후 1907년에는 시각장애인을 위한 특수학교인 평양 맹아학교를 설립하기도 했다. 1910년까지 기독교 학교의 수는 779개였으며, 학교를 통한 계몽운동이 개화의 열기를 더해 갔다.

초기의 한국 기독교는 사회복지가 병원과 학교, 그리고 사회개혁의 각 종 계몽운동과 독립운동 등이 한데 어우러지는 통전적인 선교를 했다.[16)] 유교의 전통과 문화 속에서 차별받던 여성들에게 교육과 복음 전래는 여성해방과 여성 인권 신장에 큰 영향을 미쳤으며 기독교적 인권사상과 민주주의가 교회로부터 훈련되고 확장되어 갔다. 성서의 한글 번역으로 천대받던 한글이 그 실용성과 중요성이 인식되면서 우리 한글이 제 자리를 찾게 되었다.

15) 고춘섭, 「경신80년사 」(서울: 경신중고등학교, 1966), 64-65.

16) 최무열, 「한국교회와 사회복지」(서울: 나눔의 집, 1999) 참고.

(11) 금주, 금연 운동

한국 개신교가 최초로 전개한 사회개혁운동 중 하나가 금주, 금연 운동이다. 한국 개신교에서 금주, 금연 운동을 적극적으로 전개하게 된 원인은 음주자체가 범죄행위라든가 교리위반이기 때문이 아니었다. 음주로 인하여 개인의 건강을 해치고 가정의 경제적 손실을 높여 사회적 혼란을 조성할 수 있는 요인이 되기 때문이었다. 그리고 술 취해 방탕한 모습은 분명 기독교적 시각에서 옳지 않았기 때문이었다. 그리고 전통적으로 악습화 되어있는 음주 생활을 통제하기 위한 방법으로 강구된 것이다. 이는 한국교회가 사회적 폐해를 적극적으로 시정, 개선하려고 일종의 국가적 개화운동을 전개한 것이었다.[17] 또한 한국교회는 지역중심으로 '금아편운동'을 역동적으로 전개하였다. 아편의 위험성을 과학적으로 분석하여 정확하게 밝혔다. 그리고 건강한 시민사회인으로서의 도덕적인 삶과 생활윤리를 강조하였다.[18]

(12) 신민회설립

교회는 빈민들을 위한 사회복지 활동으로 고아원 및 장애인시설을 설립하여 빈민과 장애인과 병자들을 위한 구제 사업을 실시했을 뿐만 아니라, YMCA운동을 통한 사회운동도 활발하게 전개하였다.그러나 일본의 탄압과 조선침략을 위한 야욕은 더욱 치밀해졌다. 이 시기에 일어났던 두 가지 사건이 사회복지선교의 역사를 읽는데 매우 중요한 단서를 제공해 준다. 하나는 대부흥운동과 또 하나는 민족운동 단체로 등장하게 되는 '신민회'설립이었다. 특히 이 시기의 1907년 전후로 일어난 대부흥 운동은 주목할 만한 사건이었다. 대부흥 운동은 영미 계통의 선교사들이 일본 이등박문의 정교분리 정책에 호응해서, 선교사들의 비정치파 계획으로 1905년 원산에서 시작되어 1907년 평양에서 열리기까지 전국으로 확산되었다. 1907년을 전후로 하는 대부흥 운동은 원초적인 종교경험을 하고 기독교의 부흥의 발판을 마련하는 매우 중요한

17) 강준렬, "국가발전을 위한 기독교의 역할에 관한 연구", 66.

18) 강준렬, "국가발전을 위한 기독교의 역할에 관한 연구", 68.

계기이기도 했지만 선교사들과 그 추종 세력들이 교회 내에서 교권을 장악할 수 있게 되었고 그 후 한국교회의 신앙적·신학적 방향을 보수적으로 규정하는데 결정적인 역할을 했다. 따라서 선교사들에 의해 운영되던 학교와 병원, 그리고 사회복지 시설들은 일본 제국주의의 실체를 애써 외면해야 했으므로 그 때부터 보수적인 토양으로 채색되었다. 이것은 최근까지 고아원, 양로원, 장애인 시설, 노인요양시설 등 시설을 중심으로 한 기독교 사회복지는 보수적인 경향을 띠고 지역주민의 욕구를 지원하는 공부방, 상담소, 진료활동 등 이용시설은 비교적 진보적이라는 점에서 시사하는 바가 크다. 1911년 신민회는 총독을 암살하려는 음모가 발각되어 전국에서 6~700여명이 체포되고 105명이 유죄판결을 받을 정도로 기독교의 사회 선교적 항일민족 운동은 끊이지 않았다. 또한 선교사들과 달리 대 부흥 운동 이후 많은 기독교인들이 1910년을 전후해서 일어난 일본에 대한 저항운동에 깊숙이 관련되어 체포된 것을 볼 때 초기 기독교의 사회선교는 교회 안에서만 머무르지 않았으며 민족과 민중의 문제를 지속적으로 끌어안고 진행 발전되었다고 볼 수 있다. 이 시기의 중요한 점은 1911년 신민회의 105인 사건을 계기로 윤치호를 위시한 기독교인들이 대거 투옥됨으로써 교회연합운동은 매우 타격을 입게 되었고 그 여파로 사회선교적인 계몽운동이나 항일독립운동, 변혁운동은 매우 위축되었다는 점이다. 또한 그럼에도 불구하고 여전히 윤치호가 1907년에 참석했던 세계학생기독교연맹(WSCF)대회가 1922년에 북경에서 열렸을 때 신흥우, 김활란, 이상재 등이 한국의 기독학생 운동을 대표하여 참석했다는 점을 눈여겨 볼 필요가 있다. 당시의 기독 청년 학생들의 민족적 사회적 변혁에 대한 열망은 대단했다. 이후 이상재 같은 인물이 서재필과 더불어 독립협회를 만들어 독립운동을 전개하기도 했던 점은 주목할 만하다. 1909년에는 농아부를 설치하였다. 오늘날까지 사회운동을 활발히 전개하고 있는 한국 YMCA 운동은 1899년부터 언더우드 목사와 아펜젤러 목사의 노력으로 설립되어 각종 토론회, 카운셀링, 외국어 교육, 인간교육, 기술교육(목공, 철공, 인쇄, 제혁 등) 각종 경기보급, 레크레이션 지도 배급을 활발히 전개하였다.

(13) 초기의 교회사회복지사업

초기의 교회 사회복지사업은 대체로 다음과 같이 ① 병자와 부상자에 대한 과학적 치료 ② 빈민, 고아, 장애인 등에 대한 사회사업을 통한 조직적인 보호대책 ③ 미신과 악령숭배의 감소 ④ 어린이에 대한 존중 ⑤ 조혼과 결혼관습의 개선 ⑥ 여성에 대한 태도와 처우 개선 ⑦ 민주주의 사상, 한국인 자신에 대한 자기존중 재인식 ⑧ 민주적 인간관계와 계층차별의 타파 ⑨ 사회복지에 대한 봉사와 새로운 관심 ⑩ 알코올, 마약 유동성 약종에 대한 계몽 ⑪ 한글의 보급과 일반화 등이 있다.[19]

선교초기에는 기독교사회복지 태동기를 맞이하였고 한국교회가 세워지면서 기독교사회복지실천적인 접근을 시도 하였다는 것을 볼 수 있으며 민족의 고통에 동참하는 교회, 사회를 이끄는 교회, 그리고 희망이 없는 세대에게 복음의 희망을 던져주는 교회로서 자리 잡았다.

2) 일제 강점기의 기독교사회복지실천(1910~1945)

(1) 조선구호령(朝鮮救護令)

일제 강점기의 구제 사업은 근대적인 복지이념에 의해 시행되었다기보다는 그들 식민정책의 일부로서 우리민족이 그들에게 충성을 하게끔 하려는 정치적인 목적을 갖는 시혜 또는 자선의 의미가 컸다.

일제 강점기에 들어와 일본은 본토에서는 1874년에 제정된 구휼규칙을 1929년에 폐지하고 구호법(救護法)을 새로 제정하여 보다 향상된 현대적 구빈행정을 시행하였으나, 한국에서는 이 법을 시행하지 않고 유사시에 은전을 베푸는 형태로 극히 한정된 범위의 요구호자에 대한 구빈사업을 실시하였다. 그러던 중 1944년 그들은 군사적 목적을 위하여 한국 국민에게 징병과 노무징용을 강요하게 되어 비로소 일본 본토에

19) 류태종, "한국기독교사회복지사업에 관한 연구", (서울: 동국대학교 행정대학원, 1991) 참고.

만 실시해 오던 구호법을 한국에도 시행키로 하고 조선구호령(朝鮮救護令)[20]을 제정, 실시하였는데 이는 일본의 구호법을 기초로 하고 모자보호법과 의료보호법을 부분적으로 부가해서 종합화시킨 법이다. 그 내용을 살펴보면 적용대상은 65세 이상의 노약자, 13세 이하의 유아, 임산부, 불구, 폐질, 질병, 상이, 기타정신 또는 신체장애로 인하여 노동을 하는데 지장이 있는 자로 제1조에 규정되어 있다. 급여내용은 생활부조, 의료, 조산, 생업부조가 있으며 제10조에 규정되어 있다. 또한 제17조에는 장제부조가 규정되어 있다.

구호는 신청주의에 의해 실시되며, 이를 심사하기 위해 자산조사를 거치도록 규정하고 있으며, 구호는 거택보호가 원칙으로 되어 있다. 거택구호가 불가능하다고 인정되는 경우에는 구호시설수용, 위탁수용, 또는 개인의 가정, 혹은 적당한 시설에 위탁수용할 수 있도록 규정하고 있다. 이 조선구호령의 의의는 근대적인 의미의 공적 부조의 출발이라 할 수 있으며, 해방이후 전개되는 생활보호법의 모태가 되었다는 점이다.

이 밖에 일제하의 구빈사업으로는 이재민구호, 빈민구호, 빈민의료구제, 요보호 아동보호, 복지시설운영 등이 있으나 장기적이고 확고한 계획 하에 이루어진 것이 아니고 그때그때 시혜차원에서 이루어졌으며 빈민 구호대상자의 수도 일본본토와 현격한 차이가 나는 등(본토는 총인구의 0.3%.한국은 0.008%수준)으로 매우 형식적인 구빈사업에 불과하였다. 이렇듯 식민지 시대 사회정책의 특성은 식민통치의 합리화라는 이데올로기적 기능이 강조되기에,식민지민중의 기본욕구의 해결차원이 아니라 식민지 본국의 사회, 경제, 정치적 필요성에 따라 최소한 의 사회복지정책이 성립됨을 그 특성으로 지적 할 수 있다.

20) 조선구호령은 1929년 구호법을 제정, 공포하였고 1932년 1월 1일부터 실시하였다. 조선구호령은 22년이 지난 뒤 일본 구호법 전문 33조를 채용하여 제정된 것으로서 이는 조선통치에 관한 제반 권한사항을 조선총독에게 위임한 일본국 법률 제 30호에 근거를 두고 있다.

(2) 한일합방

한국에 사회복지가 성립된 시기는 서구와 똑 같이 자본의 축적이 가능해진 근대 후기의 일이다. 한국사에 있어 근대는 격동과 비극의 시기로 표현되는데, 이는 서구 및 동양의 열강국에 의해 강제된 개국 이래, 끈질기게 계속된 일본 제국주의 침략에 의해 한민족 고유의 역사적 전통이 일시적이나마 붕괴를 맞이하게 되었던 시기이기 때문이다. 이 때문에 조선조 말기 막 싹트기 시작한 자본의 축적이 일본의 독점자본에 의해 송두리째 흡수되면서 수많은 사회복지 대상자가 양산된 시기이기도 하다.

한국을 강점한 일본 제국주의는 생활에 괴로움을 겪고 있는 한국인 빈민을 우민화하거나, 은사구제라는 이름을 빌어 교화를 강조하는 한편, 내선일체를 강요하면서 한국인을 회유하는 수단으로 사회복지 정책 및 서비스를 이용함으로써 한국에 대한 지배를 정당화. 합리화하는데 교묘히 이용 했다. 이 같은 논리는 사회적 약자를 대상으로 하고 있는 사회복지 분야에도 그대로 적용되었다

1905년에 일제의 강압에 의한 을사보호조약[21] 체결이 이루어졌고 결국 1910년에 한일합방[22]이 이루어져 일본은 열강의 틈바구니에서 한국을 식민 통치하게 되었다.

기독교에 의한 활동으로는 의료 활동이 성행했는데, 그 중에서도 나환자를 위한 활동이 많아 1910년에 영국 나병자 의료회, 나병격리원과 1912년에 파-크 월프 나병동 등이 설치되었다.

또 아동을 대상으로 한 성공회 고아원(1911) 과 이화학당 유치원(1914) 그리고 평양유치원이 설립되었고 1916년에는 미 감리회가 사립 중앙유치원 설립 진흥회를 설

21) 을사조약(乙巳條約)은 1905년 11월 17일 한국정부의 박제순과 일본정부의 하야시 곤스케에 의해 체결된 불평등 조약이다. 일본에 의해 강제로 맺은 조약이라 해서 을사늑약(乙巳勒約), 을사오조약, 제2차 한일협약, 을사보호조약이라 부르기도 한다. 이 조약은 1965년 한일국교를 정상화하는 한일기본조약의 제2조에서 무효임을 확인하였다.

22) 한일 병합 조약(韓日併合條約)은 1910년 8월 22일, 대한제국과 일본 제국 사이에 맺어진 불평등 조약이다. 조선통감 데라우치 마사타케와 총리대신 이완용이 중심이 되어 형식적인 회의를 거쳐 조약을 통과시켰다. 을사조약 이후 실질적 통치권을 잃었던 대한제국은 멸망하고 일제시대가 시작되었다. 한국에서는 이를 경술국치(庚戌國恥)라고도 부른다.

치함으로써 지방개량을 위한 사업도 전개하게 되었다.

기독교는 항일운동의 근거지가 되었고 일제는 신사참배를 통하여 기독교 교육과 문화를 말살하려는 식민정책을 펴나갔다. 1919년 3월 1일 운동 후에는 모든 교회의 집회 금지뿐만 아니라 폐쇄령을 내렸고 1942년에는 모든 외국인 선교사를 추방하였다. 초기 교회 때부터 활발하게 시작되었던 기독교 계통의 학교들의 성장과 신교육을 통한 사회의 복지사업이 한창 일 때 1910년 일제는 기독교 사립학교 1909년 윌슨(R.M. Wilson)과 포자이드(H.W. Forsythe)에 의하여 복지사업이 광주에서 시작되었고 1925년에는 여수로 옮겨 애양원으로 확장되었다.

(3) 문둥병 위원회조직

우리나라 환자의 의료사업은 외국선교사들에 의한 나병원이 광주 부산 대구에 설립 되어 자발적으로 운영되고 있었다. 광주 나병원은 미국선교사 포사이테(H.W.fosaythe)가 1909년 길가에 쓰러진 나환자를 광주 제중원에 데려가 치료해 준 것이 광주 나병원 설립 계기가 되어 1911년 2월 광주 제중원 원장 윌슨(R.M wilson 미국인선교사)이 전라남도 광주군 효천면 붕선리에 요양소를 개설하고 환자를 수용한 것이 나병원 시초가 되었다. 그 이후 여수로 이전하여 여수피크왈츠 나병원이라고 개칭하였고 다시 여수 양원으로 개정 하였다. 윌슨은 창립이래 원장으로서 스스로 환자진료를 담당하면서 재단 등으로부터 재정적 원조를 받아 경영하였으며 수용자는 치료를 위주로 하였으나 경영 형편상 재력이 있는 자에게는 식비등 실비를 징수하기도 했다. 부산 나병원; 부산교외 동래군 서면 감만리 에 소재한 부산 나병원은 처음 미국인 선교사 어빈(C.H irvin)이 부산주재 선교사로 있을 때 소재지에 나환자 수용소를 개설하고 1910년3월30에 수명의 나환자를 수용한 것이 그 기원이다. 그 후 1911년 10월 "대영구라회"로 경영이 이관되어 선교사 맥켄지(J. mackenzie)가 관리자가 되었다. 본원의 입원환자는 시료였고 의사는 맥켄지 혼자뿐이었다. 그래서 나병치료에 경험이 있는 자를 조수로 채용하였고 간호 및 기타는 환자 중 경험이 있는 자로 충당하였다. 대구 나병원은 경상북도 달성군 달서면 내당동에 소재하는 대구 나병원 재단병원 대영구라회의 재정적 원조아래 선교사 프랫처(A.G fletcher)가 원장으로 운영한 것이 그 시초다. 프랫처는 1909년 내한하여 즉시 미합중국 북장로파 예수교회 부속병원인 제중원 원장으로 있으면서 동 지방에 나환자가 많이 배회하며 걸식하는 것을 목격하였고 그 구료책에 부심하던 차 1912년 재단법인 대영구라회 회원일행이 때 맞추어 나환자의 상황시찰을 겸한 동양관광길에 이곳을 방문하게 되었다. 프렛처는 이들에게 나환자 구료의 절박함을 역설 그 결과로 1913년초 동회로부터 재정원조와 아울러 동회의 조선지부를 인가 한다는 통보를 받았다. 그는 즉시 대구부 남산청 제중원 부근에 조선식 초가옥 1동을 구입하여 1913년3월1일부터 나환자 10명을 수용한 것이 대구 나병원 기원이다.

1918년에는 문둥병 위원회를 조직 1916년 소록도에 오늘의 국립병원이 설립되었다. 의료 계몽사업과 순회 진료, 무료진료사업은 1922년 당시 기독교 병원수가 26개에 총 진료 환자 수 244,000명에 달하고 있었다. 이것은 당시 인구 1,700만 명의 1.4%에 해당되는 것을 볼 때 굉장한 성과였다.

(4) 한국교회의 사회운동

기독교는 인간의 존엄과 자유평등 사상을 기본으로 한 것이었음으로 교회는 개인적으로나 민족으로 일제의 침략과 침탈에 맞서 싸우게 되었다. 한국 민중은 기독교를 통하여 민족정신이 크게 향상되었고, 그것은 다시 독립운동으로 나게 되었다. 1919년 3.1 운동의 대표자들 가운데 교회의 배경으로 국원 회복을 위한 민족운동을 전개했으며, 이로 인해 한국 교회는 고난과 탄압을 받아야 했다. 따라서 한국교회는 매우 사회적으로 위축되기 시작하면서, 1920년부터 1940년까지의 한국교회의 사회운동은 사회봉사, 사회사업, 사회개선, 그리고 절실한 당시의 민족적 사활이 문제로 등장한 농촌운동의 형태로 나타났다.[23] 특별히 짚고 넘어가야할 사항은 당시에 국제적인 사상적 조류 속에서 사회주의 사상이 한국에 전래되었다는 것이다. 이로 인하여 1930년 초반의 사회농촌운동이 교회연합기관이나 YMCA 같은 조직에서 계몽활동으로 전개되었고, 이후 기독교는 정체성의 혼란을 겪게 되었다. 1919년 3.1 운동이후 많은 교회 지도자들이 투옥되었고, 선교사들의 정략적 선교개입과 백인 우월주의에 대한 저항과 아울러 교회는 저변의 민중들과 함께 하지 못했고, 항일운동에도 이렇다 할 정도로 두드러지게 참여도가 낮게 되었다.

사회복지 분야에서 실천하고 있던 교회는 가난한 민중에 대한 교육과 의료 선교를 비롯하여 사회봉사사업 및 농촌계몽운동을 펼쳐나갔다. 당시 독립운동이나 농촌 계몽운동, 여권신장운동 등 사회개혁적인 사업들이 위축되면서 교회의 사회복지 사업은 상당히 보수화되었다. 또한 1911년 신민회 사건과 1919년 3.1운동이후 사회개혁운동에 참여했던 인사들도 일제의 격렬한 탄압과 사회적 여건이 변화됨에 따라 김활란 등과 같이 일제에 투항하거나 윤치호 같이 1936년 상동회를 설립하여 구제활동에 나서는 등 사회개혁운동을 전면화하기 어려워졌다. 물론 한국교회를 중심으로 한 사회복지는 전반적으로 일제의 정략에 반대하지 않는 정교분리 원칙에 근거하여 운영되기 시작하였다. 결국 이 틀이 기독교 사회복지가 포괄적 선교의 이해와 사회참여에서 분리되면서 후에 이념적 갈등과 기독교 복지가 보수적인 정체를 갖게 된 것으로 보인다. 따라서 기독교는 당시 정치적 정세와는 달리 사회참여나 계몽운동 없이 무료진료사업과 의료봉사사업 등을 전개하면서 사회복지기관을 설립해 나갔다.

(5) 사회봉사, 사회사업, 사회선교, 농촌운동

구세군은 1928년 한국 최초로 자선냄비 모금운동을 전개하여 모금된 것으로 걸인에게 식사를 제공하였으며, 장로교에서는 윤치호 등이 중심이 되어 1936년 상동회를 설치하여 구제활동을 실시하였다. 해주의 구세군 요양원을 세운 셔우드 홀(Sherwood Hall)[24]은 결핵퇴치사업을 위한 기금 마련을 위해 씰 판매 모금운동을 실시하였다.

23) 민경배. 「한국기독교사회운동사」(서울: 대한기독교출판사, 1987) 참고.

24) 셔우드 홀(Hall, Sherwood, 1893-1991) 은 1893년 11월 10일 서울에서 출생했다. 1900년 6월 평양외국인학교

여성들을 위한 인권운동과 복지사업도 다소 전개되었는데 감리교 태화관, 보혜 여자관 등을 설립하여 여성 인권과 전문적인 기술교육 등을 실시하였다. YWCA는 1923년 창설 당시부터 폐창운동을 전개하였는데 목사 부인 버틀러가 시작한 운동으로 매매춘 여성들의 벗이 되어 그들을 구하려는 운동이었다. 구세군은 1926년 매매춘 여성들을 위한 여자관을 설립하였고 한국 선명회는 고아와 과부들을 위한 시설을 지어 그들을 돌보았다. 아동복지를 위해 고아원이 여러 지역에 설립되었으며 농촌개발사업, 독립운동, 문화운동, 언론운동, 청소년 운동 등을 전개해 갔다.

1919년 선교사 부인 웰즈(Wells)에 의해 이혼녀, 과부, 불우여성을 위한 부녀 복지사업의 시작이 되었으며 1921년에는 감리교 태화관이 사회복지관으로 설립되었으며 1936년에는 구세군에 의해 부산역과 부두의 어려운 사람들을 위한 사회봉사, 사회사업, 사회선교, 농촌운동 등을 광범위하게 전개해 나갔다.

3) 해방 후 시대의 기독교사회복지실천(1945~1960)

(1) 맹인교육과 농아교육

1945년 해방은 기독교의 해방으로 이해되었지만 교회는 사회 구호적 사회사업을 하는데 그 힘이 너무 미약하여 교회발전 외의 다른 곳에 관심을 가질 여유가 없었다. 해방 이전의 사회사업을 근대적 사회사업의 계몽기라고 할 수 있다면 해방 후의 사회사업을 그 발전기라고 볼 수 있다. 해방 후 맹인교육과 농아교육의 특수성이 인정되어 대구 도아 맹인학교 창설자 이영식 목사, 구화 교육의 개척자 최병운 장로들의 활동은 주목할 만하다. 그 외의 많은 외국의 선교사와 기독교 기관의 도움으로 맹인 농

첫 입학생으로 베어드(Baird) 등 4명과 1908년까지 수학했다. 1911년 미국 오하이오 주 마운트 허몬(Mount Hermon)학교를 거쳐, 1919년 마운트 유니온대학을 졸업 하고 1922년 메리안과 결혼했다. 1923년 토론토 의과대학을 졸업하고, 1924년 뉴욕 롱아일랜드의 홀츠빌 서퍼크 결핵요양소에서 결핵을 전공했다. 1926년 7월 해주구세병원(Norton Memorial Hospital) 원장으로 부임하여, 의창(懿昌)학교 교장직도 겸임하였다. 운산금광(동양연합광업회사) 담당의사로 환자들을 진료하기도 했다. 1928년 10월 27일 해주 왕신리에 폐결핵 퇴치를 위하여 한국 최초로 '해주구세요양원'을 설립했다.

아 사업은 활발히 진행되었다.[25] 구체적인 사업은 노동청소년교육, 비행청소년 그룹지도 및 상담, 윤락여성 미연방지 및 선도사업, 직업지도교육, 탁아소, 놀이터로 교회시설개발, 진료소사업, 독서실 등의 상업이다.[26]

(2) 시설구호

1950년대 부산의 사회복지시설은 응급 구호를 위한 자영 발생적, 혹은 피난민들의 대거 부산으로 몰려들었고, 주거와 식량 확보가 극도로 불안했던 피난민들이 자구책의 일환으로 시설구호에 앞장섰던 것이다. 이는 전쟁 직후 대거 내한한 외원단체들의 구호 사업과 맞물려서 전개 되었으며, 대부분의 외원단체들의 성격이 기독교를 배경으로 한 종교단체이자 선교단체였기 때문에, 당시 사회복지시설의 상당수가 이북 출신의 피난민이자 기독교인들에 의해 설립되는 독특한 양상을 보인다. 당시 민간 사회복지시설의 운영에 필요한 재정은 정부보조와 외원단체의 지원, 그리고 시설의 자구노력이라는 세 가지 측면에서 충원되었다. 그런데 전쟁으로 인한 산업생산의 피폐화로 전 국민의 전반적인 생활 형편이 극도로 악화된 상황에서 시설의 자구 노력에 의한 재정 확보는 극히 미약한 수준일 수밖에 없었다. 그리고 정부 보조 역시도 마찬가지였는데, 정부가 시설에 대해 정기적인 보조를 해준 때가 휴전이 이루어진 1953년 7월 이후이고 지원수준은 시설수용자 1인당 1일 구호양곡 3홉, 부식비 3원이었다.

해방 후와 6·25 동란으로 한국교회는 해방과 분단을 거의 동시에 맞게 되었다. 전쟁을 겪은 다음 필요에 의해 구제사업과 구호사업에 주력하게 되었다. 고아 구제사업, 전후난민, 전재민, 수재민, 전상자, 미망인, 전쟁고아, 노인 등을 대상으로 한 수용보호가 주를 이루었다.

25) 강혜영. "한국교회의 사회봉사사업 개발에 관한 기초연구"(서울: 서울여자대학교 대학원 석사논문.1989) 참고.

26) 송 준. "한국기독교 사회복지사업에 관한 연구"(서울: 단국대학교 행정대학원, 1991) 참고.

(3) 구제 위원회

해방 후 한국교회는 한국전쟁을 치루면서 선교사들의 주도권이 상실되었고 교회는 교권 싸움으로 분열되기 시작했다. 기독교 사회복지는 외국선교사가 아닌 한국인에 의해 주도적으로 이루어져 나갔다. 특히 한국 전쟁으로 인해 생겨난 수많은 전쟁 사상자, 과부와 고아, 노인 등을 위한 복지 사업과 구제사업 및 의료복지사업 등 다양한 복지사업이 외국 원조에 힘입어 활발하게 전개 되었다.

해방 후 한국교회에 선교와 사회봉사라는 이론이 처음 대두되면서 1948년 한국기독교 교회협의회(N.C.C)내에 구제 위원회를 신설했다. 그 후 미국 기독교 교회협의회의 기독교세계봉사회(CWS)를 한국지부로 설치했다. 이것이 1951년 피난지 부산에서 기독교세계봉사회 한국위원회로 태동하여 6.25사변 직후 구호양곡과 의류 및 의약품 등으로 난민구조사업을 활발히 했다.

이처럼 해방 후 60년대 까지 우리나라는 정부수립 및 한국전쟁으로 인한 혼란과 빈곤으로 인하여 사회문제가 심각했다. 전쟁으로 인한 고아, 미망인 등의 요 보호자가 급증하고 많은 사람들이 가난으로 고통을 받았으나 체계적인 복지제도는 전무한 상태였다. 이 기간 동안 외국선교단체를 중심으로 펼쳐진 고아원과 같은 시설보호, 물자구호 및 민간차원의 자선활동은 당시 한국 사회복지의 핵심이었다.

(4) 기독교 세계 봉사회 한국위원회

1951년 기독교 세계 봉사회 한국위원회가 조직되고 난민구조사업이 활발히 전개되었으며, 홀트 아동복지회가 조직되고 난민구조사업이 활발히 전개되었으며 홀트 아동복지회가 전쟁고아의 입양사업을 전개 하였고 기독교 아동 복리회가 전쟁고아들을 돌보는 사업을 전개하였다. 기독교 아동 복리회(Christian Children's Fund)는 기독교 사회복지기관으로 후에 사회복지법인 한국 어린이 재단(1979)을 거쳐 한국복지재단으로 발전되었다. 1938년 미국 버지니아주 리치먼드에서 장로교 목사 클라크(J.C. Clarke)에 의해 창설되었다. 그는 중국에서 극동 구호기관에서 활약하였다. 전쟁고아 및 극빈아동을 돕기 위해 '중국아동복리회'를 결성하였다.

그러나 중화인민군이 중국 전역을 장악하게 되자 활동지를 변경하게 되었다. 이에 CCF해외총무 밀스 목사가 1948년 한국에 왔고 구세군 로드 사령관, 장로교 여선교사 힐 부인, 언더우드 부인 등과 협의하여 한국에서 사업을 시작하였다. 먼저 구세군 혜천원, 후생학원, 기독보육원, 절제회소녀관, 충북희망원 등을 지원하면서 그 명칭을 '기독교 아동 복리회'로 정하고 뒤이어 일어난 6.25사변에서 전쟁고아들을 돌보았다.

1954년 아펜젤러, 피치, 레인, 샤워, 아담스, 언더우드, 오긍선, 이용설 등으로 한국위원회를 조직하고 시틀러(A. Sitler)가 초대 한국책임자가 되었다. 1955년 정식으로 재단법인 기독교 아동복리회를 설립하였다. 그 목적은 "세계의 모든 어린이 들이 인종, 국적, 계급, 종교에 관계없이 사랑받을 권리가 있음을 인정하고 불우한 어린이에게 후원자를 연결시켜 그들로 하여금 물질적 도움뿐만 아니라 따뜻한 사랑의 교류를 통해 건전한 인격으로 성장하도록 돕는 것에 두었다. 기독교 대학에 사회복지학과를 개설하여 전문 사회사업가를 육성하고 각 사회복지 분야에 진출시켜 한국 사회복지 발달에 크게 기여한 점을 들 수 있다. 1947년 이화여자대학교에 기독교 사회사업학과가 신설되었는데 기독교 정신으로 사회사업이 시작되었다는 데에 의의가 있다고 본다. 1957년 서울대학교에 사회사업학과가 설치되는 등 뒤이어 오늘날 많은 대학에서 사회사업, 사회복지학과를 전공학과로 두어 가르치고 있다. 우리민족이 어려움을 당할 때 국가 단체로서는 그들을 도울 만한 경제적 힘이 없었을 때에 우방 국가들을 통하여 도움을 받는 중에 특히 선교사들을 통한 여러 가지 개발사업과 외국 민간단체의 구호물자를 통한 도움을 많이 받았다.

4) 경제 성장시대의 기독교사회복지실천(1960~1997)

(1) 교회의 지역사회에 대한 책임

1960년대 이후 급격한 경제 성장으로 점차 외국 원조의 감소로 한국교회는 지나친

교회의 성장에만 치중하므로 구호적인 차원의 사회사업의 활동이 계속되지 않았다. 이러한 전통은 계속 이어져서 교회는 지역사회에서 일어나는 문제와는 관련을 가질 필요성을 느끼지 않는 독립적 건물이 되었다. 또한 70년대 국가 경제의 향상에 따라 교회 역시 급속한 성장을 거듭하여 비대해 졌음에도 불구하고 풍부한 재정과 자원을 지닌 한국교회가 기독교의 실천인 사회봉사에 무관심하다는 사회의 비난을 받기에 이르렀다. 오늘의 한국교회는 초기 한국교회가 그토록 잘 메고 온 섬김의 멍에를 이어 받아야함에도 불구하고 그러하지 못했다. 그러나 이제 한국교회는 변화되는 사회문제에 보다 적극적으로 대응함으로 한국교회가 선교초기부터 가져왔던 신앙의 색채를 다시 회복해야 할 것이다. 교회가 사회적 책임을 제대로 수행하기 위해서는 우선 사회의 상황, 구체적으로는 지역사회의 실태를 정확하게 인식하고 파악할 필요가 있다. 이제 우리나라는 분단과 독제의 시대를 청산하고 민주화와 통일의 시대를 맞고 있으며, 양적인 경제성장을 목표로 달려가던 시대에서 삶의 질과 균형이 되는 경제사회의 발전을 목표로 하는 시대로 바뀌어가고 있다 경제 발전에서정치발전으로, 이제는 복지사회의 건설이라는 사회발전의 비전을 갖는 단계로 나아가게 되었다.

이러한 급변하는 상황가운데서 많은 사회적 문제들이 생겨나고 지역사회가 병들고 있는 가운데 빈부격차, 실업, 빈곤, 범죄, 청소년 비행, 빈민지역 문제, 가정불화, 이혼, 마약 혹은 알코올 중독, 정신병, 장애인, 노인문제, 공해문제, 환경문제 등의 사회병리 현상들이 심화되고 있는 상황을 감안해 볼 때 교회의 지역사회에 대한 책임은 더욱 막중하다고 하겠다.

(2) 정치체제 변혁

우리나라 해방이후의 정치사를 보면 1960년대 초의 군사혁명(1961.5.16) 과 1970년대 초의 10월 유신(1972.10.17)을 전환점으로 정치체제 변혁이 이루어 졌다. 해방이후의 경제 역시 외원에 절대적으로 의존하던 국민경제가 1960년대에 초부터 시작되는 제1차 경제개발계획(1962.1.1) 을 기점으로 산업화 과정을 시작했고, 60년대의 고도 성장을 뒷받침으로 하여 1972년부터 시작하는 제3차 경제개발 계획은 공업구조의 전환을 도모하는 등 또 하나의 경제기점을 이루고 있다. 사회구조 역시 해방이후 전통적 양식이 많이 존재하여 오다가 1960년대의 급격한 산업화 과정을 거치는 동안 70년대 들어서서는 매우 다른 양사의 모습으로 나타나기 시작했다. 이와 같이 해방이후 우리나라의 정치, 경제, 사회는 다함께 60년대 초를 전환점으로 하여 전개하고 있다. 사회복지 발달 역시 60년대 초와 70년대 초에서 그 전환점을 찾을 수 있다.

(3) 사회복지 제도적 전환

1961년 군사혁명을 계기로 군정기간 동안 13개의 사회복지법인이 제정됨으로서, 50년대 말까지 민간차원의 응급구호적인 사회복지가 제도적 장치를 갖추는 전환을 보게 되었다. 그러나 당시 제정된 법령은 시행이 안 되거나 방치됨으로써 1972년 까지 실질적인 발달은 이루지 못했다. 그러다가 1973년에 이르러 국민복지연금제도가 탄생하게 되는데 동 제도가 비록 시행은 안 되다 할지라도 이로 인해 그 동안의 사회복지정체 상태가 일단 깨어질 수 있었다는 점과 그리고 장기급여로서 사회복장제도의 핵심 이라할 만큼 중요시되는 연금제도가 전 국민을 대상으로 하여 우리나라에 처음 도입되었다는 점에서 사회복지 역사의 또 하나의 전환기점으로 삼을 수 있을 것 같다. 1970년대 중반기 이후부터는 계속 사회복지 분위기가 조성되는 가운데 사회복지제도가 실천에까지 이르게 되는 것이다. 이와 같이 우리나라 사회복지 발달은 정치, 경제, 사회의 변동주기와 거의 일치하는 1961년과 1973년을 기점으로 전환하고 있음이 특징적이다. 1962년부터 4차례에 걸친 경제개발계획이 70년대의 한국사회에 큰 변화를 가져왔다. 경제적으로 산업화가, 사회적으로는 도시화가, 문화면에서는 대중화 경향이 나타났다. 산업사회에서는 근로자의 후생복지가 심각한 사회문제로 등장하게 되었고 이로 인해 산업복지라는 이름이 대두되었다. 이러한 사회적 요구에 1970년도 이후 산업선교를 통해서 노동문제에 개입하게 되었고 1971년 도시산업선교회를 통해서 사업체내의 노동자들의 복지를 위하여 노동 실무자 훈련, 노동 운동

지도자 교육, 노동자 의식화 교육, 노동자 조직 활동, 노조 지도자 육성, 노동자 복지 활동의 지원 등으로 나아가게 되었다. 도시화에 따른 도시빈민 문제 또한 70년대와 80년대의 중요한 문제가 아닐 수 없다. 초기 도시빈민선교운동은 70년대 초반부터 일어나기 시작하였는데 이는 억눌리고 소외된 도시빈민에 대한 깊은 사랑으로부터 나타난 것이다. 기독교의 이러한 노력에도 불구하고 개인이나 사회단체로 이양되는 등 초기 기독교 사회복지의 중추적 역할이 감소되었다. 70년대 국가 경제의 향상에 따라 교회 역시 급속한 성장을 거듭하여 발전해 왔음에도 불구하고 풍부한 재정과 지원을 지닌 한국교회가 기독교의 실천적인 사회복지에 무관심하다는 사회의 비난을 받기에 이르렀다.

(4) 기독교회의 사회복지 위축

60년대 중반을 분기점으로 외원은 점차 줄어들고 국가에 의한 복지가 조금씩 늘어나는 추세가 나타나게 된다. 최초의 연금제도가 여기서부터 실시되는 모습을 볼 수 있는데 공무원연금법이 1962년에, 군인연금법이 1963년에 제정되었다. 이 시기의 복지정책은 군사정권으로서 경제성장 위주였고 사회정책에 대해서는 소극적이었으며 절대빈곤에 시달리던 당시의 상황에서 복지국가나 사회보장에 대한 의식도 약했기 때문에 국민의 요구도 별로 나타나지 않았다. 외원이 줄어든다는 것은 기독교회의 사회복지가 위축되어져 간다는 것을 의미한다. 특별히 60년대는 급속한 신도 증가를 경험하던 시절이었다. 따라서 교회는 교회 자체의 확장에 일차적으로 관심을 기울이게 되었다. 급속한 신도성장의 시대를 맞이하여 새로이 생겨난 교회들은 교회의 신축 등 자체의 유지 확장에 일차적으로 관심을 기울이게 되었다. 급속한 신도성장의 시대를 맞이하여 새로이 생겨난 교회들은 교회의 신축 등 자체의 유지 확장에 주로 관심을 가지게 되면서 교회와 사회복지는 점점 소원해지는 결과가 나타나기 시작하였다. 그러나 이 시기를 통하여 복지 분야에 기독교인들이 많이 진출하게 되었다. 그리하여 60년대 이후 일반적인 교회와 복지의 관계는 멀어지게 되었지만 이 시기에 복지활동

영역에서 양산된 개별적 기독교인은 그 후에 각종의 사회복지기관에서 중요한 역할을 담당하게 되었다.

(5) 사회복지의 제도적 형성기

60년대의 사회복지는 단시일동안의 다량의 입법화를 통하여 사회복지역사의 전환을 맞는 사회복지의 제도적 형성기라고 할 수 있다. 60년대 한국사회를 경제지향의 산업화 시대라고 한다면 70년대의 한국사회에서는 그 산업화의 결과로서 사회적으로는 긍정과 부정의 양면성이 동시에 노출되는 한편 정치적으로는 국가안보 우선이라는 차원에서 정치적변모를 경험한 시대라고 할 수 있다.

우리나라는 60년대부터 시작된 경제개발계획의 추진으로 기록적인 경제성장을 이룩하였으나 빈부격차의 심화, 산업구조의 파행성, 공해와 물질주의의 만연, 인간성의 경시 등 많은 부작용도 심각하게 야기되어 왔다. 도시는 공업중심의 산업화 과정에서 농촌으로부터 산업인구가 크게 유입되는 도시화 현상이 일어나고, 농촌에서는 저곡가 정책이 실시되어 이는 과도한 농수산물의 도입, 해마다 치솟는 영농비 적자를 메우려 빌려 쓴 부채가 가중되는 등 농기수지를 만성적자로 압박히였고 그 결괴 농촌을 떠나는 이농현상이 더욱 격증하였다. 이농으로 빚어진 슬럼가와 달동네 현상으로 급진전 되었다. 또한 경제 성장의 주역으로 일해 온 노동자들의 경우, 생계비에도 못 미치는 저임금과 이를 보존하기 위한 장시간 노동, 불량한 작업환경과 그로 인해 빚어지는 직업병, 산업재해의 빈발 등 비인간화된 노동환경 속에서 정당한 권리가 무시되고 억압당한 채 갈수록 어려운 생활을 해 나가고 있었다.

(6) 교회의 사회봉사활동 참여

70년대 이르러 한국은 어느 정도 경제성장에 성공하여 절대빈곤으로부터 벗어나기 시작하였다. 그리하여 이른바 선진국에서 들어오던 원조는 급속하게 감소되었고 그 결과 복지의 책임을 국가가 감당해야 하는 상황이 벌어지기 시작했다. 60년대까지만 해도 절대빈곤에서 벗어나는 것이 중요한 관심사였는데 이제 70년대에 이르면서 인간다운 삶에 대한 관심이 높아지기 시작하였다. 그리하여 1970년대부터 근대적인 사회보장제도가 형성되기 시작하였고 5,6공화국 시절 일련의 복지 관련 법안 및 제도가 만들어지는 모습을 볼 수 있다. 그 대표적인 것이 아동복지법(1981), 심신장애자복지법(1981), 노인복지법(1981), 최저임금법(1986), 모자복지법(1989), 장애인고용촉진 등에 대한 법률(1990)등을 들 수 있다. 제 5공화국 이후 정부는 복지사회를 모토로 여러 가지 복지제도와 법안은 만들었지만 그것을 실행할 수 있는 재원이 부족하였다. 그리하여 민간인이 복지시설을 설립하면 그 운영권을 가지면서 국가로부터 운영비용을 보조받는 독특한 형태의 복지제도가 나타나게 되었다. 외원시대에 복지활동에 참여했던 많은 기독교인들이 복지시설을 설립하면서 변화된 상황에 적응해 갔다. 이 시기에 교회는 사회적인 문제에 대한 각성이 생겨나기 시작했다. 이 시대 최고의 역사적 과제는 민주주의의 확립이었다. 그리하여 진보적인 교회를 중심으로 민주화운동, 인권운동 등에 많은 노력을 기울였다. 또한 노동자와 하층민에 대한 관심도 많이 생겨나서 민중교회가 생겨나고 민중 신학이라는 독특하고도 한국적인 신학이 생겨나기도 하였다. 그러나 이러한 사회적 관심은 상대적으로 소수자에 해당하는 일부 진보적인 교단이나 교회에서 나타났을 뿐이다. 다수의 보수적인 교회들은 사회적인 관심보다는 교회 자체의 확장에 몰두하였다. 그러나 이시기에 이르면 교회가 사회적인 문제에 대하여 무관심한 것에 대한 비판이 교회 안팎에서 거세게 일어났다. 1985년 인구 및 주택센서스 통계에 따르면 한국기독교인의 수는 6,489,282명으로 전체 인구의 약15% 가까운 숫자가 되었고, 한국의 종교 가운데 가장 많은 교회26,044개와 성직자 40,717명을 보유하게 되었다. 한국의 종교 가운데 가장 큰 비중을 차지하게 된 기독교는 사회적인 책임에 대하여 관심을 기울이지 않을 수 없게 되었다. 그리하여 이러한 사회적 요구에 부응하여 적지 않은 교회들이 사회봉사활동에 참여하기 시작 하였다.

(7) 교회의 사회봉사

80년대 후반에 이르러 직선에 의해 노태우 정권이 등장하였고, 이어서 문민정부라 불리는 김영삼 정권과 최초의 정권교체에 의해 국민의 정부가 세워지게 되었다. 이러한 과정 속에서 형식적인 민주화는 어느 정도 이루어지게 되었고 그 결과 과거의 민주화 운동과 같이 한 시대를 중도하는 이념이 나타나지 않고 통일, 환경, 여성, 교육 등과 같은 다양한 분야에서의 시민운동이 활발하게 일어났다. 이 시기 국가의 복지정책을 보면 6공화국 시절에는 몇 가지 변화도 있었지만 문민정부 이후에는 특별한 진전이 없었다. 특히 IMF체제와 함께 시작된 김대중 정권은 경제정책 혹은 노동정책에 주로 매달리게 되었지 사회정책에까지 관심을 기울이기에는 여러 가지 한계를 보일 수밖에 없는 형편이다. 1981년 이후를 복지이념의 적극적 구현단계라고도 할 수 있다.

1989년의 조사[27]에 의하면 사회봉사를 신앙생활의 본질적 요청으로 인식하고 실천해야 한다는 생각이 65.9%에 이르고, 신앙과 봉사를 무관하게 생각하는 생각은 34.1%를 보이고 있다. 1999년 이만식 교수의 조사를 보면 교회의 사회봉사 사명에 대한 견해에 동의하는 입장이85.9%이고 동의하지 않는 입장은 14.1%를 보이고 있다. 이것으로 보건 데 교회의 사회봉사는 교회의 본질적 사명으로서 적극적으로 실천해야 한다는 인식은 10년 전 보다 발전한 것으로 보인다. 교회의 사회봉사에 대한 사명과 필요성을 대체로 높게 인식하고 있는 교회가 얼마만큼 사회 속에서 그 사명을 실천하고 있는가를 보면 1989년 조사에서 소속교회의 사회봉사사업이 얼마나 활발하다고 생각하는가에 대한 응답을 보면, 74.3%의 응답자가 저조하다고 응답했고, 다소 활발하다고 본 응답은 21.3%에 불과하여 전체적으로 볼 때 교회의 사회봉사 사업이 저조하다고 판단하고 있다. 그리고 각 교회에서 시행하고 있는 또는 시행했던 사회봉사활동에 대한 교인들의 호응도 조사를 보아도 아주 적극적인 태도를 보이는 경우와

27) 연구현황은 한국기독교문화연구소 성규탁 외3인의 '한국교회의 사회복지 참여에 관한 연구' 그리고 보건사회 연구원의 김미숙 책임 연구원과 이만식 교수의 '기독교의 사회복지참여 실태 및 활성화 방안'과 예장통합총회에서 이만식 교수에게 위탁하여 조사한 '교회의 사회봉사-그 실태와 대안'이 있다.

그 반대로 무관심을 보이는 경우는 각각 3.2%와 6.1%로 나타나고 있으며, 비교적 적극적인 경우와 비교적 소극적인 경우는 각각 43.7%와 47.0%로 나타나고 있어 전체적으로는 다소 부정적인 평가로 치우치고 있다. 1999년 이만식 교수의 조사에 의하면, 교회의 본질적인 사명인 사회복지활동 참여를 얼마나 활발하게 하고 있는지를 질문한 결과 활발하다는 응답은 15.2%에 불과하였고, 57.1%는 저조하다고 보고 있다. 그리고 이러한 결과는 1999년 예장 조사에서도 마찬가지이다. 구제와 사회봉사는 교회의 본질적인 사명이라는 데 대해 93.7%가 동의하고, 6.3%가 동의하지 않는다는 응답을 했지만, 이들의 교회가 사회봉사에 어느 정도 참여하고 있는가에 대한 응답을 보면, 매우 많이 참여하고 있다고 응답한 경우는6.3%에 불과 하며, 많이 참여 한다는 응답도 22.2% 불과 하였다. 반면에 조금 참여한다는 46.7%, 매우 조금 참여 한자는 24.8%로 나타났다.

(8) 교회사회복지와 한국사회

오늘날 한국교회의 사회봉사의 사명에 대한 인식은 1980년대 보다 발전했다고 볼 수 있지만, 실천에 있어서는 큰 변화가 없어 인식과 실천의 괴리가 여전하며 소극적인 현상을 보이고 있다. 이러한 현상은 예장의 개인선교와 사회봉사 선호도 조사에서 60.0%가 개인선교를 더 중요시하고, 40.0%가 사회봉사가 더 중요하고 응답한 것으로 볼 때, 교회의 사회봉사를 교회의 본질적 사명으로 인식한다고 하지만 역시 영혼 구원이라는 개인선교 편향에서 탈피하지 못하는데서 비롯된 것이고 할 수 있겠다.

한국교회는 왜 사회봉사를 적극적으로 수행하지 못하는 것인가? 교회 안팎의 여러 가지 요인이 있겠지만, 여기서는 교회 안에서 그 원인을 찾아보고자 한다. 1988년 조사에 따르면, 응답자들은 사회봉사사업을 실시하고 계획하는데 있어서 어려움을 '교회재정문제'(40.2%), '교회시설, 공간부족'(17.6%), '지식과 기술 부족'(15.8%) '교인들의 소극성'(9.2%) 등의 순으로 지적 있다.

이러한 경향이 10년 후인 1999년 이만식 교수의 조사에서는, '교회재정 부족'(51.0%),

'시설, 공간 부족'(20.6%), '지식과 기술 부족'(8.9%), '신자들의 인식 부족'(5.7%) 등의 순로 나타났다. 10년 전과 비교해보면 한국교회의 사회봉사 부진의 원인으로 교회 재정문제와 시설 및 공간 부족이 더욱 심화된 것으로 나타나고 있다. 그러나 이것은 모두 정당한 이유가 되지 못하고 있다. 실제자료 분석 결과를 보면 교회의 사회봉사 활동은 교회의 재정 능력에 의해 크게 영향을 받지 않고 있다는 것으로 나타나 있다. 재정능력을 나타내는 총 예산, 교인수, 교인의 생활수준 등의 변수는 총예산에 대한 사회봉사비의 비율과 별로 상관관계가 없다. 교회의 존속기간이 길면 총예산은 증가하는 경향이 있지만, 그렇다고 해서 사회봉사비의 비율이 증가하지는 않고, 오히려 존속기간이 짧아 총예산이 작은 교회 일수록 사회봉사비의 비율이 높은 것으로 나타나고 있다.

따라서 교회의 사회봉사 부진의 원인은 재정문제라기 보다는 실천에 대한 의지 문제라고 할 수 있다. 지출항목별 전체 재정에서 차지하는 비율이 교역자 급여가 차지하는 비중이 두드러지게 줄어드는 것으로 나타나 한국교회의 재정이 경제성장과 함께 안정되고 있음을 알 수 있다. 그러나 늘어난 교회의 재정이 사회봉사비(구제비) 등에는 별로 많이 배당되지 못하고 관리비, 운영비, 건축비, 적립금과 같이 교회 내부에서 쓰여 지는 비용에 주로 할당되는 것을 볼 수 있다. 따라서 사회봉사사업의 부진의 가장 중요한 요인으로 사회봉사비로 쓸 수 있는 재정의 부족을 말하는 것은 사회봉사란 교회의 모든 사업을 다 하고 난 후에 여유나 여력이 있을 때에 비로소 할 수 있는 것이고, 예산도 다른 모든 영역에서 쓰고 난 후에 남는 것이 있으면 봉사에 쓸 수 있다고 하는 의식을 반영하고 있는 것이라고 할 수 있다. 교회의 사회봉사를 교회의 부수적이고 2차적인 역할 정도로 보는 미흡한 사회봉사 실천의지야 말로 적극적인 사회봉사를 저해하는 중요한 요인인 것이다.

한국교회의 경우 이 시기에 이르면서 사회적 책임에 대한 논의가 어느 정도 정리되었고 구체적인 사회봉사 혹은 사회복지 활동은 필수적인 것으로 여겨지게 되었다. 특별히 1990년을 전후하여 시작된 신도 성장의 정체 현상은 한국교회에 많은 위기의식을 불러일으키게 하여 사회적 공신력의 상실이 이러한 현상의 중요한 원이이라고 생각하게 되었다. 그리하여 사회적 공신력을 회복하기 위해서는 교회내부의 개혁과 함께 이웃과 지역사회를 섬기는 교회가 되어야 한다는 인식이 널리 환산되었다. 그리하여 적지 않은 교회들이 사회봉사활동에 관심을 기울였고 그 결과 모범적인 모델이 나타나기도 하였다. 그러나 대다수의 교회들은 사회봉사의 필요성에 공감은 하지만 그것을 실행하는데 있어서는 많은 제약을 느끼게 되었고, 사회봉사를 하고 싶어도 재정, 공간, 프로그램, 인력 등에 있어서 많은 한계를 가지게 되었다. 신도 수는 늘어나지 않는데 성직자와 교회 수는 늘어나게 되어 수많은 소규모의 개척교회들이 많이 생겨나게 되었고, 이러한 교회들은 자체유지에 급급할 뿐 사회봉사활동을 할 수 있는 힘을 가지지 못하게 되었다. 또한 거대한 건물을 세운 교회들의 경우 건축비와 관리비의 압박을 많이 받게 되어, 그 규모에 걸맞은 사회봉사 활동을 제대로 하지 못하고 있는 실정이다. 현재의 사회봉사 상황은 미흡한 형편이지만 그 필요성에 대한 공감대는 넓게 형성되어 있으므로 그것을 구체적인 행동으로 옮길 수 있는 길이 열리게 된다면 한국교회 사회봉사는 한국사회와 사회복지의 발전에 기여할 수 있는 가능성은 얼마든지 가지고 있다고 하겠다.

1990년대 중반을 넘어서면서 무엇보다도 민중교회는 지역의 주민들과 함께하는 교회로서 지역의 환경, 철거문제나 교육문제 등 현안문제와 더불어 지역 주민을 위한 상담, 아동교육, 복지, 의료 활동 등 다양한 활동을 하게 된다.

사회선교 그룹은 한국사회의 변화에 따라 80년대에 비해서는 매우 위축되었다. 왜냐하면 1987년 6·10 민주항쟁이후 사회선교운동의 대상이었던 노동운동은 민주노총을 만들어 보다 조직화되고 독자적인 세력을 만들어 스스로 문제해결을 할 수 있을 정도로 성장하였기 때문에 특별히 교회가 그동안 비합법적인 정치 상황 아래에서 하였던 역할에 다소 후퇴할 수밖에 없었기 때문이다. 1989년에 창립된 경제정의실천연합회, 1993년 설립된 환경운동연합, 1994년에 창립된 참여연대 그리고 여성단체연합회 등이 다양한 주제와 함께 종합적인 시민사회운동으로 대두되면서 사회복지운동이 활발하게 전개되기 시작했다.

기독교의 사회복지 사업이 한국사회에 미친 영향을 종합해 보면 첫째, 원시종교 공동체의 생활규범으로서의 기독교 교리는 사회적인 약자에 대한 보호의 의무를 사회 구성원 전체에 돌리는데 기여했다. 둘째, 도움이 필요한 자에 대한 원조와 서비스의 제공을 효과적으로 수행하기 위한 다양한 절차를 발전시켰으며 이것들은 근대화 사회사업의 태동에 직접 관련되어 있다. 셋째, 국가의 공공사회복지가 못하는 서비스 제공기능을 교회가 수행하였고 민간 복지를 발전시키는데 기여했다. 넷째, 선교초기 외국인 선교사에 의하여 서구 사회사업의 개념과 기술이 전래되었으며 교회사회복지는 한국 사회의 좋은 전통이 되어왔다.

5) 복지사회 진입시대의 기독교사회복지실천(1998~현재)

(1) IMF 경제위기

IMF 경제위기로 지칭되는 대량실업사태로 인해 사회적 안전망이 부실하다는 IMF 권고와 더불어 이러한 상황에 대한 국민적인 공감을 얻으면서 사회복지에 대한 욕구가 분출되기 시작했다. 정부는 증가일로에 있는 사회복지적 요구에 부응하고자 국가의 책임을 확대하는 상황에서 부족한 복지자원을 보충하기 위해서 민영화를 도입하였다. 이로써 사회복지에 대한 국가의 역할을 제한하고 가족, 기업, 종교단체와 같은 민간의 역할을 확대하는 복지다원주의를 지향하게 되다. 아울러 외환위기로 인한 경제 불황은 사회복지의 수요를 더욱 증가시켜 국가의 힘만으로는 복지욕구를 충족시킬 수 없게 되자, 민간의 복지에의 참여를 요구하게 된다. 이 때 가장 두드러지게 나타난 것이 종교계의 참여이다. 1998년 종교계는 불교계, 가톨릭, 기독교, 구세군, 성공회 등 범 종단의 대표들이 모여 한국종교사회복지협의회를 구성하였다. 한국종교사회복지협의회 구성을 기점으로 종교계는 외환위기로 빚어진 실직 노숙자의 문제를 해결하기 위해 실직노숙자대책 종교시민단체협의회를 구성하는가 하면, 먹거리 나누기 운동협의회를 구성하여 실직자, 노숙자, 푸드뱅크 등 각 종단에서 사회복지 참여를 적극적으로 하게 되었다.

특히 한국교회는 국가적 위기 앞에 실업자와 노숙자, 그리고 금모으기 운동을 비롯해서 IMF를 극복하기 위한 대대적인 노력을 기울였다. 상대적으로 위축되었던 사회선교 그룹은 다시 실직자와 노숙자 그리고 빈곤계층에 대한 사회적 책임을 회복하면서, 교회의 공간을 개방하여 노숙인 쉼터와 빈곤계층의 아동들을 돌보는 공부방을 설립하는가 하면 그룹홈, 무료급식, 경로식당, 노인주간보호시설 등 다양한 사회복지 프로그램을 전개하였다.

(2) 한국교회사회사업학회

2000년이 되면서 한국교회의 보다 체계적인 사회복지적 접근과 연구를 위하여 한국교회사회사업학회가 창립되면서 학술적 연구가 본격화되기 시작하였다. 교회사회복지에 관한 학술세미나와 교회사회사업 편람을 편찬하여 한국교회와 교회사회사업에 크게 공헌하게 되었다. 한국교계에서도 사회복지적인 필요성과 사회적 책임을 위한 모임으로서 초교파적인 한국기독교사회회복지협의회가 창립되었다. 협의회를 통하여 한국교계에 사회복지운동을 펼치기 시작하였고 기독교사회복지 EXPO(2005년 8월 24일-28일)를 통하여 기독교 영성의 구체적 실천으로서 교회의 본질적 사명 확인과 기독교사회복지의 역사를 조명하고 양적, 질적 성장을 위하여 기독교 사회복지자원과 방법을 개발하고자 하였다. 한국기독교사회복지협의회는 2006년 1년 동안 1만 교회를 대상으로 설문조사하고 연구결과물인 '한국기독교사회복지총람'을 출판하게 되었다. 이 일로인하여 보다 전문적인 교회사회복지를 이룰 수 있게 했으며 한국교회가 이사회를 위해 많은 일을 하고 있다는 것을 일리는 좋은 계기가 되었다.

(3) 기독교사회복지의 주요 쟁점 및 과제

우리나라 기독교사회복지의 주요 쟁점 및 과제로서는 교회 안에서 제기하는 쟁점이 있는데 첫째, 우리나라의 많은 교회가 사회봉사 활동을 하고 있지만 그래도 대부분의 교인들은 사회봉사를 복음 내지 선교의 핵심으로 보지 않고 있다. 사회봉사는 전도보다 중요하지 않으며, 단순히 신앙의 표현으로 자선적, 구체적 차원에서 부차적으로 행하는 부수적인 신앙생활의 요인으로 보고 있다. 이것은 우리나라의 민간복지계 복지책임을 증가시키려는 복지실정 현실에서 교회의 수동적이고 제한적인 복지참여를 의미하는 것이다.

둘째, 교회사회봉사가 교회의 주된 임무인 전도에 도움이 되느냐 되지 않느냐에 대한 쟁점이 제기되고 있다. 전도와 함께 봉사 자체를 복음의 핵심으로 보는 교인들은 봉사 자체가 곧 복음의 실천으로 전도가 된다는 입장이다. 그러나 전도만을 중요하게 여기는 교인들은 봉사를 전도의 수단으로 삼고, 봉사가 전도에 별로 도움이 안 된다는 쟁점을 제기하고 있다.

⑷ 사회복지의 입장에서 제기하는 쟁점

사회복지의 입장에서 제기하는 쟁점으로는 첫째, 사회복지계는 교회가 공공 및 민간 사회복지계와 함께 지역주민 복지문제를 해결해주려고 할 때, 교회가 실시하는 사회복지 서비스의 분야와 전문성에서 책임을 질 수 있는가라는 질문을 던지고 있다. 특히 중앙정부나 지방정부로부터 공공복지자금을 위탁받아 기독교사회복지를 집행할 때 행정적 절차와 투명성 차원에서 교회는 책임을 질 수 있는가라는 쟁점이 제기되고 있다. 둘째, 교회가 공공복지 자금을 위탁받아 복지활동을 전개하면서 적지 않은 경우 복지목적을 수행하는 것보다 자기들의 종교를 전파하려는 목적으로 사회복지를 전도의 수단으로 쓰는 부당한 경우가 많다는 점을 지적하고 있다. 셋째, 교회의 사회복지 활동이 공공복지영역(예: 지역사회복지관을 지방정부로부터 위탁받고 있는 경우 등)에서 증가되는 경우 사회복지계는 '영역침범'을 당하고 있다는 위기감을 갖기도 한다. 전문사회복지사의 취업기회가 그만큼 축소된다는 문제를 제기하는 것이다.

그리고 전문사회복지계와 교회사회사업계와의 동반자 관계수립에 있어서는 우리나라에서 정부가 할 수 있는 복지는 제한적이기 때문에 반드시 민간의 복지 참여가 필요하다. 따라서 21세기에 들어선 현실에서 정부와 민간은 각각 복지에 대해서 책임분담을 해야 한다. 민간복지의 중요한 주체들은 기업, 종교계, 시민단체 등이다. 이 가운데 교회는 매우 중요한 복지 기능적 의미를 갖고 있다. 전문 사회복지계는 복지의 실현이라는 차원에서 복지활동의 주체를 전문적 사회복지계에 제한할 것이 아니라, 준전문적 복지기능을 발휘하며 비정규적, 비공식적 복지활동을 전개하는 교회사회봉사도 복지체계의 한 요소로 수행해야 할 것이다. 이는 곧 사회안전망 개념을 정부의 공식적 사회보장제도로만 제한할 것이 아니라 교회와 같은 비공식적 복지기능 수행기관도 사회안전망 체계에 통합시켜야 함을 나타내는 것이다. 이렇게 될 경우, 교회는 교회가 수행할 수 있는 독특한 사회복지기능을 정립하기 위해 '교회사회사업'의 개념을 정착시켜야 할 것이다. 여기에서 전문사회복지계와 교회사회사업은 적대적 관계가 아니라 동반자적 관계(partnership)를 모색해야 하고, 이 과정에서 교회사회사업가의 역할은 매우 중요하다고 본다.

교회는 지역사회에 속하여 있으면서 지역사회에 대한 책임을 가지고 있다는 것이다. 또한 하나님은 교회만이 아니라 이세상도 여전히 사랑하고 있기 때문이다. 또한 "너희는 세상의 소금이라", "너희는 세상의 빛이라"고 주님께서 명령하심과 동시에 우리는 이를 아름답게 보전하는 책임이 그리스도인에게 있음으로 알 수 있다. 그렇기에 세상은 교회가 대치해야 할 적대적인 관계가 아니다. 교회는 이 세계에 하나님의 나라가 이룩되도록 하는 전위대 역할을 해야 하는 것이다.[28] 교회는 지역사회조직과 끊임없이 상호영향, 상호 교환적인 작용을 통해서 존재한다는 하나의 생명체인 것이다. 이와 같은 관점에서 볼 때 교회는 지역사회의 개인, 가족, 집단, 조직체, 기관들의 건강한 삶을 확보하고 유지하게 하며 향상시키게 하기 위해 다양한 기능을 수행해야 한다.

28) 김성철, 「교회사회사업」. 평화사회복지연구소. 2000 참조.

(5) 지역사회교회

교회가 지역사회교회로서 가야할 방향은 다음과 같다. 첫째, 교회는 지역사회조직과 연결을 강화해야 한다. 교인들이 지역사회 각종 공사 기반의 이사회, 자문기구, 위원회와 관련을 맺어 지역사회의 욕구와 문제를 수렴하고 교회의 지원방안을 강구한다. 둘째, 교회는 지역사회를 대변해야 한다. 지역주민의 각종 행사에 교회 대표를 파견하며 그 문제에 교회가 관심을 표명하되 특히 가난하고 소외된 자들의 자활을 돕고 필요한 경우 그들의 의견을 대변할 수 있는 지역사회 센터로서의 역할을 수행한다. 셋째, 교회는 지역사회를 향해 문을 열어 놓아야 한다. 지역사회의 다양한 집단들이 교회 자원 특히 교회 건물의 일부를 사용할 수 있도록 교회 문을 개방한다. 공간 여유가 있으며 사회복지 및 공익기반에 교회일부를 무료로 대여할 수도 있고 필요시에 학문, 문화, 예술 행사에 교회를 빌려주고 물적 및 인적자원을 후원해야 한다. 넷째, 교회는 지역사회와 지역주민들의 욕구 및 문제가 있는 곳에 해결책을 제시해야 한다. 그리하여 실천적 삶을 통해 그리스도의 사랑을 증거 토록 해야 하며, 지역사회의 상담센터가 되어 지역사회복지관이 되어야 한다. 우리는 교회 내 뿐 아니라 교회 밖의 모든 사람들의 필요를 채워주며 공동체의 관계를 정상화시키는 것이 교회의 사명이 되어야 한다.[29)]

교회는 교회가 속해 있는 지역에서 지역의 기관들과 네트워크를 만들어 지역성 있는 목회를 해야 하며 소외된 그룹에 일차적 관심을 두어야 한다. 교회는 지역사회 주변을 체계적이고 과학적인 사회 조사를 통하여 이웃들의 요구를 발견하고 이에 대응해 나아갈 때, 교회가 가진 인적, 물적, 조직 자원들을 효율적으로 활용할 수 있을 것이다. 그리고 급변하는 시대와 사회 속에서 선교 21세기를 향하고 있는 한국기독교의 시대적 사명과 역할을 지역사회에서 연계하여 진행하고 있는 사회복지기관이나 단체들과 함께 교회의 기능을 조직화하고 나눔과 섬김을 통해 교회의 사회적 책임을 완수

29) 김성철, 「교회사회복지실천론」. 한국강해설교학교. 2003 참조.

해 나아 갈 때 지역사회조직을 통한 교회자원봉사활동이 지역사회의 교회로 나아가는 통로가 될 것이다.

(6) 나눔과 섬김

이제 한국 교회는 교회의 사명을 지역사회조직을 통한 교회자원봉사활동이 나눔과 섬김으로 보는 시각의 전환과 함께 시대적인 요청에 부응하는 새로운 사회복지선교로서 교회의 모습으로 바뀌어야 할 것이다.

지역사회조직을 통한 교회자원봉사의 사회적 참여와 교회사회사업실천 발전을 위하여 몇 가지 의견을 제시하면 다음과 같다. 첫째, 교회는 시대적 현황에 따른 교회봉사 의식을 새롭게 하고 지역사회와 유리되지 않는 복지에 맞는 방법을 모색하여야 한다고 본다. 둘째, 교회는 교회 내 인적자원(기능별·직능별 자원봉사)과 물적자원(재정·시설)을 자세히 조사하여 지역사회조직과 교회를 위한 복지사업에 적극 참여할 수 있도록 교회의 조직과 구조를 재정비하여야 한다. 셋째, 교회는 지역사회를 하나님이 맡겨주신 지역공동체라 생각하고 과학적 조사와 방법으로 지역사회의 필요와 지역 상황을 파악한 후 지역사회조직과 연합하여 교회자원봉사활동을 우선적으로 실시하여야 한다. 넷째, 교회는 교회 재정의 10% 이상을 사회복지비로 사용하고 구역 또는 속회조직 단위로 지원대상자를 결연(재가복지사업, 소년소녀가장 등)시켜 이들의 필요를 도울 수 있는 책임 봉사제를 실시해야한다. 다섯째, 각 교단은 초교파적인 차원에서 동일한 지역 안에서 지역사회조직과 교회와 연합하는 지역복지에 관심을 기울여야 할 것이다. 여섯째, 교회는 교회가 속해 있는 지역에서 지역의 복지시설과 단체들과 네트워크를 만들어 지역성 있는 목회를 해야 한다. 일곱째, 교회의 주변을 체계적이고 과학적인 사회 조사를 통하여 이웃들의 요구를 발견하고 이에 대응해 나아갈 때, 교회가 가진 인적, 물적, 조직 자원들을 효율적으로 활용할 수 있을 것이며, 거시적인 문제에 대응할 수 있다.

(7) 기독교 계명의 핵심적 기초

교회는 사랑과 복음의 실천으로 준비되어진 모임이기에 일반사회복지의 사람과 사람사이에 수요와 공급의 차원이상의 감정적, 정서적, 영적 교감이 더욱 더 중요하다고 본다. 교회의 사회복지 참여는 예수 그리스도의 계명으로부터 기인한다. 이 계명은 '하나님을 사랑하고 이웃을 사랑하라'는 기독교 계명의 핵심적 기초를 이룬다. 기독교 신앙은 하나님을 사랑하는 것으로부터 출발되며 인간을 내 몸같이 사랑하는 진실된 사랑 안에서 율법을 완성하게 된다(롬 3:10). 그러므로 이러한 참된 사랑은 인간의 전인적 구원(영적, 육체적, 사회적)을 목표로 하며, 이의 실현이 기독교 사회복지사업 참여의 가장 중요한 이념이라 할 수 있다.[30)]

지역사회복지가 지역주민의 생존(생명과 생활)을 위해 지역사회조직(공적, 사적인 기관)이 협동하고 조직화하여 생활환경과 복지환경을 재건하는 사회적 시책 및 방법의 체계라 볼 때 교회는 지역사회의 민간복지 차원 조직의 하나로서 교회의 가장 가까운 이웃인 지역사회 주민의 전체적인 행복 즉, 영혼, 육체, 사회적인 행복에 관심을 가져야 하며 교회의 잠재된 자원(인적, 재정, 시설, 조직자원)을 지역사회 복지화 사업에 적극 활용하여야 할 책임과 의무가 있다.

(8) 목회자의 의식변화

가장 중요한 것은 목회자의 의식변화이며 지역사회조직과 교회가 연계하여 성도들의 교회봉사를 실시하여야 하며, 지역사회의 욕구 충족을 위해서는 국가, 지역사회조직, 가족, 교회 모두가 함께 보완적으로 노력해야 할 것이다. 지역사회조직을 통한 교회사회봉사는, 한국기독교의 시대적 사명과 역할을 개 교회가 지역사회조직과 연대하여 하나님께서 주신 나눔과 섬김을 실천하므로 교회가 사회적 책임을 완수해 나아갈 수 있으며, 한국교회의 자원이 지역사회복지를 위해 역할을 감당할 수 있다고 본다.

30) 김성철, 「Diakonia」 평화사회복지연구소. 2000 참조.

한국에 기독교가 들어 올 때는 국내외적으로 어려운 시련을 겪을 때이다. 이런 정황 속에서 기독교가 한국에 들어왔으므로 한국적인 상황을 떠나 선교 할 수는 없었다. 한국교회는 정치, 군사, 문화적인 것에 예민한 반응을 일으켰고 순수한 기독교적 복음의 선교보다 문화적 영향과 정치적 행동이 보다 큰 비중을 차지했다. 교회는 예배 공동체로서 종교적 실체이면서 사회적으로는 교제하고 이웃 사랑을 실천하며 선악을 규정함으로써 하나님의 뜻을 실천해 나가는 사회적 공동체이다. 그러므로 하나님의 실천하고 구원의 사업을 충실하게 하는 것과 사회적 책임과 의무를 다하는 것이 교회의 역할을 다하는 것이다. 이제 한국 교회는 성장에 있어서 위기라고 할 수 있다. 이 위기를 극복 할 수 있는 방법 중 소중한 사역은 교회의 사명중 하나가 전파하고 봉사하기 위해 세상으로 다시 보내 졌다는 것이다. 교회는 착취, 뇌물, 불공정한 재판, 인구폭발, 자원고갈, 환경오염, 핵무기 위협 등을 제거하고 진정한 하나님의 정의와 평화가 실현되도록 증거 하는 것이다. 한국교회는 개인구원적이고 기복적인 신앙에 의존하는 경향이 많이 있다. 사회적 책임이라든지 대인적 봉사와 구제와 같은 일을 포함한 사회참여의 측면에서는 매우 소극적이거나 무관심해 왔다.

(9) 교회의 본질적 사명

교회의 본질적 사명은 복음의 선포(Kerygma), 사랑의 친교(Koinonia), 이웃에 책임 있는 봉사(Diakonia)로 볼 수 있는데 한국 교회는 교회 자체 성장에만 관심을 가졌을 뿐 교회를 향한 사회의 요청에는 적극적인 대응을 하지 못하였다. 성서에서는 고아, 과부에 대해 각별히 보호를 요청하고 있는 것을 볼 수 있는데 이러한 성서에서 근간을 두는 교회는 이웃을 향한 구체적인 사랑의 실천으로써 교회의 본질인 낮은 자들과 함께하는 "섬김"의 자세를 잃어버리지 말아야 한다고 본다.

라인홀드 니버(Reinhold Nibuhr)는 그의 저서 「사회사업에 관한 기독교의 공헌」(The Contribution of Religion to Social Work)에서 "교회는 사회복지를 낳고 키운 어머니"였는데 어머니로서의 책임을 포기하였기 때문에 세속화를 초래하였다고 했다.

기독교에서는 약자와 강자, 가난한자와 부유한자 모두가 하나님 앞에서 동등한 대우를 받는다. 그러나 인간적 측면에서의 관심은 그렇지 않다. 구약시대에는 고아와 과부에 대한 법적인 우선권이 많이 강조되어 있고 신약시대에는 같은 피지배자 가운데서도 소외된 무리들과 팔레스틴 지역에 흩어져 사는 Diaspora들에 대한 유태교적 율법의 재해석을 통해 그들의 권익을 보장하고 그들의 생활을 보장토록 했다.

예수의 삶과 가르침은 봉사의 삶이었으며 이러한 예수의 복지적 입장에서도 보아도 가난한 자, 눌린 자, 천대 받는 자 등과 같은 이웃들과 함께 웃고 울면서 그들을 위해 사셨다.

한국교회는 이제 새로운 전환기를 맞이했다고 보아도 과언이 아닐 것이다. 지금까지는 교회의 내적 성장을 지향하여 모든 총력을 교단과 교리를 부흥시키는데 기울였지만 이제 한국교회의 외적 성장은 더 이상 교회자체를 위해서만 관심을 기울이는 행위는 사회로부터 용납 받지 못할 정도의 모양새를 갖추었기에 이제는 교회에 대해 요청하고 있는 소리들을 겸허히 수용하는 자세를 보여야 할 것이다.

한국 교회는 사회적 책임을 깊이 가지고 기존의 교회사회사업의 활동을 재정립하고 보다 전문적인 방법으로 새롭게 시작해야 할 것이다. 또한 교회에서 할 수 있는 프로그램으로써 아동, 주부, 청소년, 노인들을 위한 다양한 프로그램을 통하여 지역사회 안에서의 교회의 위치를 새롭게 제시해야 할 것이다.

(10) 사회복지에 대한 이념

구약성서와 신약성서에 보면 사회복지에 대한 이념이 구체적으로 잘 나타나 있다. 이스라엘 백성들은 전통적으로 나그네를 잘 대접했으며, 고아와 과부에 대한 사랑과 배려가 극진했음을 우리는 성서를 통해서 볼 수 있다. 초대교회 공동체에도 구제하는 일과 과부를 돌보는 일에 대단히 열심이었으며, 그 전통이 계속되어 내려오게 되었다. 그러한 전통을 갖고 있는 기독교가 우리나라에 들어서기 시작한 것은 약 백 년 전부터인데, 우리나라의 근대화에 지대한 공헌을 해왔고 지금도 우리 사회에 많은 영향을 끼치고 있다. 이 처럼 한국교회는 선교 2세기를 지나면서 놀랄만한 성장을 이루었지만 언제부터인가 성장이 감소하고 있다. 이것은 균형 잡힌 성장이 아니라 한쪽으로 치우친 바람직하지 못한 성장이었다. 왜냐하면 이웃에게 사랑을 나누어주는 나눔과 섬김의 복지의 사명을 소홀히 하였기 때문이다.

교회는 점차 이웃을 잃어가고 있다. 교회가 지역사회 속에서 교회 자체를 사랑하듯이 이웃 지역사회를 사랑해야 하며 교회의 이웃을 찾아야 한다고 생각한다. 예수의 삶과 가르침은 인간의 낮고 낮은 삶에서부터 봉사의 삶이었으며 이러한 예수는 복지적 입장에서 보아도 가난한 자, 눌린 자, 소외된 자, 핍박받는 자, 빗진 자, 천대받는 자, 차별받는 자 등과 같은 이웃들과 함께 웃고 울면서 그들을 위해 사셨다. 예수의 삶은 섬김의 삶으로써의 교육이었다. 그래서 응하려는 자세가 필요하며 봉사를 통한 교육의 새로운 장이 요구된다. 이런 면에서 교회의 사명은 모이는 교회로서의 예배와 교육으로, 또한 흩어지는 교회로서 사회 속에서 섬김이 바람직하다고 본다. 그리고 교회는 '이웃의 교회'가 되어야 하고 '이웃을 위한 교회'로서 혼자 사는 삶이 아닌 이웃과 더불어 사는 삶을 가르치는 교육을 교회가 과감히 시도하며 교회의 본질(Meaning)을 잃지 않고자 계속적인 개혁이 필요하며 '섬김의 도'를 이루어 나가야 할 것

(11) 교회사회복지의 실천 개념

교회사회복지의 실천 개념을 Diakonia의 사상으로 하나님의 사랑의 실천으로 이루어진다고 볼 수 있다. 그리고 그곳에는 세 가지에 목적을 두고 있다.

첫째, 개인과 집단으로 하여금 그와 환경 간에 불균형 상태가 일어났을 때 문제를 올바로 찾아내어 이의 심각도를 감축시키거나 해결할 수 있도록 교회가 도와주는 일이다.

둘째, 개인이나 또는 집단이 그와 환경 간에 불균형이 일어날 수 있는 잠재적인 문제가 도사리고 있는 부분을 찾아내어 불균형 상태가 일어나는 것을 교회가 사전에 예방하는 것이다.

셋째, 개인과 집단과 지역사회 내의 최대한의 잠재력을 찾아내고 확인하며, 이를 교회가 강화시켜 주는 것이다.

1970년대 들어서 임상실천, 직접실천, 또는 거시적 실천이라는 용어들이 등장하였다. 교회사회복지 실천에 있어서 클라이언트의 문제들을 해결하기 위해 미시적(micro), 메조(mezzo),거시적(macro) 전략들을 채택한다. 미시적 접근은 개인이나 가족, 집단에 초점을 두는 데 비해, 거시적 접근은 더 커다란 사회체계에 관심을 둔다. 거시적 실천에서는 대면 접촉(face to face)을 통한 서비스 전달은 최소화되고 사회 계획이나 지역사회 조직의 과정이 주로 관계된다. 그러나 효과적인 실천은 이러한 세 차원에 관련된 지식을 모두 요구하며 교회는 영적인 부분으로 접근해서 새로운 접근을 모색해야 할 것이다.

(12) 미국사회복지사 협회

미국사회복지사 협회는 사회사업 실천은 일련의 가치(value), 목적, 인정(sanction), 지식 그리고 방법론(method) 등에 의해 확인될 수 있다고 했다. 따라서 전문 사회사업 실천을 구성하는 5가지의 요소들을 구체화하면 다음과 같은데 교회사회사업의 실천의 영역은 교회만의 독특한 Diakonia(나눔과 봉사)사명을 중심으로 이루어져야 할 것이다.

사회사업 전문직의 기본적 가치는 인간의 존엄성과 사회정의 실현에 있다고 할 수 있다. 인간의 존엄성과 가치는 모든 사람들이 생래적인 가치와 존엄을 가지고 있다는 것이다. 사회정의는 공동선과 인간의 잠재적인 발달에 필요한 자원에 대한 권리로서 사회가 가진 동일한 기본 권리, 보호, 기회, 의무, 그리고 사회적 이익을 모든 구성원들이 누릴 수 있는 이상적인 상태를 말한다. 모든 전문직은 사회에서 책임져야 할 할당된 기능을 가지고 있으며 국가, 지역사회, 기관, 클라이언트, 그리고 전문직 자체로부터 공식적 또는 비공식적 인정 내지 인가를 받아서 실천되어야 한다. 과거에 사회사업이 전문직의 속성을 갖추고 있느냐는 논란이 일어오곤 했다. 결론적으로 사회사업은 전문직으로서의 갖추어야 할 조건을 충족시킬 수 있는 개념과 기준을 가지고 있다고 보아야 한다. 사회복지는 인간에 관한 지식이라고 할 수 있으나 아직까지 인간에 관한 한 절대적인 지식이 없다고 본다. 지금까지 인간을 연구하는 과학이 인간에 대한 일반화된 지식의 체계를 이룩해 놓았다 할지라도 인간 행동의 현상에는 항상 예외성이 강하기 때문에 인간의 행동은 자의적이며 예측할 수 없는 성격의 것이라는 점을 전제해야 할 것이다.

그러면 지식은 무엇인가? 지식은 광대하고 다양한 의미를 가진 용어이다. Max Siporin은 지식은 우리가 사실로 간주하는 또는 진실일 가능성이 매우 높은 현실(reality)에 관한 인지적·정신적 내용(아이디어, 신념)이라고 규정지었다. 사회사업 실천도 강력한 지식 기반 위에서 수행되는 것이 강조되고 있다. 사회사업 실천을 위한 지식은 전통적으로 다른 학문, 특히 심리학이나 사회학에서 도출되어 왔다. 그러나 전문직으로 성장함에 따라 사회복지사들은 사회사업 실천 그 자체에서 도출되는 지식에 더 실천의 기반을 두기 시작했다. 한 가지 문제는 실천가들이 실천상의 관습적 경험에서 오는 상식적 지혜를 실험적으로 검증된 지식보다 더욱 많이 활용한다는 것이다. 전문 사회사업이 목적을 성취하기 위해서는 사실(facts)이 필요하기 때문에 현재의 추세는 비 확인된 아이디어보다는 과학적 지식에 점차 강조를 두고 있다. 과학이라는 실증적 특성을 갖는 지식 기반을 개발하기 위한 시도가 진행되고 있는 것이다. 그러나 많은 사회복지사들은 사람들을 돕는 데 있어서 상식이면 충분하다고 주장하거나 그러한 과학적 시도를 회피하고 거부하는 태도도 있는데, 이는 과학적 방법인 조사 연구가 사회사업의 중심인 인본주의 요소와 잘 조화되지 않는다는 생각과 관계가 있다. 또한 사회복지사가 다루는 문제의 성격은 너무 복합적인 것이라서 과학적 조사 기법으로는 측정될 수 없다는 신념도 작용하기 때문이다.

(13) 사회사업실천방법론

사회사업 실천에 있어서 방법론이란 가치관과 지식을 바탕으로 활동을 전개해 나가는 절차를 체계화시킨 것으로써 개인의 문제를 다루는 개별사회사업, 집단의 문제를 다루는 집단사회사업, 그리고 지역사회 전체의 문제와 통합을 다루는 지역사회개발 내지 지역사회조직사업을 들 수 있다. 그러나 이들 방법들은 실제적인 사회사업 실천 상황에 있어서 통합적으로 적용되어야 하는 것으로써 사회복지사는 한 개인의 문제를 볼 때에도 그가 속한 집단과 지역사회의 맥락에서 파악하고 치료 내지 변화를 시도할 때에도 개인은 물론 집단과 지역사회의 변화를 동시에 꾀하는 것이 이상적이다. 이러한 측면을 구현하는 것이 바로 일반적 실천(Generalist approach)이다. 이와 같은 방법론은 기법(technique)과 기술(skill)의 양면을 지니며, 기법을 도구라고 한다면 기술은 이들 도구를 효과적으로 활용하는 숙련성이라고 할 수 있다. 이제 교회사회복지도 전문성으로 접근하여야 하리라 본다. 전문성 없는 의사는 의사로서의 영역과 자격에 문제가 있듯이 교회사회복지도 전문성과 함께 할 때 비로소 그에 따른 열매를 기대 할 수 있다고 본다.

(14) 봉사신학(De diaconologische groep)

한국교회는 사회복지적 입장에서 실천신학을 새롭게 조명해 보는 것이 시대적 요청이라고 볼 수 있다. 실천신학은 교회의 실제적 활동을 전반적으로 취급하는 신학의 한 분야라고 할 수 있는데 카이퍼(kuyper)는 신학백과에서 실천신학을 봉사신학(De diaconologische groep)이라고 칭하면서 이것을 가르치는 학(學), 다스리는 학, 섬기는 학, 그리고 평신도학으로 분류하였다고 한다. 그런 의미에서 사회복지를 지향하는 목회는 실천신학의 중요한 연구 주제가 되고 있다. 실천신학을 구성하는 목회학과 전도학,선교학,설교학,기독교교육학,목회상담학, 예배학, 교회행정학, 평신도 신학 등의 모든 주제가 사회복지를 지향하는 목회와 연결되기 때문이다. 교회는 사랑과 자비의 열정만으로 자선을 베푸는 시대는 끝났다고 본다. 한국교회는 성서와 역사를 통해 사회복지 목회를 향한 하나님의 부르시는 하나 음성을 귀 기울여들어야 할 것이다. 어떻게 그들과 함께 할 것이지, 그 방법은 무엇인지 끊임없이 고민하고 연구해야 할 일이라고 본다. 사회복지 방법론은 수많은 시행착오를 통해서 발전되어왔다. 교회의 무절제한 구제가 직업적인 걸인을 양산한 일도 있었고 전문 브로커가 중간에서 구제품을 갈취하는 일도 있었다. 이제 기독교사회복지 실천도 보다 더 전문성과 학문성을 가지고 접근하고 연구하고 실천하여야 할 것이다. 최선의 방법에 대한 끊임없는 새로운 모색이 필요하다. 그러할 때 기독교사회복지가 실천신학의 영역의 한 분야로서 자리매김 할 수 있는 이유가 된다.

기독교 사회복지 실천의 역사를 연대별로 정리하면 다음과 같다.

기원전 - 중세시대:기독교 사회복지 실천의 역사는 수세기 동안의 발전과 변화를 거쳐오며 현재에 이르기까지 계속되고 있는 중요한 주제이다. 기독교 사회복지 실천의 역사를 대략적으로 설명해보면 다음과 같다.

▶ 기원전부터 중세시대

기독교 사회복지 실천의 뿌리는 예수 그리스도의 가르침에 시작된다. 그는 가난한 자들을 돕고, 약자들과 사회적으로 소외된 이들을 사랑하라는 메시지를 전달했다. 이러한 가르침이 기독교 사회복지의 출발점이 되었다. 로마 제국 내에서 기독교인들은 빈곤한 이웃들을 돕고 병든 이들을 치유하는 등의 사회복지 활동을 전개했다. 중세 시대에는 수도원과 교회가 사회복지의 중심이었다. 수도원은 빈곤한 이들에게 음식, 숙소, 의료 등의 지원을 제공하며 병든 이들을 돌봤다. 또한 부유층의 기독교인들은 가난한 이들을 돕는데 기여했다.

▶ 근대 시대

기독교 사회복지의 개념은 근대 시대에 더욱 발전하였다. 19세기에 산업혁명과 도시화로 인해 사회적 불평등과 빈곤이 심화되었고, 기독교 단체들은 사회적 정의와 빈곤 문제에 대한 대응책을 모색했다. 이러한 시기에는 사회복지 단체와 구호 기관들이 설립되었으며, 예수회, 구세군 등이 빈곤층과 소외 계층을 위한 복지 활동을 전개했다.

▶ 20세기 이후

20세기에 들어서면서 기독교 사회복지는 보다 체계적이고 효율적인 방식으로 발전되었다. 다양한 기독교 단체들은 교육, 의료, 금융, 노인 복지, 아동 보호 등 다양한 분야에서 복지 서비스를 제공하며 사회적 문제에 대한 해결책을 모색했다. 또한 기독교 단체들은 인권, 사회적 공정 등의 가치를 강조하며 사회 변화를 위한 운동에도 참여하였다.

▶ 현대

현재에 이르러서도 기독교 사회복지는 계속해서 진행되고 있다. 다양한 기독교 단체와 교회들이 여전히 사회적 문제에 대한 대응을 위해 노력하며, 국제적으로도 기독교 단체들은 글로벌 사회복지 네트워크를 형성하여 다양한 지역에서의 도움을 확장하고 있다.

요약하면, 기독교 사회복지 실천의 역사는 예수 그리스도의 가르침을 기반으로 수세기 동안 발전하며 사회적 불평등과 빈곤 문제에 대한 대응을 모색해왔다. 기독교 단체들은 수도원에서부터 현대적인 사회복지 기관과 네트워크까지 다양한 형태로 사회적 책임을 실천하고 있다.

Christian Social Welfare | chapter 10

자원봉사자의 자기관리와 파워리더십

1) 리더십

(1) 리더십이란 무엇인가?

리더십이란 무엇인가? 리더십을 어떻게 정의할 것인가? 그러나 리더십을 한마디로 정의하기는 불가능하다고 말할 수 있다. 왜냐하면 학자에 따라서 그 의미가 다양하게 사용되고 있으며, 오히려 그 개념 자체도 규정하기 어려운 용어이기 때문이다.

벤츠(Bentz)가 리더십의 개념을 정립하기 위하여 1945년 이후에 발행된 모든 문헌을 정리해 보았는데, 1945년 이전까지 연구된 것만 해도 무려 130여종의 정의를 모집

할 수 있었다고 하였다. 또한 번즈(Burns)는 지금까지 리더십에 대하여 이루어진 연구 논문 수는 약 5,000여 편이 상회하고 있지만 학문적인 유용성과 과학성의 입장에서 보면 아직도 리더십의 본질과 특성에 대해 일관성 있는 결론을 내리지 못하고 있으며, 리더십은 높은 관심과 많은 연구에도 불구하고 이해의 정도가 가장 낮은 수준에 머물러 있는 학문 분야라고 하였다. 베니스(Bennis)도 리더십에 대한 문헌을 조사한 후에 지적하기를 "리더십에 대한 개념상의 모호성과 복잡성이 리더십에 대한 이해를 어렵게 하고 있다. 지금까지 리더십에 대한 수많은 정의가 있었지만 아직도 일반성의 수준이 낮다"라고 하였다. 심지어 스토그딜(Stogdill)은 리더십에 대한 정의는 리더십을 연구하는 사람의 수만큼 된다고 까지 하였다.

이와 같은 리더십에 대한 다양한 현상이 생기게 된 기본적인 원인은 리더십이란 용어가 권력(power), 권위(authority), 관리(management), 통제(control) 등과 구별되지 않고 혼용되어 사용되기 때문이다.

(2) 리더십의 정의

이러한 입장에서 유클(Yukl)은 리더십 연구는 전반적인 범위의 정의에 적합한 정보를 제공할 수 있도록 계획되어야 하며, 그래야 시간을 두고 상이한 개념의 유동성을 비교할 수 있고 문제의 주된 내용에 대한 일치성을 얻을 수 있을 것이라고 하였다. 그는 지금까지 연구되어 온 대표적인 리더십의 정의를 다음과 같이 정리하였다.

① 리더십이란 집단의 행동을 공동의 목표로 지향하도록 하는 개인의 행동이다.(Hemphill & Coons, 1957)

② 리더십이란 특정한 상황 속에서 행사될 때, 의사소통을 통하여 설정된 목표를 달성하도록 하는 대인간의 영향력이다.(Tannenbaum, Wescher & Massarik, 1961)

③ 리더십이란 기대와 상호작용 속에서 조직(structure)을 주도하고 형성 유지시키

는 것이다.(Stogdill, 1974)

④ 리더십이란 한 사람이 어떤 종류의 정보를 제공하고 다른 사람들이 그에 따라 행동하면 그 결과가 개선될 것이라는 확신을 갖게 하는 사람들 간의 상호작용이다.(Jacobs, 1970)

⑤ 리더십이란 조직의 일상적인 지시에 따라 기계적으로 순종하는 것 이상의 영향력을 증대시키는 것이다.(Katz & Kahn, 1978)

⑥ 리더십이란 주어진 상황 속에서 목표를 달성하기 위하여 개인 또는 집단의 활동에 영향을 미치는 과정이다.(1981, 미국 육군사관학교 교재)

⑦ 리더십이란 집단의 한 구성원이 다른 집단 구성원으로서의 활동에 관한 행동양식을 규정할 권리를 갖는다고 지각하는 것으로 특정 지어지는 특수한 유형의 권력관계이다.(Janda, 1960)

⑧ 리더십이란 조직 구성원들이 지각이나 기대 그리고 상황의 구조나 재구조화를 포함하는 집단에서 둘 이상의 성원들 간의 상호작용이다.(Bass, 1990)

⑨ 리더십이란 갑의 행위가 을의 행위를 변화시키고 을은 그러한 영향력 행사를 합법적인 것으로 그리고 그 변화를 자신의 목표와 일치하는 것으로 인정하는 한 영향력의 과정이다.(Kochan, Schmidt & DeCotiis, 1975)

이처럼 다양한 리더십에 대한 입장을 고려해 볼 때 리더십에 대한 개념은 연구자의 경험적 고찰과 연구목적에 따라 조작적으로 정의되고 있다고 볼 수 있다.

그러나 지금까지 살펴본 다양한 리더십의 정의에도 불구하고 모든 학자들이 공통적으로 인정하고 있는 리더십에 대한 요소는 다음과 같다.

첫째, 리더십은 두 사람 이상의 성원들 간의 상호작용 관계를 내포하는 집단 현상이다.(상호관계)

둘째, 리더십은 사람이 아닌 영향력의 행사 과정으로, 이 때 의도적인 영향력의 행사 방향은 리더에서 추종자의 방향으로 작용하는 것이다.(영향력)

셋째, 리더십의 결과는 목적 달성의 용어로 정리된다는 것 등이다.(조직목표)

이런 가정을 제외하고는 리더십 정의에서 거의 공통점을 발견할 수 없으며, 영향력의 행사 주체, 영향력의 행사 목적, 방법, 과정 등에 대하여는 서로 다른 차이를 보이고 있다.

베스(Bass)는 리더십의 개념 정의에 포함된 공통적인 요소들을 어떻게 다루느냐에 따라 리더십이 달라진다고 하면서 다음과 같이 리더십을 구별하였다. 즉 집단과정으로서의 리더십, 퍼스낼리티(personality)로서의 리더십, 복종수단으로서의 리더십, 영향력으로서의 리더십, 일정한 형태로서의 리더십, 설득으로서의 리더십, 권력관계로서의 리더십, 목표달성수단으로서의 리더십, 상호작용으로서의 리더십, 분화된 역할로서의 리더십, 구조주도로서의 리더십 등이다. 즉 리더십이란 “주어진 상황 속에서 목표 달성을 위하여 개인 또는 집단의 활동에 영향을 미치는 의식적인 행동과정”이다.

2) 서번트 리더십

(1) 서번트 리더십의 정의

서번트 리더십은 Greenleaf(1970)에 따르면 ‘타인을 위한 봉사에 초점을 두며, 종업원, 고객, 및 커뮤니티를 우선으로 여기고 그들의 욕구를 만족시키기 위해 헌신하는 리더십’이라 정의 할 수 있다. 즉, 서번트 리더십은 부하를 존중하고 그들에게 창의성을 발휘할 기회를 제공함으로써 성장을 돕고 부서 혹은 조직이 진정한 공동체를 이루도록 이끌어가는 리더십이다.

서번트 리더십은 최근에 등장한 개념이 아니다. 이 개념은 1977년 경영관련 교육과 연구를 담당했던 로버트 그린리프가 저술한 『Servant leadership』에서 처음으로 제시되었는데 그동안 경영학계의 별다른 주목을 받지 못하다가 1996년4월 미국의 경영관련 서적 전문출판사인 Jossey-Bass사가 『On Becoming a Servant Leader』를 출간한 것은 계기로 많은 경영학자들이 새롭게 관심을 갖게 되었다. 그는 서번트 리더십의 기본 아이디어를 헤르만 헤세의 작품인 『동방으로의 여행』으로부터 얻었다고 하였다.

그 소설은 여러 사람이 여행을 하는데 그들의 허드렛일을 하는 레오라는 인물에 초점을 맞추고 있다. 레오는 특이한 존재였다. 여행 중에 모든 허드렛일을 맡아서 하던 레오가 사라지기 전까지 모든 일을 잘 되어갔지만 그가 사라지가 일행은 혼돈에 빠지고 흩어져서 결국 여행은 중단되었다. 그들은 충직한 심부름꾼이었던 레오 없이는 여행을 계속할 수가 없었던 것이다. 사람들은 레오가 없어진 뒤에야 그가 없으면 아무것도 할 수 없다는 사실을 깨달은 것이다. 그 일행 중 한 사람은 몇 년을 찾아 헤맨 끝에 레오를 만나서 여행을 후원한 교단으로 함께 가게 되었다. 거기서 그는 그저 심부름꾼으로만 알았던 레오가 그 단체의 책임자인 동시에 정신적 지도자이미 훌륭한 리더라는 것을 알게 되었다. 레오는 서번트 리더의 전형이라고 볼 수 있다.

(2) Geenleaf(1970)의 서번트 리더십

Geenleaf(1970)는 서번트 리더십을 '타인을 위한 봉사에 초점을 두며, 종업원, 고객 및 커뮤니티를 우선으로 여기고 그들의 욕구를 만족시키기 위해 헌신하는 리더십'이라 정의했다. Sims(1970)는 "부하의 인간으로서의 존엄성과 가치를 존중하고 그들의 창조적인 역량을 일깨워 주는 리더"로 정의했다.

Heifetz(1994) 는 세계의 리더들에 대한 그의 분석과 관찰을 통해 윤리적 리더십에 대한 독특한 접근법을 공식화 하였다. Heifetz의 관점은 구성원 및 조직과 사회의 가치적 측면에 주목하여 리더는 신뢰와 양육, 그리고 공감대가 존재하는 '지원적인 환경'을 제공해야 한다는 것이다. 부하들이 변화와 자기 성장을 위해 노력해 갈 수 있도록 하는 것이 리더의 의무라고 하였다.

Geenleaf(1977)는 리더십은 본성적으로 남을 섬기려는 사람에게 부여되는 것이라고 주장하였다. Geenleaf는 서번트 리더십을 종업원, 고객, 지역 사회를 포함한 타인들에게 최우선적으로 봉사할 수 있는 의식 하에서 리더십을 전개하는 것이라고 전제하고 그렇기 위해서는 그것도 만사를 제쳐 놓고 섬기기 위해서(to serve, to serve first)라는 자연스러운 감정접근을 통해 삶과 일에 대한 태도에서 그 같이 되도록 하여야 한다고 강조한다.

Geenleaf는 섬기는 자로서의 리더가 되기 위해서 필요한 10가지 특성과 요건으로 다음을 들고 있다.

① 경청하고 ② 공감대를 가지고 ③ 고쳐나가고 ④ 깨달으려 노력하여야 하며 ⑤ 설득해 나가야 한다고 한다. 뿐만 아니라 ⑥ 자신의 능력 개발을 통해 위대한 꿈을 실현하다고 하는 개념에 최선을 다하고 ⑦ 선견지명으로서 ⑧ 스튜어십을 발휘하며 ⑨ 사람을 성장하도록 하는데 몰입하고 ⑩ 공동체 의식을 구축하도록 한다. 결국 존중, 봉사, 정의, 정직, 그리고 공동체 윤리 등의 다섯 가지 원칙에 그 뿌리를 두고 있다고 제시하고 있다.

3) Geenleaf 연구센터

서번트 리더십 프로그램에 관한 한 미국 인디애나 폴리스 시에 있는 그린리프 연구센터가 가장 앞서 있다. 그린리프 연구소장인 Spears는 다음과 같이 서번트 리더의 주요 특성을 제시하였다.

(1) 경청(Listening)

개인이나 집단의 의지를 명확히 알기 위해서 듣는 것은 매우 중요하다. 대부분의 경우 조지그이 문제점을 다수의 구성원들의 의견을 듣는 가운데 문제의 핵심이나 대안을 파악할 수 있다. Geenleaf(1970)는 경청이 서번트 리더의 가장 기본적인 자질이라고 했다. Boyer(1999) 또한 서번트 리더는 구성원에게 질문하고 대화함으로써 문제를 정확히 인식하고 필요에 따른 도움을 준다고 말했다.

경청은 부하에 대한 존중과 수용적인 태도로 이해하는 것이다. 리더는 적극적이고 능동적인 경청을 해야 부하가 바라는 욕구를 명확히 알 수 있다.

(2) 공감(Empathy)

공감이란 상대방의 입장이세 생각해보는 것이라고 할 수 있는데 리더는 부하의 감정을 이해하고 이를 통해 부하가 필요한 것이 무엇인가를 알아내고 리드해야 한다.

Combs, Avila & parkey(1971)은 공감이 모든 조력관계에서 가장 결정적인 요인임을 보고하고 있다. Lipps(1907)은 공감을 공유된 정서라고 정의하고 있으며 Hoffman(1984)은 공감을 '자기 자신의 상황보다는 다른 사람이 처한 상황에 보다 부합하는 정서적 반응' 이라고 하였다. 또한 Eisenbero & Miller(1987)는 다른 사람의 정서적 상태나 조건의 이해로부터 촉발된 그와 부합하는 정서적 상태라고 정의하고 있다.

(3) 치유(Healing)

치유는 리더가 부하들을 이끌어 가면서 보살펴 주어야 할 문제가 있는가를 살피는 것이다. Spears(1995) 는 지나친 업무로 인한 건강의 악화, 관계들의 악화(가족을 포함한 직장동료, 구성원들과의 관계)와 같은 상처로부터 오는 구성원들의 감정적인 아픔과 좌절감이 치유될 수 있도록 돕는 것이라고 하였다.

(4) 인지(Awareness)

Geenleaf(1970)는 똑같은 상황에서도 다른 사람들보다 더 많이 깨닫는 것이라고 하였다. 그리고 더 나은 통찰력과 비전을 제시하였는데 도움이 된다고 말하였다. 결국 인지는 다른 사람들보다 주변 환경에 대해 더 잘 아는 것이고 어떤 상황에서나 영향을 주는 요소들과 전체적인 상황을 잘 파악하는 것이다.

(5) 설득(Persuasion)

설득을 발휘하는 리더는 리더라고 해서 권위나 지시가 아닌 대화나 설득, 상대에 대한 존중을 통해 구성원들에게 다가간다. 이렇게 되면 구성원들은 하나의 공동체로서 결속을 다지고, 구성원들 개개인이 주인의식을 갖고 자발적으로 업무에 참여할 수 있게 된다.

(6) 비전 제시(Conceptualization)

이것은 분명한 목표와 비전을 제시하는 것이다. 리더는 비전을 제시하고 그 비전을 분명한 목표와 연결시켜 제시할 수 있어야 한다.

(7) 통찰력(Foresight)

과거의 경험과 직관을 가지고 과거의 경험 유형을 미래에 투사하여 현재의 결과를 예측할 수 있는 능력을 말하는 것이다. 과거의 경험만으로 미래를 알 수 없으며, 여기에서 통찰력이 필요한 것이다. 리더에게 이런 직관과 통찰력이 중요한 이유는 이것을 통해 미래에 대한 비전을 제시할 수 있기 때문이다.

(8) 청지기 의식(Stewardship)

청지기 의식은 표면적으로 드러나는 것이 아니므로 리더가 청지기 의식을 가지고 있는지 여부를 판단하기 어렵다. 서번트 리더는 '조직의 성과 창출'과 '구성원들의 성장 혹은 구성원들이 업무를 통해 보람을 찾도록 해 주는 것'을 고려해야 한다. 서번트 리더는 부하들을 위해 자원을 관리하고 봉사해야 한다. Geenleaf(1996) 는 서번트 리더는 자신의 언행이 다른 사람들에게 미칠 영향을 고려해서 책임감 있게 의사 결정을 해야 한다고 했다. 이런 면에서 Spears(1995) 는 청지기 의식을 서번트 리더가 지닌 가장 기본적인 자세라고 하였다.

(9) 구성원의 성장(Commitment to growth)

서번트 리더십을 통해 조직력을 성공으로 이끌기 위해서는 구성원들에게 적절한 성장 기회를 제공하고 적극적으로 지원함으로써 구성원들이 스스로 역량을 개발할 수 있도록 환경을 조성해 주는 것이 필요하다. 그리고 부하들의 개인적 성장, 정신적 성숙 및 전문분야에서의 발전을 위한 ㄱ회와 자원을 제공해야 한다. Geenleaf(1977)는 새로운 일을 시도하고 그 일에서 성취감을 얻을 때 이루어지는 것이 성장이라고 하였다. 성장이라는 것은 구성원들에게 많은 재량권을 주고, 능동적으로 업무를 수행하도록 하는 것이 포함된다. 먼저는 구성원들에게 바라는 목표와 기대치가 무엇인지 명확히 해야 한다.

(10) 공동체 형성(Community building)

Lave & Wenger(1991) 는 구성원들이 자신이 하고 있는 일과 그 일이 갖는 의미를 알고함께 공유하는 역동적인 시스템이라고 공동체를 정의하였다. Senge(1995) 은 서로의 관점에서만 주장하는 것이 아닌 서로의 관점에서 대화를 통해 공동체가 형성된다고 말했다. 이와 같이 공동체는 구성원들 간의 진솔한 대화를 통해 서로에 대한 깊은 이해와 유대관계를 기초로 한다. 따라서 서번트 리더는 공동체 형성을 위해, 조직 구성원들이 서로 존중하며 서로간의 활발한 의사소통과 협력을 장려하여 공동체 의식을 만들어 가도록 노력한다.

4) 리더의 유형

리더의 유형은 리더의 유형론적 접근을 통해서 찾아 볼 수 있다. 여기서는 지금까지 연구된 여러 가지 차원에서 연구된 리더십의 유형을 살펴보려고 한다.

(1) 정신분석학적 개념에 따른 분류

리더십을 정신분석학적 개념을 따라 연구한 대표적인 학자는 레들(Redl)이다. 레들은 학교나 캠프 생활을 관찰하여 본 결과, 집단 형성에는 10여 가지 유형이 있다고 하였다. 이러한 집단 형성 과정에는 반드시 중심인물이 있는데 리더란 그 중심인물의 하나이며, 집단의 발전은 그의 역할이 다음과 같은 조직 성원을 중심으로 발생한다고 주장하였다.

(2) 동일시(identification) 대상으로서의 중심인물

① **가부장적 지배자(patriachical sovereign)**: 중심인물이 성원들의 초자아와 애정으로 결합되는 데서 집단통합이 행해지는 리더이다.

② **리더(leader)**: 성원은 중심인물이 수행한 가치를 수용할 뿐 아니라, 중심인물에 닮으려고 그를 애정의 대상으로 하여 동일시하는데서 집단 통합이 행해진다.

③ **폭군(tyrannt)**: 가부장적 지배와 비슷하나 그것과 다른 것은 애정에 의한 것이 아니고, 공포를 동기로 하여 통합된다.

(3) 추종(drive) 대상으로서의 중심인물

① **애정의 대상(love object)**: 집단이 중심인물을 애정적 욕구의 대상으로 하는데서 집단통합이 이루어진다.

② **공격의 대상(object of aggression)**: 중심인물이 공격적 행동의 대상이 되는데서 집단통합이 이루어진다.

한편 잘레닉(Zaleznik)은 카리스마적 리더와 합리적 리더를 비교하여 그 특징을 정리하였다. 즉 카리스마적 리더는 내부지향적이고, 내적 투입과 연결되는 이상·상징·대상들과 동일시하며 아버지의 모습을 지니고 있는 반면, 합리적 리더는 아버지 모습이 아니라 친근한 동료의 모습으로 보인다고 한다.

한편 브리스(Kets de Vries)와 밀러(Miller)는 행정관리들의 역기능적인 수행성을 설명하기 위해 리더십을 정신 분석학적으로 다섯 가지로 분류로 제시하였는데, 그것은 박대적인 선입관형, 무력감형, 자기도취형, 강제형 그리고 정신분열적 분리형 리더십이다.

5) 리더의 권한에 따른 분류

베버(Weber)는 리더십을 리더가 권한을 어떻게 획득하고 실행하느냐에 있다고 보고 다음과 같이 분류했다.

(1) 전통적 권한(traditional authority)의 리더

전통적인 윤리나 사회관습, 신분을 기초로 하는 권위를 행사하는 리더를 말한다. 원시사회나 근대화가 철저하지 못한 사회에서 나타나는 리더의 유형의 가부장적 색채가 짙다.

(2) 카리스마적 권한(charismatic authority)의 리더

예언자나 영웅 등 어떤 개인의 탁월한 통솔력이나 인기에 토대를 둔 권위로서 전쟁 영웅이나 종교적 예언자가 그 예이다. 이들은 보통 초인간으로 떠받들려진다.

(3) 합리적 또는 합법적 권한(rational or legal authority)의 리더

집단의 성원들이 정당하다고 인정하는 규칙 또는 법률에 토대를 둔 권위로서 선거를 통해 선출된 현대국가의 대통령, 국회의원 및 법률에 따라 임명된 가급 관료들이 이에 해당한다.

6) 리더와 추종자 사이의 관계에 따른 분류

설젠트(Sergent)는 리더의 유형은 리더와 추종자와의 관계성을 기준으로 특징지어지는 것이라고 하여 역사적인 인물은 중심으로 리더십을 다음과 같이 분류했다.

(1) 카리스마적 리더(charismatic leader)

신성시되거나 초자연적인 능력의 소유자로 숭앙되는 리더. 예수, 알라, 모하멧, 일본의 국왕 등.

(2) 상징적 리더(symbolic leader)

실질적인 권력은 거의 없으나 국가와 국민, 또는 집단을 대표하는 명예와 위신을 갖고 있는 리더. 영국의 여왕이나 일본의 천황, 내각 책임제에서의 대통령들이 이에 속한다.

(3) 예우자(head man)

전통적인 지위에 의해 권위를 행사하는 리더. 세습되는 남작, 공작 등의 칭호, 또는 명예 박사, 명예 교수 등.

(4) 전문가(expert)

전문 분야에서 천재적 재능으로 이룩한 업적에 토대를 둔 리더. 뉴턴, 다윈, 베토벤 등.

(5) 행정적 또는 집행적 리더(administrator)

기업이나 행정부에서 탁월한 리더십을 발휘하여 조직의 목표달성에 이바지하는 리더. 나폴레옹, 링컨, 루즈벨트 등.

(6) 선동가 혹은 개혁가(agitator or reformer)

행정이나 관리능력보다 설득이나 선동적인 방법을 동원하여 조직의 목표를 달성하는 리더. 선동적 리더로는 히틀러를 들 수 있고, 설득적 리더로는 제퍼슨, 링컨, 처칠 등을 들 수 있다.

(7) 강압적 리더(coercive leader)

주어진 권력이나 지위를 이용하여 강압적인 방법으로 리더십을 발휘하는 리더. 전제 군주나 알카포네 등이다.

7) 리더의 역할에 따른 분류

우리스(Uris)는 리더십을 리더가 조직이나 추종자에 대한 역할을 수행하는 것이라고 하였으며, 리더의 유형을 기준으로 다음과 같이 분류했다.

① **전문가형 리더(professional leader)**: 어떤 분야에서 고도의 지식과 식견이나 기능을 가지고 조직의 목표를 달성하는데 있어서 구성원들의 세부사항에 이르기까지 신경을 쓰며 지도하는 리더를 말한다.

② **조정가형 리더(coordinate leader)**: 집단 성원을 조직화하고 통찰하는 능력이 강하며, 업무절차에 밝은 리더를 말한다.

③ **문제해결형 리더(problem-solving leader)**: 조직의 당면한 문제를 잘 해결하는 리더를 말한다.

④ **인간주의형 리더(humanistic leader)**: 부하와 인간적인 사귐과 교제를 통하여 협조를 이루는 리더를 말한다.

⑤ **목표추구형 리더(goal oriented leader)**: 집단 구성원의 안전이나 복지나 인간관계보다는 집단목표의 달성에 집착하는 리더를 말한다.

한편 윙클러(Winkler) 등은 독일과 오스트리아의 청년운동에 관여하는 60여명의 리더에 대한 연구를 통해 리더를 세 가지 유형으로 나누었다.

① **지배자형 리더(sovereign)**: 이기적이고 자신의 암시적 인격에 의해 다른 사람이나 성원들로부터 높이 평가되고 이들을 따르게 유도한다.

② **교육자형 리더(pedagogue):** 비이기적인 리더로서 자기가 속한 집단을 위하여 헌신적인 리더이다.

③ **종교가형 리더(apostle):** 객관적인 이상을 제시하고 그 목표를 향해 동료들을 지휘한다.

8) 파워리더십의 실천사항

(1) 성품(바위처럼 되어라)

리더십이란 사람들을 하나의 공통된 목표에 규합시키는 능력과 의지, 그리고 신뢰감을 심어주는 성품(character)을 말한다.

(2) 카리스마(첫인상이 일을 성사시킨다)

어떻게 하면 카리스마를 얻을 수 있는가? 타인으로 하여금 당신에 대해 좋게 느끼게 하는 것보다 그들 자신에 대해 좋게 느끼도록 힘써라.

(3) 헌신(헌신, 그것은 꿈꾸는 사람으로부터 그것을 행하는 사람을 분리시켜 준다)

헌신치 않는 리더를 사람들은 따르지 않는다. 헌신은 책임을 완수하기 위해 스스로 선택한 노동시간과 자신의 능력을 개발하기 위한 노력, 그리고 동료를 위한 개인적인 희생을 포함하는 모든 부분에서 보여지는 것이다.

(4) 의사전달

“의사전달이 되지 않는다면, 당신은 혼자 다니게 될 것이다.”

교육가들은 단순한 것을 복잡하게 만들지만, 의사 전달들은 복잡한 것을 단순하게 만든다.

(5) 능력

"능력을 키워라. 그러면 사람들이 몰려올 것이다."

능력이란 말이 필요 없는 것이다. 그것은 그 능력을 말하고 계획하고 행하는 힘으로, 사람들로 하여금 당신이 그 방법을 알고 있으며, 당신을 따르기 원한다는 것을 스스로 알게 하는 것이다.

(6) 용기

"용기 있는 한 사람은 소수가 아닌 다수다."

용기는 기도하는 두려움이다.

(7) 통찰력

"풀리지 않는 미스터리를 밝힌다."

영리한 리더들은 들은 것의 반만 믿는다.

(8) 초점

"노력하면 노력할수록, 우리도 예리해진다."

한 번에 두 마리 토끼를 쫓는다면, 한 마리도 잡지 못할 것이다.

(9) 관대함

"초가 다 타더라도 다른 것을 밝히고 있다면, 결코 그 초를 잃은 것이 아니다."

(10) 솔선

"이것이 없이는 절대 현재의 안락함을 떠날 수 없다."

성공은 행동과 연결되어 있다. 성공한 사람들은 계속해서 움직인다. 그들은 실패하지만, 결코 포기하지 않는다.

(11) 경청하는 자세

“듣는 것이란 귀를 이용하여 사람들의 마음과 연결하는 것이다.” 리더의 귀에는 반드시 사람들의 목소리가 들려야 한다.

(12) 열정

“삶에 열정을 품고 그것을 사랑하라”

리더가 열정을 갖고 손을 뻗칠 대, 언제나 응답하는 열정을 만나게 된다.

(13) 긍정적인 태도

“할 수 있다고 믿는다면, 할 수 있다”

우리세대의 가장 위대한 발견은 마음가짐을 바꿈으로써 그 인생을 바꿀 수 있다는 것이다.

(14) 문제해결

“절대 문제들 문제로 만들지 말라”

성공의 척도는 ‘어려운 문제를 다루고 있나’가 아닌 ‘작년과 동일한 문제를 다루고 있나’로 정해진다.

(15) 관계

“만일 홀로 모든 것을 취한다면, 모두 그대를 홀로 두고 떠날 것이다.”성공 공식에 있어서, 가장 중요한 요소는 사람들과 어울리는 방법을 아는 것이다.

(16) 책임감

“임무를 수행하지 못한다면 팀을 이끌 수 없다.”

리더는 무엇이든 포기할 수 있다. 단 마지막 책임은 제외하고.

(17) 안정

"역량은 결코 불안정을 대처할 수 없다."

(18) 자기단련

"가장 먼저 이끌어야 할 사람은 바로 자신이다."
가장 으뜸 되는 승리는 자신을 정복하는 것이다.

(19) 섬김

"머리가 되려거든, 남을 우선으로 하라."
자신의 위치보다 자신의 사람들을 사랑해야만 한다.

(20) 배우려는 자세

"계속 이끌기 위해서는 계속 배워야 한다."
배우려는 자세란 모든 중요한 것을 안 뒤에 배우는 것이다.

(21) 비전

"오직 볼 수 있는 것만을 잡을 수 있다"
자신의 비전을 성취하는 위대한 리더의 용기란 위치가 아닌 열정에서 오는 것이다.

9) 자원봉사관리자의 리더십과 자기관리

리더의 자기관리(self-management)는 나눔과 섬김의 리더십이 필요하다고 본다.

나눔과 섬김의 리더십은 과연 무엇으로 이룰 수 있을까 ? 그 열쇠는 바로 진정한 나눔과 섬김의 사랑에 있다고 본다. 사랑이란 무엇인가 ? 사전적 의미로는 좋아하는 어떤 대상에 대해 소중히 아끼고 정성을 다하며 관심을 갖고 베푸는 일이라고 한다.

사랑은 우리 삶이 중요한 원동력이다. 그래서 그 귀한 사랑이 오염되지 않도록 우리는 끊임없이 노력해야 할 것이다. 그러기 위해서 사랑인 애정(affection)을 비추어 볼 때 다음의 일곱 가지로 사랑의 실천을 이루어야 할 것이다.

첫째는 사랑은 "care"(돌봄)이다.
둘째는 사랑은 "giving"(나눔과 섬김) 이다.
셋째는 사랑은 "knowledge"(지식)입니다.
넷째, 사랑은 "making"(만드는가) 이다.
다섯째, 사랑은 "respect"(존경)이다.
여섯째, 사랑은 "responsibility"(책임감) 이다.
일곱 번째, 사랑은 "understanding"(이해)이다.

클라이언트 위에 군림하는 것이 아닌 그 아래에서 섬기는 자세가 사랑이다. 가장 강한 힘은 섬기는 모습 속에 나온다. 루터는 서로 사랑하고 섬기는 사람만이 자기의 주체성을 확립한 사람이라고 하였다. 참으로 겸손한 자만이 진실한 사랑을 할 수 있다. 미래를 위하여 우리는 나 자신을 개혁해 나아가야 한다.

사람이 사람인 이유는 미래를 생각하는 점이 동물과 다른 점이다. 사람은 또한 비전을 가지고 나아가는 존재인 것이다. 이것이 인간으로서의 가치를 만들어 낸다고 본다. 이렇게 될 때 나눔과 섬김의 리더십(diakonia leadership)을 통하여 파워 리더십(power leadership) 과 자기관리가 이루어 질 것이다.

자원봉사자의 자기관리와 파워리더십은 봉사활동을 보다 효과적이고 지속 가능하게 수행하며, 사회적 영향력을 확대하기 위해 중요한 요소이다.

▶ 자원봉사자의 자기관리

자원봉사자의 자기관리는 봉사활동을 지속적으로 수행하기 위해 필수적인 요소이다. 자기관리는 봉사자의 신체적, 정서적, 정신적 건강을 지키며 봉사활동을 조화롭게 수행하는 것을 의미한다.

- **신체적 건강 관리**: 봉사는 활동적이고 체력을 요구할 수 있다. 충분한 휴식과 영양섭취, 운동을 통해 신체적인 건강을 유지하고 피로를 관리해야 한다.
- **정서적 건강 관리**: 봉사활동은 보상이 될 수 있지만 동시에 감정적으로 부담스러울 수 있다. 스트레스 관리와 감정 조절 능력을 키우는 것이 중요하다.
- **정신적 건강 관리**: 목표와 가치를 명확하게 정의하고, 스스로에 대한 긍정적인 자아 이미지를 유지하는 것이 중요하다. 스트레스와 불안을 줄이기 위해 명상이나 요가와 같은 기술들을 활용할 수 있다.

▶ 자원봉사자의 파워리더십

파워리더십은 봉사활동을 통해 사회적 영향을 확대하고 지속 가능한 변화를 이끌어내는 데에 관한 개념이 있다.

- **목표지향적 리더십**: 봉사자가 봉사 목표를 분명하게 설정하고 팀원들을 함께 이끌어 나가는 것이 중요하다. 목표와 비전을 공유하고 이를 실현하기 위해 노력하는 리더십 스타일이 필요하다.
- **포용적 리더십**: 파워리더는 다양한 배경과 의견을 존중하며 모든 팀원들이 참여하고 기여할 수 있는 환경을 조성한다. 이는 봉사 활동의 다양성과 포용을 존중하는 중요한 요소이다.
- **영향력과 네트워킹**: 파워리더는 자신의 영향력을 활용하여 봉사 활동을 널리 알리고 지역사회와 협력할 수 있는 네트워크를 구축한다. 이를 통해 봉사활동의 규모와 영향을 확대할 수 있다.
- **자기계발과 피드백 수용**: 파워리더는 항상 자기계발에 힘쓰며, 자신의 강점과 약점을 인식하고 이를 개선하기 위해 노력한다. 또한 피드백을 수용하며 지속적인 발전을 추구한다.

이렇게 자기관리와 파워리더십은 자원봉사자가 봉사활동을 효과적으로 수행하고 더 큰 사회적 영향을 가져오는 데에 중요한 역할을 한다.

Christian Social Welfare | chapter 11

서번트 리더십으로서의 자원봉사의 변화

현대 교회가 지역사회를 위한 강한 복음적 영향력을 행사하기 위해서 새롭게 지향해야 할 사명은 사회봉사를 중심으로 하는 지역사회를 위한 봉사이라고 볼 수 있다. 교회가 지역을 외면하고 소외된 곳을 돌아보지 않는다면 세인들의 비판과 경멸의 대상이 될 것이라고 본다. 오늘날 지역사회 봉사를 위해 많은 종교단체의 역할들에 대한 중요성이 부각되고 있는 현재에 기독교는 지역사회에서 선 교적 사명을 가지며 하나님의 나라를 표현하기 위해 지역주민의 기대치를 만족하기 위한 사회봉사 역할이 중요한 시기이다(최송규, 2014).

사람들은 자원봉사활동을 도움의 행위로 이해하고 있다. 그러나 돕는 행위 그 자체는 자선 혹은 선행이라고 말한다. 자원봉사는 돕는 행위를 수단으로 하여 사람과 사회를 변화시키는 사회적 행동이다. 따라서 자선과 자원봉사가 다른 것은 자원봉사에는 목적체계와 실천체계 및 평가체계로 구성된 일련의 프로그램이 필요하다는 점이다. 프로그램은 인터체인지와 같으며 특정목적을 달성하기 위하여 모든 과정을 마칠 때까지 요구되는 내용의 선정, 조직 및 활동, 지원체계, 시설, 자원, 기간 등에 관한 전체적인 계획을 프로그램(program) 이라고 할 수 있다. 프로그램 개발은 인터체인지를 설계하는 것과 같다. 다양한 지향성을 가진 구성요소들이 하나의 방향으로 진입하여 목표를 향해 갈 수 있도록 하는 것이다. 본고에서는 "교회봉사자의 섬김의 자세와 리더십의 변화"라는 주제에서 교회봉사자의 개념을 교회자원봉사 프로그램어(programer)의 입장에서 고찰해보며, 섬김의 자세와 리더십을 servant leadership의 관점에서 살펴보고자 한다.

1) 자원봉사 프로그램의 개념

교회 자원봉사활동의 활성화를 위한 가장 기본적인 과제는 성도들이 자신의 동기나 욕구에 맞게 참여할 수 있는 다양한 자원봉사활동 터전을 개발하여 정보를 제공하는 것이라 할 수 있다. 하지만 자원봉사자를 위한 활동 터전이 마련되어 있다고 할지라도 이들이 직접 참여하여 활동할 수 있는 활동거리, 즉 자원봉사 프로그램이 없으면 효과적이고 효율적인 자원봉사활동이 이루어질 수 없다고 본다(김성철 외, 2009).

자원봉사 프로그램의 성패를 좌우하는 가장 중요한 요소로 관리(management)의 문제가 중요하고, 자원봉사자의 중도 탈락과 참여 정도에 영향을 미치기 위한 모집, 선발, 훈련, 배치, 지도감독, 보상 등으로 구성된 자원봉사관리이론으로 자원봉사 프로그램을 진행하고 교회자원봉사에서도 이러한 관리와 지도 감독, 보상의 부분을 더욱 관심을 가져야 할 것이다.

2) 자원봉사자 개발의 필요성

최근 우리 사회는 급속한 도시화와 산업화를 경험하면서 지역 간, 계층 간의 소득 격차와 상대적 빈곤이 심화되어 새로운 차원의 사회문제들이 양산되고 있다. 그리하여 오늘날 국가는 개인적, 사회적, 삶의 질을 향상시키기 위해 다양한 행정체계와 정책적 통로로 문제들을 해결하려고 노력하고 있다. 하지만 이와 같은 노력은 국가의 정책과 행정만으로 해결할 수 없는 한계가 있으므로 국민 개인들이 지역사회와 가족, 이웃들의 어려운 문제들을 해결하기 위해 함께 공생·공존하는 마음과 행동에 앞장서야 한다. 이러한 상황에 자원봉사·사회봉사의 필요성이 절실히 요구되는 실정이다(윤희숙, 2010).

교회, 사회복지기관, 학교, 직장, 의료기관, 공공기관 및 지역사회, 개인 등 모든 분야에서 자원봉사활동의 중요성과 필요성을 강조하는 목소리가 높아지고 있다.

하지만 교회의 목적과 업무내용에 따라 자원봉사자를 활용하긴 하지만 거의 모든 일이 유급직원에 의해 이루어지는 교회도 있고, 다양한 수준과 형태의 자원봉사자가 업무의 많은 부분을 담당하는 교회도 있다. 이렇듯 교회 내 참여 정도는 각기 달라도 자원봉사자를 필요로 하는 것은 현실이다. 교회에 자원봉사자가 필요한지 규명하기 위해서는 다음의 세 가지 질문에 응답하여야 한다.

첫째, 교회의 목적을 달성하기 위해 어떤 부분에서 자원봉사자가 필요한가? 즉, 교회의 목적을 달성하기 위하여 자원봉사자의 필요성이 제기되면 그 업무 성격에 맞는 유능한 자원봉사자의 역할이 결정되고 그러한 자원봉사자를 모집하고 유지시키기 위한 계획도 수립되는 것이다. 오늘날 자원봉사자들은 분명하게 규정된 업무를, 한정된 시간 안에, 성취감을 맛보면서 활동하기를 원하기 때문에 처음부터 자원봉사자의 필요성을 구체적으로 규명해야 한다.

둘째, 교회에서 자원봉사자를 활용할 때 들어가는 비용보다 이익이 더 많은가? 자원봉사자는 유급직원을 활용해야 하는 시간과 비용을 절약해 주는 반면, 교회는 자원봉사자를 관리하는 데 교회의 자원을 소비해야 하므로 이 둘 사이의 비용 효과를 비교 측정해야 하는 것이다.

셋째, 가장 중요한 질문으로, 교회에서 자원봉사자 참여를 위한 프로그램을 개발하였는가? 자원봉사 프로그램은 교회의 장·단기 사업계획에 따라 열정을 갖고 장기간 활동할 수 있는 자원봉사자에게 교회의 목적달성을 위해 시간을 기부하도록 설득하는 내용을 담고 있어야 하고 또한 그들이 기여하는 시간에 대해 충분히 보상해야 한다.

자원봉사자를 효과적으로 활용하는 가장 중요한 방법으로서 자원봉사 프로그램 개발의 필요성이 제시되고 있는 것이다. 자원봉사 프로그램 개발은 자원봉사활동에 참여할 수 있는 잠재적 자원을 개발하기 위한 적극적인 노력이라고 할 수 있다. 종전의 방식대로 스스로 찾아오는 사람을 접수(intake)하여 활용하는 차원이 아니라, 자원봉사자들의 다양한 참여 동기 요인과 욕구 및 관심이 무엇인지를 파악하여 잠재적 자원봉사자의 자발적 참여를 이끌어 내고 이를 효과적으로 활용하기 위한 수단으로서 자원봉사 프로그램 개발이 필요해지는 것이다. 그런데 많은 교회들은 자원봉사를 모집하기까지는 하는데 자원봉사 프로그램 개발을 소홀히 함으로써 원래의 취지와 목적을 성취하지 못하고 실패하거나 오히려 문제를 일으키고 있다. 이렇듯 교회 자원봉사 프로그램 개발은 자원봉사활동을 시작하기 전에 반드시 선행되어야 하는 중요한 작업이라고 본다(김성철 외, 2006).

3) 자원봉사자의 섬김의 자세

(1) 섬김의 분야별 교회자원봉사 프로그램

자원봉사활동 영역은 상당히 포괄적이기 때문에 하나의 기준으로 분류하여 설명하기 곤란하다. 따라서 몇 가지 기준으로 분류하여 다양하게 설명할 수밖에 없는데 김동배는 이럴 경우 하나의 자원봉사활동이 분류기준의 차이에 의해 중복 설명되고 있음에 유념해야 한다고 보았다(김동배, 2005).

교회에서의 자원봉사활동은 활동의 장과 대상, 과업의 성격, 개입방법에 따라 구분해 보면, 활동의 장은 국제, 지역사회, 사회복지시설, 학교·병원 등으로 나뉘며, 활동의 대상은 아동, 청소년, 노인, 장애인 등으로 나뉜다. 과업의 성격은 직접적 원조, 예방적 활동, 전문적 활동, 일반적 활동 등으로 나뉘며, 개입방법은 직접적 개입(대부분의 활동 해당)과 간접적 개입(이사/위원으로 활동)으로 나뉜다.

교회에서의 자원봉사활동 영역을 나누는 또 하나의 방식은 공동체의 기능에 따라 분류하는 것이다. 자원봉사자들은 각 공동체의 기능을 확대하기 위해 각 공동체 전문가들과 함께 봉사할 수 있다(김성철 외, 2009).

(2) 섬김의 주체별 교회자원봉사 프로그램

교회에서의 자원봉사는 누구나 할 수 있다. 하는 사람이 따로 있는 것은 아니다. 누구나 마음만 먹으면 부담 없이 가볍게 할 수 있는 것이 자원봉사이다. 누구나 바라는 것이 없이 자발적으로 꾸준히 할 수만 있다면 해볼 만한 소중한 일이 교회에서의 자원봉사이다. 따뜻한 손길과 부지런한 발걸음을 기다리는 곳도 많고 기대하는 사람들도 무수히 많다. 시간을 내고 손발과 두뇌를 빌려줄 수 있는 사람이면 누구나 자원봉사자가 될 수 있다.

김영호는 그러나 자원봉사는 아무나 할 수 없으며 무턱대고 하는 것이 아니라 자원봉사가 무엇인지 그리고 어떻게 하는 지를 먼저 알고 해야 한다고 본다. 자원봉사자로서 지켜야 할 자세를 익힌 다음 활동해야 보다 효과적인 활동을 할 수 있다. 이러한 자원봉사활동에 있어서 활동의 주체를 아동 및 청소년, 직장인, 여성, 어르신을 중심으로 활동 프로그램의 내용이 있다(김영호 외, 2006).

4) 섬김의 리더십

오늘의 시대에 가장 인구에 회자되는 주제어 중의 하나는 리더십이라 할 수 있다.

산업의 현장에서 그리고 정치의 현장에서 심지어 교회와 교육의 현장에서도 리더십이라는 말은 심심치 않게 목격할 수가 있게 되었다. 이렇듯 리더십이 각 학문의 영역에서 많은 관심을 받을 수밖에 없게 된 이유는 작금의 시대적인 상황이 지극히 불안정하며 미래에 대해 예측하는 것이 그만큼 어렵게 되었다는 현 시대의 불안감을 반영한 결과이다. 더욱이 속도와 정보의 양을 중요시하는 정보화(IT)시대를 살아가면서 사람들은 더 이상 기다릴 수 없는 문제 앞에서 그 해결을 종용받은 실존적인 위기에 서있는 것이 사실이다. 따라서 이와 같은 현실 속에서 과연 어떻게 하는 것이 참 리더십을 행사하는 것이며, 또한 어떤 소양을 갖추어야만 참 리더가 될 것이냐의 문제는 당연히 대두될 수밖에 없는 윤리적인 물음을 갖는다. 물론 리더십에 대해 모두가 통일된 의견을 개진하는 것은 아니다. 그것은 학문의 영역과 리더십을 요구하는 현장 사이에서 보다 더 다양하게 논의되어왔다. 그럼에도 불구하고 현재에 상당수의 학자들이 의견에 접근하고 있는 것은 리더십의 개념을 권력과 힘의 속성으로 보는 것보다 관계이자 영향력으로 점차 해석하고 있다는 사실이다.

(1) 수평적 대화

섬김의 리더십은 수직적인 지시가 아닌 수평적 대화로 다가가기 때문에 상대의 자리로 내려가는 것을 전제로 한다.예수님과 바울처럼 상대의 자리로 내려와서 종의 자세를 가지고 그들을 변혁시켜 나가는 것이다. 조직체와 구성원의 삶에 변화를 일으키려면 변화를 일으키는 리더십이 필요하다.

이 리더십을 섬김의 리더십으로 보았다. 가치관의 혼란과 바람직한 리더십의 부재현상을 보이고 있는 이 시대에 섬김의 리더십은 세상을 바꾸는 방법이다. 이 리더십은 하나님이 세상을 변화시키기 위해 세워두신 전략의 핵심이다.

(2) 커뮤니케이션

섬김의 리더십은 섬김을 받는 자들의 필요를 민감하게 파악하고 그 필요에 따라

움직여야 한다는 점을 감안해야 한다. 그들을 도우려면 그들을 돕기 위해 경청하는 자가 되어야 한다는 것이다. 그럴 때 그들과 일체가 되고 공감대가 형성되어 조직의 목표를 달성할 수 있다.

예수 그리스도는 리더들을 남을 섬기는 사람으로 부르셨다. 그런데 리더들 대부분이 명령하고 남들이 따라오도록 하는 것을 더 좋아한다. 그러나 예수 그리스도처럼 다가가려고 하는 섬김의 리더십을 발휘할 때 섬김의 리더의 특징인 커뮤니케이션[1] 능력이 증가될 것이다. 리더십이란 커뮤니케이션의 과정을 통하여 특별한 공동체의 변화를 성취하는 방향으로 인도하는 인간 상호간의 영향력이기 때문이다. 리더십에 있어서 커뮤니케이션의 능력은 자신의 의사를 정확하게 전달하는 능력이기에 그 중요성은 아무리 강조해도 지나치지 않는다.

아무리 올바른 철학과 능력을 가진 사람이라도, 자신의 뜻을 다른 사람들에게 제대로 알리고 이해시키지 못하면 리더로서의 자격이 없는 것이다(강금연, 2013).

(3) 서번트 리더십

제임스 헌터(Jamcs. C. Huntcr)가 리더십을 가리켜 "공동의 최선을 위해 설정된 목표를 향해 매진할 수 있도록 사람들에게 영향력을 발휘하는 기술인 동시에 사람들의 신뢰를 형성하는 인격이다."라고 정의하는 것도 이와 같은 이치에서이다. 이와 같은 관점에서 그린리프(Robert K. Greenleaf)가 1970년대 초에 이미 주장해 왔던 서번트 리더십(Servant Leadership)[2]은 오늘 사회의 각 영역에서 리더십을 이야기할 때 언제나

1) 커뮤니케이션(communication)은 '공통되는(common)', 혹은 '공유한다(share)'라는 뜻의 라틴어 'communis'(파생단어 가운데에는 '공동체'를 의미하는 'community'가 있다)에서 유래한다. 사회학자인 찰스 호튼 쿨리(Charles Horton Cooley)는 커뮤니케이션을 가리켜 '인간관계가 존재하고 발전하게 되는 메커니즘(mechanism)'이라고 했다.

2) 서번트 리더십이란 개념은 1977년 미국의 경영연구가 로버트 그린리프(Robert K. Greenleaf)에 의해 처음으로 제시되었다. 하지만 경영학계의 새로운 리더십 모델로 관심을 모으기 시작한 것은 그로부터 20년 후인 1996년 미국의 경영관련 전문출판사 조세이 바스(Jossey-Bass)사의 「서번트 리더 되기」(On Becoming a Servant Leader)라는 책이 출간되면서 부터이다.

주목받게 되는 리더십의 새로운 이정표를 세웠다고 할 수 있다. 단순히 리더의 개별적 능력과 특성, 그리고 리더십의 효과에 집중하던 때에 보다 근본적인 접근방법으로서 리더십의 본질에 대한 접근을 시도했기 때문이다. 물론 오늘 현대 교회에서는 이 서번트 리더십을 보다 더 영적인 측면에서 접근하는 영적 리더십(Spiritual Leadership)을 강조하고 있는 경향을 보인다. 하지만 영적 리더십의 실제적인 방법론의 접근은 여전히 서번트 리더십에 의지하는 바가 크다 아니할 수 없다. 따라서 논자는 이에 주목하여 그린리프 이후에 현대 사회에서 주목받고 있는 서번트 리더십에 대한 이해와 아울러 이것이 기독교교회로서 오늘을 살아가는 그리스도인의 입장에서 성경적인 리더십과 어떻게 상호 관계를 형성할 수 있는지에 관심을 가지게 되었다. 그린리프를 시작으로 한 서번트 리더십은 헤르만 헤세의 '동방순례'에서 발견할 수 있는 '지도자로서의 서번트'에서 발견되는데 '공동의 최선을 위해 설정된 목표를 향해 매진할 수 있도록 사람들에게 영향력을 발휘하는 기술인 동시에 사람들의 신뢰를 형성하는 인격'으로 정의될 수 있다. 이는 먼저 서번트가 되고자 하는 열망으로 타인의 관심과 행복, 성취에 관심을 가지며 이를 바탕으로 권위적인 모습이 아니라 타인의 인격과 의견을 존중하여 함께 협력하면서 조직이 가야할 방향을 예견하고 변화를 도모하는 인격중심의 리더십인 것이다.

서번트 리더십은 서비스와 청지기정신으로 조직원과 함께 일해야 하는 시대적 요청이 있음을 논하였다. 서번트 리더십의 원리는 영향과 섬김, 비전과 소망, 인격과 신뢰, 관계와 능력, 의존과 책임으로 규정할 수 있다. 영향과 섬김은 리더십을 권력으로 봄이 아니라 영향력으로 보는 관점이며 동시에 예견가능성을 가지고 타인을 위해 일을 하려고 하는 지도력을 의미한다. 비전과 소망은 선견지명과 통찰력으로 설명할 수 있는데 실제의 세계에서 이해관계가 얽혀있는 속에서 효율성을 추구하며 좀 더 나은 가치를 지향하는 것이자 동시에 초연한 자세로 오늘날의 사건을 분석하고 역사의 기나긴 격랑에서 현재의 사건을 분석하면서 불확실한 미래에 투영하는 것을 말한다. 인격과 신뢰는 존경, 윤리적 행동이 있는 공동체를 기본 터전으로 삼고 살아가는 것만이 무한한 사랑을 잉태시킬 수 있는 것으로 이 사랑이 있을 때만이 공동체이기를 포기한 제도적 기관을 변화시킬 수 있음을 뜻한다. 관계와 능력은 리더십의 중심에는 능력이 있는 것이며 능력은 영향을 위한 잠재력으로 분명한 목적을 수행하는데 이를 위해서는 필연적으로 관계의 리더십이 요청된다는 의미이다. 의존과 책임은 공동체성을 다시금 회복하는 것으로 '무한책임'에 이르는 것이 이상적이지만 제도적 기관은 한계가 있는 것이기에 모두가 무한책임을 떠맡는 대신 함께 고민할 수 있는 공동체를 강조하는 것이다. 아울러 서번트 리더십의 특성은 인내, 친절, 겸손, 존중, 무욕, 용서, 정직, 헌신, 사랑으로 규정할 수 있고 서번트 리더십을 이루는 요소는 타인에게 분명한 목표를 제시하고 밝힘으로써 확신과 목표의식을 세워주는 종의 섬김, 사회를 향한 변혁의 시도로서 사역 변혁, 상호의존의 관계로서 관계지향적이다.

(4) 리더십 연구의 제 이론

리더십 연구의 제 이론들은 크게 특성이론, 행동이론, 상황이론, 변혁적 리더십이론 등으로 살펴볼 수 있다. 특성이론은 리더의 개인적인 특성이나 성격에 초점을 맞추는 이론으로서 리더의 개인적 특성이 리더십 성공을 결정한다는 전제하에 리더십을 설명한다.

행동이론은 리더 개인의 특성보다는 리더십의 행동적 스타일에 초점을 맞추어 객관적인 관찰을 전제로 한 이론이다. 상황이론은 리더와 조직체의 숫자가 무수하며 각각의 상황 또한 다양하기 때문에 모든 경우에 적합한 한 가지의 리더십 유형을 제시할 수 없다는 특성이론과 행동이론에 대한 반성에서 시작된 이론이다.

(5) 변혁적 리더십 이론(Transformational Leadership)

변혁적 리더십은 베버(Weber, T.)가 처음 논의를 한 후에 번스(Burns, J. M.), 바스(Bass, B. M.)에 의해 행동리더십모델로 정립되었다. 사람들과 조직을 변혁시키는 것으로 정신과 마음에 변화를 일으키며 지속적이고 생산적이며 관성적인 변화를 유발하는 이론이라 할 수 있다. 이는 거래적 리더(transactional leader)와 대별되는 리더 모델이다. 거래적 리더는 하위자에게 각자의 책임과 기대하는 바를 명확하게 제시하며, 각자의 행동에 어떤 대가가 돌아갈 것인지 합의하여 리더십을 발휘한다.

이와 달리 변혁적 리더는 주어진 목적의 중요성과 의미에 대한 하위자의 인식수준을 제고시키고, 하위자가 개인적 이익을 넘어서서 자신과 집단, 조직 전체의 이익을 위해 일하도록 만든다. 그리고 하위자의 욕구수준을 매슬로우(Maslow, A. H.)가 제시하였던 상위수준으로 끌어올림으로써 하위자를 근본적으로 변혁시키는 리더이다. 즉, 거래적 리더십을 발휘하는 리더는 "기대되었던 성과"만을 하위자로부터 얻어내는 반면, 변혁적 리더십을 발휘하는 리더는 하위자로부터 "기대이상의 성과"를 얻어낼 수 있다.

변혁적 리더십의 특징을 정리해 보면 다음과 같다. 첫째, 변혁적 리더십은 구성원을 리더로 개발한다. 둘째, 변혁적 리더십은 낮은 수준의 신체적인 필요에 대한 구성원들의 관심을 높은 수준의 정신적인 필요로 끌어올린다. 셋째, 변혁적 리더십은 구성원들이 본래 기대했던 것보다 더 넘어설 수 있도록 고무시킨다. 넷째, 변혁적 리더십은 요구되는 미래 수준의 비전을 가치 있게 만드는 변화의 의지를 만드는 방법을 의사소통한다.

(6) 성경적 리더십 이론

성경적 리더십의 핵심에는 예수님의 리더십이 자리함을 전제로 그 기초로서 정체성, 생존, 의미를 예시했다. 성경적 리더십의 원리로서 첫째 성경적 리더십은 섬김에 관한 것이고 둘째, 성경적 리더십은 비전에 관한 것이며, 셋째 성경적 리더십은 신뢰에 관한 것이고, 넷째 성경적 리더십은 능력에 관한 것이며, 다섯째 성경적 리더십은 책임에 관한 것이다. 이를 전제로 성경적 리더십과 서번트 리더십의 유사성을 살피면 우선 '종됨'의 리더십이라 할 수 있다. 곧 서번트는 성도 모두를 위한 일반적인 진리로서 이것은 어떤 관계나 상황에서도 섬기는 삶이어야 하고 그런 원리 하에 추종자들에게 리더는 리더십을 행사해야 함을 말한다.

(7) 성경적 리더십과 서번트 리더십 비교

성경적 리더십은 하나님의 말씀, 성령과의 친교, 그리스도 안의 언약, 위탁으로의 부르심이 능력의 근원이지만 서번트 리더십은 변하지 않는 중심으로서의 자연의 원칙이 그 근원을 이룬다. 이는 양심이라는 내면의 도덕률을 지칭한다. 또한 리더십의 동기를 서번트 리더십은 현대인의 정체성과 산적한 위기들에서 찾지만 첫째는, 성경적 리더십은 예수 그리스도의 지상대명령에서 그 동기를 찾는다. 그린리프에 있어서도 진정으로 섬기고 싶어 하는 마음, 먼저 섬기고 싶어 하는 마음에서 서번트 리더를 찾는 것과 공통점이라 할 수 있다. 둘째는 인격적인 접근에 있어서 유사점을 갖는 것으로서 이는 공동체의 유익이라는 절박한 효과 면에서 리더의 효율성을 제고하는 차원에서 벗어나 구성원들의 성장과 성숙, 새로운 리더로서의 발굴을 지향하는 점에서 그 일치를 찾을 수 있다. 셋째는 소망을 주는 비전으로서 막연한 과거에서 현재를 지나 불확실한 미래에 이르기까지 역사의 전체적인 흐름을 직관적 통찰로 꿰뚫는 균형 있는 삶을 사는 것을 말하는 것으로 성경적 리더십 또한 비전과 희망을 공유하는 점에 있어서 일치한다고 할 수 있다. 넷째로 관계로 비롯되는 능력에 있어서 양 리더십은 공통점을 갖는다. 다섯째로 책임성의 문제에 있어서 서번트 리더십과 성경적 리더십은 깊은 교감을 형성하고 있다. 반면 성경적 리더십과 서번트 리더십의 차이는 먼저 리더의 능력의 근원을 어디에 두는가가 근본적인 차이라 할 수 있다. 성경적 리더십과 서번트 리더십의 가장 큰 차이는 성경적 리더십은 종말론적 리더십이라는 것이다. 하나님의 나라에 대한 열망이 본질적인 차이를 이루게 된다고 할 수 있다. 리더의 가치관에 대한 영적인 도전으로서 인간 존중에 관한 가치의 관점에서 서번트 리더십은 리더십의 기초를 인간을 최우선으로 생각하는 가치에 두고 있음을 밝혔다. 물론 인간의 본질적인 가치를 윤리학적인 면에서 접근하기보다 실용적인 차원에서 언급하며 제도적 기관과의 관련 하에서 리더십의 부재를 부각함으로써 이 문제에 접근하고 있기도 하다. 곧 맹목적인 신뢰로서 권위에 대한 존경심과 리더십의 카리스마에서 비롯한 신뢰가 사라지는 현상이 오히려 긍정적인 효과로 보고 있는 리더십의 핵심을 서번트 리더십은 보여주고 있는 것이다. 일과 사명에 대한 가치의 관점에서는 노동과 사람을 중심으로 새로운 기업윤리의 도래를 예견하고 있는 서번트 리더십을 논하였다. 서번트 리더십은 인격과 인성은 근본적으로 다른 것이며 인격이란 도덕적인 성숙을 의미하고 설령 희생이 따르더라도 기꺼이 옳은 일을 추구하는 의지임을 밝혔다. 서번트 리더십의 인격성을 강조하며 변화 없이는 리더십도 없다는 논지를 펼치고 있다. 변화의 수용과 표용은 '학습'으로 가능하며 장기적인 노력만 있으면 제2의 본성으로 만들 수 있음을 역설한다. 곧, 서번트 리더십은 공동체성을 담보하는 조직체의 문화를 변화시키는 동력을 제공하는 리더십이며 변화를 필연적인 리더십의 결과이다(이종석, 2007).

5) 리더십의 변화

(1) 복음전파와 이웃사랑

기독교의 세계적인 추세는 심각한 침체에 빠지고 있다. 영국은 40년 안에 교회가 사라지고, 미국은 20년 후에 기독교인의 3분의 1만이 교회를 지킬 것이라는 예측이다.[3)]

현대 한국 교회에서도 교회 안팎의 여러 문제들이 언론 및 인터넷 매체를 통해 많이 알려져 이제는 비판을 넘어서 비난에 가까운 태도가 형성되고 있으며, 이러한 냉소성은 비기독교인 뿐만 아니라 기독교인 심지어는 교회 지도층들에게도 존재하고 있다. 이러한 교회의 위기를 극복하기 위하여 많은 시도와 노력을 하고 있는데 그 중

3) 권순호(2010),현대 교회의 교회 갱신 프로그램 개발에 관한 연구, 총신대학교 목회신학전문대학원 박사학위 논문. 한국교회는 2002년을 정점으로 침체에 빠져 2005 기준 기독교인은 862만 명으로 지난 10년 동안 1.6%, 14만4,000명이 줄어든 것으로 밝혀졌다. 이와 같은 침체는 유럽과 미국의 교회들처럼 한국교회의 존립이 달린 문제이다.

가장 대표적인 것이 교회구성원인 성도들의 참여 확대를 지향하는 리더십의 변화와 교회형태의 변화이다(이일호, 2009).

오늘날 급변하는 경영환경에 대응하기 위해서 기업들은 사업, 조직구조, 직무, 제도·시스템, 그리고 조직문화 등 다양한 측면에서 조직변화를 추진하고 있다. 그러나 개인의 자율과 자유의지가 강조되는 현대에 있어서는 자기중심의 가치관을 가진 감독자가 자기기준에 의한 지시와 감독으로 일의 결과에만 초점을 맞춰 밀어붙이던 과거와는 다른 방식의 새로운 리더십이 필요하다. 이러한 관점에서 새로이 부각되는 리더십이 바로 진성리더십이다(박상길, 2016).

현대인들이 시간이 갈수록 비인간화되고, 사물화 되어가는 현대사회 속에서 타자를 위한 교회로써 지녀야 할 윤리적 덕목이 무엇인지를 생각게 하는 것이다. 이러한 전제 속에서 구세군 신학 안에 있는 봉사윤리는 즉 하나님 사랑과 이웃사랑의 윤리[4]라고 볼 수 있다. 구세군 봉사 윤리가 의도하는 바는 개인의 믿음, 구원, 성화와 같은 영적인 영역이 이웃사랑의 영역으로 확대되어 이 땅 위에 하나님 나라가 실현되어야 한다는 것이다. 이와 같은 꿈을 가진 신앙인들에게 구세군의 사상을 소개하고, 기독교의 본질인 복음전파와 이웃사랑의 실천(봉사) 회복을 통해 기독교 갱신의 꿈을 함께 모색하면서 교회가 나가야 할 바를 깊이 생각하는 것이다.

(2) 기독교의 계명

기독교의 계명을 두 가지로 요약하면, 하나님 사랑과 이웃 사랑이다. 그러나 많은 교단들은 복음전파와 이웃사랑실천 중에서 복음전파에 우선을 두거나 강조한다. 아니면 이웃사랑(봉사)은 복음전파의 도구로 간주할 정도이다. 이런 현상 속에서 한국교회와 교인들의 삶은 이웃사랑(봉사)이 약화되고 이기적인 면은 강화되어, 교인들이 주일에 교회 가는 것 외에는 그들이 신앙인인지 비신앙인지 구별을 할 수 없을 정도

4) 마 22:34-40

이다. 구세군은 초기부터 이웃사랑(봉사)을 구세군 사역의 본질임을 언급한다. 구세군은 자기 삶의 자리가 19세기 동런던 가난한 자들이 모여 사는 곳이었고, 정부도 교회도 그들에게 어떤 도움을 주지 않을 때, 구세군은 그들 대상으로 복음전파와 이웃사랑을 실천하여 그들을 구원하였다. 구세군의 봉사 윤리는 성서의 토대 위에 있다. 구세군의 봉사는 어떤 윤리신학적인 근거에서 도출 된 것이 아닌 성서가 교훈하고 예수가 본을 보여준, 종의 자세로 이웃을 섬기는 것이다.

(3) 구세군의 봉사

'구세군의 봉사(섬김) 윤리의 이론적 토대'를 위한 계보를 마련하고, 그 계보들 속에서 구세군의 윤리는 가난한 자들을 위한 사역(이웃사랑) 속에서 나타나는 특징으로써 책임윤리, 상황윤리, 종의 윤리, 타자 윤리인 것을 논한다. 구세군의 윤리는 가난하고 소외된 자들을 위한 교회를 운영하기 위해 자연히 뒤따르는 것으로써 첫째는 책임윤리이다. 마치 이것은 예수가 가난하고 소외된 자들에 책임 있게 행동하며 구원하였듯이 구세군은 가난한 자들에게 하나님 나라의 실현을 위해 책임감을 갖는 윤리이다. 둘째 구세군의 윤리는 이제껏 기존 교회들에서 없었던 가나한 자들의 구원을 위한 교회를 만들었고, 교인들 대다수가 알코올 중독자들이었기에 성례전도 알코올이 없는 성령성례전으로 변경하였다. 이런 면을 보면 구세군은 어떤 정해진 규범보다 상황 속에서 예수의 사랑을 중요시하게 여기는 상황윤리이다. 셋째로 구세군의 윤리는 군림하거나 먼저 오기를 기다리는 것이 아닌 종의 자세로 먼저 찾아가 섬기는 윤리이다. 넷째로 구세군의 윤리는 타자의 윤리이다. 구세군은 소외된 사회의 약자들을 위하여 어느 교단보다 사회정의에 적극적으로 참여하여 전 세계의 소외된 자, 약자인, 타자들을 위한 구원을 위해 힘쓰는 윤리이다. 예수는 선교지역 선택을 소외된 지역 북쪽 갈릴리 지역이었고, 공생애를 거의 그곳에서 보냈으며, 선교방법은 복음전파와 이웃사랑(봉사)이었다. 윌리엄 부스도 이 예수의 방법을 그대로 본받아 가난하고 어려운 이웃들을 선교대상으로 정하고, 이웃사랑(봉사)을 위해 윤리는 책임윤리, 상황윤리, 종의 윤리, 타자 윤리로 그들을 구원하였다. 현대교회는 잃은 것을 회복하기 위해 예수가 실천하며 본을 보였고, 윌리엄 부스가 계승한 봉사의 윤리를 참고해야 할 것이다(안건식, 2016).

(4) 기독교 여성 지도력

그리고 과거 역사를 살펴보면 기독교 여성 지도력은 한국교회를 성장시킨 주요 요인 중의 하나이다. 그러나 오늘날은 교회성장이 둔화되어 교회마다 심각한 문제에 봉착되어있다. 현대 교회의 리더십의 위기를 극복하고자 남성목회자 중심의 교회 안에서 등한시되었던 여성 리더십의 활성화를 통해 한국교회에 미래지향적이고 긍정적인 효과의 증진을 확산시켜 교회발전을 이루기 위한 목적이 필요하다. 오늘날의 사회는 여성 리더십의 역할을 매우 필요로 하고 있으며 조직사회에서도 매우 긍정적으로 받아들여지고 있다. 그 이유는 여성이 조직과의 친화력이 남성에 비해 더 강하기 때문이다. 그러므로 한국교회 발전을 위해서는 여성 리더십이 교회에 적극적으로 활성화되어야 한다고 본다. 여성의 리더십을 위하여 첫째, 여성 리더십에 대한 교회 인식변화 및 제도적 개선이 이루어져 여성사역자의 자리를 넓혀 주어야 한다. 둘째, 여성 리더십에 대한 자질을 모색함으로 여성 리더십을 강화시켜 주어야 한다. 셋째, 여성 리더십의 역할모델을 탐구하여 여성 리더십의 활성화를 강화시켜주어야 한다. 결론적으로 기독교 여성 리더십의 활성화 방안은 첫째, 교회 안에 여성교역자에게 필요한 전문적인 리더십 교육을 이수할 수 있는 교육적 대안이 필요하다. 둘째, 여성 리더의 자질을 강화시킬 수 있는 훈련시스템을 도입하여야 한다. 셋째, 여성 고유의 특성을 이용한 지도력을 개발하고 적용하기 위해 역할모델이 더 많이 연구되어야 한다고 본다. 기독교 여성 리더십을 활성화시키기 위해서 다양한 프로그램들이 개발되어야 함을 제시한다(손민정, 2009).

6) 교회봉사자의 사명

(1) 복지소외계층

한국사회는 1997년 외환위기와 세계경제의 위기 속에서 지속적인 경기침체를 경험하였다. 국가는 경기불황을 극복하기 위해 신자유주의 체제를 도입하여, 노동시장의 유연화를 도모하였다. 그러나 경제 활성화를 위한 국가의 방임주의적인 태도는 오히려 극심한 소득양극화를 초래하였고, 후기 산업사회의 등장과 함께 발생된 여러 가지 신사회 위험은 국민들의 삶을 더욱 힘겹게 만들었다. 무엇보다 문제가 되는 것은 빈곤·장애·소외 등으로 국가와 지역사회의 보호가 절실하게 필요함에도 불구하고, 엄격한 수급자격기준과 공공전달체계상의 문제점 등으로 인해 국가의 제도권 밖에 놓여있는 복지소외계층의 삶이다.

최근 들어 빈번하게 발생하고 있는 복지소외계층의 자살사건을 통해서도 그 심각성을 가늠해 볼 수 있듯이 누군가가 그들을 돕지 않는다면, 결국 그들은 인간으로서의 기본권마저 포기한 채 생을 마감할 수밖에 없다. 이러한 시점에서 복지소외계층을 돕고 그들의 삶을 회복시키기 위한 민간사회복지 안전망으로서 지역사회 내 교회의 역할을 기대해볼 수 있다. 교회는 정부나 지자체의 공적인 성격을 띠지 않기 때문에 접근이 용이하고, 영리를 추구하는 민간기관과는 달리 종교적인 신념에 가치를 둠으로써 보다 진정성 있는 서비스를 제공할 수 있기 때문이다(김자경, 2015).

(2) 기독교인의 헌신적인 삶

한국교회는 세계교회가 주목할 만한 성장을 가져 왔지만 그동안 기독교인들의 뜨거운 기도운동, 성서연구, 전도, 심방 등 헌신적인 삶이 특수한 역사적 문화적인 배경 가운데 기여했기 때문이다. 그러나 1990년대 이후 한국교회는 교회성장의 정체, 교회에 대한 사회의 부정적 인식의 확산 그리고 그에 따른 대사회적 영향력 감소와 같은 심각한 위기 상황 속에 놓여 있다. 이러한 위기를 불러 온 핵심적 원인 가운데 하나는 교회 지도자, 특히 목회자의 리더십 상실이다. 목회자가 리더십을 잃어 가는 이유는 목회자의 권위와 신뢰가 상실되고 있기 때문이다.

교회가 성장하지 않고 정체되어 있다면 모든 방면에서 변화를 시도해 보아야 한다. 본질은 붙잡아야 하지만 나머지 비본질적인 요소는 과감하게 변화를 시도하는 것이 중요하다. 한국교회의 현상은 사회적 요인과 교회 내외의 영향력 상실로 인한 교회성장 동력을 상실하였다. 세속화, 종교다원화, 극단적인 개인주의, 지식정보화, 포스트모더니즘으로 인한 절대 진리 빈곤, 사회적 여건과 환경의 변화에 대처하지 못하였다. 또한 교회가 사명을 다하지 못함으로 인하여 초대교회의 본질이 훼손 되어감으로 심각한 침체에 빠지는 중대한 문제가 발생했다.

⑶ 사랑을 세상에 전하는 메신저

우리는 하나님의 사랑을 세상에 전하는 메신저이다. 교회가 지역을 섬기고 봉사하기 위해서는 성도들의 의식도 정체되어 있지 않고, 설교와 양육훈련, 실제적인 봉사활동을 통해서 계속 변화 되어져 가야 할 것이다.

21세기 세계 상황은 기독교 선교에 강력한 도전과 문제를 제기하고 있다. 세속화, 물질주의, 종교다원주의 그리고 포스트모던의 영향을 받은 서구 교회는 한 때 기독교왕국(Christendom)으로 다수를 점하고 있던 기독교인의 숫자가 점점 줄어들고 있으며, 서구 사회에서 기독교의 역할과 영향력이 시간이 갈수록 주변화 되고 있다. 또한 신흥 종교와 타종교들의 부상으로 말미암아 일반 사회에서 기독교가 갖는 공신력은 시간이 갈수록 약화되고 있는 실정이다(조재호, 2013).

⑷ 선교적 리더십

다음세대에게 신앙을 전수해야 한다는 위기의식 가운데에서, 다음세대의 신앙전수는 하나님 나라를 구현하는 선교적 리더십을 함양한 기독교인으로 세워가는 것을 의미한다(강민수, 2012).

오늘날 한국교회의 위기를 극복할 수 있는 가장 중요하고 보편적이며 유일한 주제인 교회갱신에 있어서 그 키가 되는 교회갱신 프로그램을 개발하는 데 있다. 침체된 한국교회의 위기를 극복할 수 있는 가장 종합적이고 확실한 대안은 역사 속에서 증명되었듯이 교회갱신 통하여 초대교회의 모델로 회복되어 가는 것이 가능하며 교회갱신에 반드시 필요한 프로그램을 제공해야 한다(권순호, 2010).

교회의 본질과 사명에 비추어 드러난 현대교회의 상황들로서 성도의 미성숙과 사역의 불균형, 리더십과 제도적인 결함, 전도부진과 병리현상에 의한 침체, 제도화된 교회와 교회경영의 세속화, 세속주의와 혼합주의의 폐해 등을 다루었다(권순호, 2010).

현대 사회의 노인은 전문성을 지닌 재능기부가 적극 활용될 수 있다. 이를 통하여 노인의 삶의 질을 높이고 하나님이 주신 은사를 사회를 위해 환원한다면 성경의 정신을 나타낼 뿐만 아니라 지역사회 및 해외까지 그 역량을 넓힐 수 있다는 장점이 있다(유성찬, 2015).

그 동안 한국교회는 개인적인 차원에서의 영혼구원, 물량주의 그리고 성장주의 등을 강조하면서 교회 내적인 성장과 교회 일꾼 배양에 집중해 왔다. 대표적인 것으로 교회들마다 조직하고 있는 구역의 구역 리더 교육이나 제자훈련 과정을 통해 평신도 지도자 양성프로그램이 바로 그것이다. 이처럼 지금까지 교회는 교회 내적인 평신도 지도자 양육에는 열심을 내었지만, 정작 교회 밖 지역 사회와의 소통을 위한 평신도 지도자 양성에는 상대적으로 소홀해왔다. 그 결과 한국교회의 평신도들은'하나님 나라의 선포자'로서 지역과 세상에 선한 영향력을 발휘한 것에 비해, 상대적으로'하나님 나라의 실천자'로서 지역과 세상을 섬기는 봉사자로서의 영향력은 지극히 미흡했음을 부인할 수 없을 것이다.

(5) 디아코니아'(봉사)를 교회

무엇보다 대부분의 교회들은'디아코니아'(봉사)를 교회 본질적인 관점, 즉 봉사 그 자체로 바라보는 것이 아니라, '예배', '전도', '교육'의 권장과 장려를 위한 수단으로 바라보고 있기 때문에 이런 '선포자'와 '봉사자'의 불균형 현상은 불가피했고 이로 인해 교회와 세상, 교회와 지역사회의 소통 부재는 어쩔 수 없는 결과로 드러나게 된 것이다. 하지만 교회가 이런 소통 부재의 문제를 인식함에도 불구하고, 그 문제를 근본적으로 해결해 줄 수 있는 방법을 모색하기보다, 단순 지역 구제나 구호에 그칠 때가 많았다. 바로 여기에서 교회가 디아코니아 사역을 도입함으로써 지역사회와의 실제적이고 의미 있는 소통의 장을 마련할 수 있을 것이라 기대된다. 디아코니아 사역들은 지역사회뿐 아니라 교회 밖 세상과 소통하는데 유익한 도구가 되었다. 교회 성도들 역시 디아코니아 사역을 통해 세상과의 소통 부재의 돌파구를 찾을 가능성을 인식하게 계기가 되었다. 디아코니아 사역의 틀 위에서 조직을 갖추고 시작하는 디아코니아 사역은 교회와 지역사회와의 소통에 더 의미 있고 실제적인 통로가 될 것으로 기대되고, 더불어 작금의 한국교회의 세상과의 소통 부재의 난제를 풀어가는 하나의 실마리 역할을 할 것으로 기대된다(이영우, 2014).

(6) 성도들의 의식변화

목회자가 교회에서 사역함에 있어 시대적 변화에 적응하며 지역사회의 요구가 무엇인지, 또 지역을 섬기기 위한 성도들의 의식변화를 다시 생각하는데 도움이 될 것이다(최송규, 2014).

또한 오늘날 많은 한국교회가 교인들의 신앙성장을 위하여 성경공부와 제자훈련의 과정을 두고 있다. 이러한 성경공부와 제자훈련이 성도들의 신앙성장에 많은 기여를 하여 교회내의 구역장, 목자, 셀 리더 등을 양산해 왔다. 그러나 그간의 성경공부나 제자훈련이'교회 내 봉사자'를 양육하는 데는 이바지해 왔지만, 지역을 하나님나라로 섬기는'교회 밖 봉사자'를 양육하는 데는 크게 미흡하였다. 왜냐하면 한국교회의 성경공부와 제자훈련이 성도 개인 속에 '하나님의 자녀'를 만드는 경건의 훈련에는 탁월했으나, '하나님나라의 책임자'로서 세상을 섬기는 경건의 실천에는 많이 미흡했기 때문이다. 그리고 이러한 신앙교육의 불균형이 오늘날 한국교회를 향한 사회적 질책의 목소리를 높이게 만들고 있다 할 것이다. 따라서 한국교회가 교회의 섬김 사역 중에 지역사회를 하나님나라로 만들어가는 지역사회 봉사과정을 둔다면, 성도들을 '교회 내'와 '교회 밖'을 균형 잡히게 봉사하는 제자들로 길러서, '하나님나라의 선포자'인 동시에 '하나님나라의 실천자'로 세울 수 있게 될 것이다. 또한 성도들의 지역사회를 섬기는 봉사활동을 통하여 교회의 이미지가 좋아져서 전도사역과 교회부흥에도 크게 도움이 될 것이다. 그러나 인적, 물적인 한계를 가진 개별 교회가 사회사업에 대한 전문성 없이 지역사회 봉사현장을 개발하고 관리하기란 현실적으로 쉽지가 않다. 이러한 점 때문에 교회사회봉사를 모든 목사들이 필요하다고 인정하면서도 막상 지역사회 봉사사역이 단순 지역구제나 구호에 그치게 되는 경우가 많았다.

(7) 하나님나라의 실천자

성도들을 '하나님나라의 선포자'인 동시에 '하나님나라의 실천자'로 균형 있게 세워갈 수 있게 하는 것이 중요하다. 그리고 교회가 지역의 아동, 청소년, 청년, 장년. 노인들을 교회가 운영하는 자원봉사 프로그램에 참여시킴으로써 자원봉사를 통하여 교회가 지역주민들과 지역사회를 섬기는 봉사관계로서 중요한 의미가 있다고 본다. 효과도 얻게 될 것이다.

8) 제언

교회에서 사역함에 있어 시대적 변화에 적응하며 지역사회의 요구가 무엇인지, 또 지역을 섬기기 위한 성도들의 의식변화를 깊이 생각해야 한다.

현대 교회가 지역사회를 위한 강한 복음적 영향력을 행사하기 위해서 새롭게 지향해야 할 사명은 사회봉사를 중심으로 하는 지역사회를 위한 목회에 있다. 앞으로의 과제는 균형 있는 사회봉사를 위해 사회봉사의 신학적 작업을 재정립해야 할 것이고, 시대적 상황에 능동적으로 대처하는 신학적 해석과 사회의 변화를 꾀하기 위한 다양한 프로그램의 개발이 지역사회에 맞게 연구되어야 할 것이다. 다음세대의 신앙전수

과정에 핵심역량을 강화하기 위하여, 서번트 리더십 프로그램의 개발과 연구의 필요성과 함께 목회에 있어서 서번트 리더십의 역할이 중요하다는 사실을 계속 연구해야 하는 분야이다.

봉사에서 일 자체 의미도 중요하지만 각자가 봉사자나 기관대상자들과의 유대관계를 잘 형성하는 것이 중요하다. 봉사자의 임파워를 높일 수 있는 봉사 프로그램이나 사전교육이 필요하다. 자기결정성과 영향력을 강화하기 위해서는 의사결정참여 및 의사소통에 대한 임파워먼트 방안을 세워야 한다. 실질적인 파워 제공, 서로의 논점과 주장을 자유롭게 이야기하고 수용할 수 있는 개방적이고 수평적인 의사결정체계의 수립 및 합의 형성을 위한 교육이 필요하다.

봉사자의 전문성과 만족도를 높여 줄 수 있는 체계적인 교육시스템을 구축하기 위해서는 맞춤형 교육이 이루어질 수 있어야 한다. 교육방법도 일방적 강의에서 탈피하여 워크숍, 세미나, 현장참여, 활동시연, 사례발표 등의 다양한 교육방법을 선택, 실질적으로 봉사자에게 도움이 되는 교육프로그램이 되도록 해야 할 것이다.

지역사회가 요구하는 전문적 사회봉사에 발맞춰 교회 자원봉사 또한 체계적인 시스템 구축이 요구된다. 따라서 교회의 체계적인 봉사시스템에 의한 임파워먼트된 자원봉사자의 긍정적인 의식이 봉사 대상자의 만족을 충족시킬 뿐 아니라 나아가 서비스를 향상시키고 사회변화의 주도적인 역할을 할 수 있을 것이다.

한국기독교 선교초기에는 분명히 교회가 사회를 걱정해주고, 사회변화와 사회복지의 중심에 있었다는 것은 주지의 사실이다. 그러나 지금은 사회가 교회를 걱정해 주고 있는 현실이다. 이렇듯, 오늘날 복지활동이 위축되게 된 간접적 요인의 다른 측면을 살펴보면 다음과 같다.

첫째는 기독교의 이미지 추락이다. 근래의 대형교회의 사유화 시도와 교회내부에서의 폭행 사건과 금품수수 사건, 교단부정선거와 교회내부의 부패 등에서 나오는 전반적인 기독교의 이미지 추락이 복지활동의 간접적인 걸림돌이 되어 복지의지를 소진시킨 결과가 되었다고 볼 수 있다.

둘째는 한국교회 최대부흥기의 안이한 태도이다. 한국교회가 가장 부흥했던 시기는 1970년대였다. 1970년에 390만 명 이였던 한국교회가 1980년에 810만 명인 2배 이상의 증가를 이루었던 시기이다. 이런 폭발적인 부흥기에 교회가 지역사회에 어떤 이미지를 심었는가 하는 점이다. 지역사회복지는 뒷전에 미루고 교회의 성장만을 위한 자기들만의 축제는 아니었나 하는 평가를 내리지 않을 수 없다.

셋째는 교회목회자 양성의 질적 저하이다. 부흥기에 신학교는 학생들이 몰려와 일부 신학교들이 영리를 목적으로 하는 학원들처럼 난립하기 시작했으며 그 수는 313개로 늘어난 상태였다. 이중에 일반대학의 수준학력을 인정 할 수 있는 대학은 15%에 미치지 못하였다고 하니 이때가 한국교회의 최대 부흥기 중에 지도자 양성의 혼란기였다고 볼 수 있고, 이 시기에 수준이하의 목회자 배출이 복지목회의 치명적 걸림돌이 되었다고 할 수 있다.

넷째는 시대적 복지 트랜드의 축이 지역사회 중심으로 이동한 것이다. 이런 관점에서 볼 때 지역사회에서의 교회자원 활용의 필요성과 중요성이 더욱 커지고 있고, 지역사회의 기대와 요구도 확대 될 수밖에 없으며 기대와 요구가 크다보니 교회의 복지대응이 소극적으로 보여 졌을 것이다.

다섯째는 근래에 기독교가 사회복지를 실천하는 정량적, 정성적인 총량이 많았음에도 불구하고 그에 상당하는 사회적 인정을 못 받고 있다는 점이다. 왜냐하면 오른손이 하는 일을 왼손이 모르게 하라는 성경적 근거에서 하다 보니 선한 일의 홍보가 이루어지지 못하고 사회적 호응과 붐 조성에 실패한 이유도 들 수 있다. 여기에 비해 천주교나 타종교의 중앙집중식의 여론 형성이나 긍정적 홍보는 기독교가 다시 재고해 봐야 할 대목이다.

결국, 선한 사업의 분위기 조성과 홍보는 더 많은 이웃들을 도와줄 수 있고 살필 수 있는 동력이 되기 때문이다.

그렇다면 어떻게 하면 이러한 상황 속에서 교회가 지역사회복지를 활성화하며 지역사회복지에 중요한 역할을 감당할 수 있을까? 교회의 지역사회복지활성화에 대한

'정책 제언'을 제시하면 첫째는 교회의 정신적 부흥운동이다. 교회의 지역사회복지 실천과제는 지역사회의 발전과 지역사회복지 문제 해결을 위해서 주민들과 함께 참여하고 창의적으로 기여하는 봉사활동이고 지역사회복지 사역에 봉사함으로써 한 지역사회에 정신적 영향을 끼치고, 방향을 제시하는 것이라고 볼 때 이에 대한 교회의 정신적 부흥운동이 절실하다. 교인들이 이 부흥운동의 중요성을 느끼지 못하면 말씀실천은 구호에 그칠 수 있고 교회가 지역사회에 정신적 영향을 끼칠 수도 없으며 교회만을 위한 사역으로 머물 수 있기 때문이다. 말씀과 실천이 일원화가 되는 균형을 이루기 위하여 지역사회복지가 바로 성경적 본질을 회복하는 것이라는 정신적 부흥운동이 필요하다. 이 운동을 효과적으로 추진하기 위해 교회의 복지목회가 필수적인데 예를 들면 셀 목회나 밴드목회와 같은 제도의 교육을 통해 교회의 정체성과 복지의 방향성을 제시하고 새로운 부흥운동을 전개할 필요가 있다.

둘째는 교회 간 상호 네트워크를 형성하는 것이다. 교회 간 조직적으로 인적, 물적 자원을 동원 할 수 있는 토대를 형성하는 것이다. 이런 네트워크를 조직화하기 위해서는 교회와 노회, 총회의 상호 협력적 시스템이 정착해야 한다. 그러나 개신교의 장점인 동시에 단점인 개별성과 독자성 때문에 노회나 총회의 정책이 교회에 대한 지역사회의 욕구를 반영하지 못하고 지역교회 목회자가 교회 내부의 역량과 관심도와 목회목표에 따라 일방적으로 사회복지를 수행해 온 것이 사실이다.

그렇지만 총회가 정책을 개발하고 노회가 사업을 수행하는 체제를 확립하고, 지역교회는 이러한 총회적인 정책에 따라 정보나 자료를 공유하며 지침에 따른 사회복지를 수행하고 필요한 교육과 훈련을 받게 된다면, 총회와 노회 그리고 지역교회가 같은 복지정책의 방향성을 가질 수 가 있고, 교회 간 중복된 복지사업의 조율과 지역사회에 공동의 시너지를 얻게 되고, 교회 간 조직적으로 인적, 물적 자원을 동원 할 수 있는 토대를 형성하여 지역의 특성에 맞는"맞춤복지"가 실현될 것이다.

셋째는 교회 간 네트워크를 지역사회로 확대해 나가는 것이다.

① 정부와의 네트워크를 확대하는 것으로 정부의 재원과 시설을 활용하는 단계를

의미한다. 지역사회에서 접근성과 봉사인력이 풍부한 교회가 구청이나 동사무소(주민센터)와 협력 구조를 만들고 역할분담이 효율적으로 이루어진다면 공공기관의 복지의 한계점을 비영리단체인 교회가 "틈새복지"를 감당하는 효과를 극대화 할 수 있을 것이다.

② 타 종교와의 네트워크로 확대해 나가는 것이다. 종교적 교리가 다른 것이 걸림돌이 되겠으나 지역주민에 대한 근본정신은 동일하다고 볼 때 지역사회복지의 상호 협력적 보완관계의 네트워크는 종교계가 해볼 만한 도전이 될 것이다. 종교계가 지역사회복지사업을 효과적으로 수행하기 위해서는 전달체계가 조직화, 체계화될 필요가 있다. 종교별로 사회복지를 전담하는 상설 기구를 만들어 사회복지의 전반적인 계획을 수립하고 방향성을 제시해 주어야 한다. 이러한 전문기구는 각 종교 산하 대학의 사회복지학과와 연합하여 과학적인 조사연구와 사례연구를 통한 종교사회복지의 실천모델을 개발해 나가면서 네트워크를 확대해 나가는 것이다.

③ 시민사회 조직과의 네트워크를 들 수 있다. 시민단체는 대체적으로 분야별 전문성을 확보하고 있다고 볼 수 있으며, 교회와 시민사회조직과의 연대는 지역복지 활성화를 이루어 나가는 좋은 모델이 될 수 있을 것이며, NGO중 환경단체나 YMCA, YWCA같은 사회조직과의 인적, 물적 교류는 지역사회복지의 전문성을 한 단계 높이는 계기가 될 것이고 지역복지에 새로운 유형개발이 될 것이다.

넷째는 정부의 제도적 지원이다. 지역사회의 공급자원인 다양한 지역자원에 대한 조사와 더불어 정부와 연계해야 할 필요가 있다. 사회복지에 오랫동안 일해 온 정부의 복지기관과 행정기관 그리고 다양한 단체들이 있기 때문이다. 그러나 교회와 정부간에 이루어졌던 사회복지에 대한 관계발전은 교회는 정부의 지원을 받는 사회복지시설을 선교를 위한 거점으로 활용하는 반면, 정부는 적은 비용으로 사회복지에 대한 책임을 교회와 분담 할 수 있었던 정부와 종교의 공생관계는 복지사회를 실현하는데 역기능적인 작용을 했던 것은 분명하나 이제는 순기능적인 요소를 찾아 새로운 관계

정립이 필요한 시점이다. 따라서 정부는 사회복지에 대한 비전을 제시하고 복지예산을 늘려서 복지에 대한 책임을 다할 수 있도록 정책을 수립하고 집행해야 할 것이며, 여러 가지의 동기부여정책과 복지교육의 체계화, 정부의 복지기관과의 협력구조개발 같은 주로 하드웨어의 개발과 지역에 필요한 프로그램 개발을 통해 교회지역사회복지의 기능과 역할의 소프트웨어를 제도적으로 지원해야 할 것이다.

이상과 같이 지역사회복지 활성화의 정책제언을 하면서 한국교회의 지역사회복지의 정체성 회복을 기대한다. 그동안 한국교회는 교회 부흥을 위하여 예배하는 일과 전도하는 일에만 전념하면서 그 결과로 교회는 놀랄만한 성장을 이루어냈다. 그러나 이것은 균형 잡힌 성장이 아니라, 바람직하지 못한 성장이었다. 왜냐하면 이웃에게 사랑을 나누어주는 교회 본질의 사명을 상실하였기 때문이다.

따라서, 더 많은 교회가 사회복지 실천에 참여할 수 있도록 동기를 부여하고 교회가 수행할 수 있는 교회 사회복지 실천방법을 모색하는 것은 의미 있는 일이다. 실제로 교회가 속한 지역사회에서 교회사회복지가 널리 실천된다면 기독교와 사회복지에 대한 사회적 인식이 긍정적으로 회복될 것이며, 교회가 복음 확장의 새로운 전기를 마련하는 계기로 이어질 수 있을 것이다.

미래는 한국의 교회들도 지역사회복지가 활성화되지 않으면 유럽교회화(교회가 감당하던 사회복지를 정부가 주도적으로 시행하면서 교회들이 쇠퇴기를 맞은 현상)로 진행되어간다는 위기의식과 복지활성화야말로 한국교회의 활로이면서 하나님나라를 이 땅에 이루어 나가는 일이라는 사명의 공감대 형성이 필요한 시점에 와 있는 것이다. 그러기 위해서는 전도와 봉사, 말씀 선포와 함께 말씀 실천의 일원화가 다 포괄되는 균형 있는 사회복지목회가 이뤄짐이 바람직할 것이다(이은수, 2011).

현대사회에서 자원봉사는 여러 가지 의미에서 과거에 비해 그 중요성이 증대되고 있다. 현대사회가 산업화, 도시화됨에 따라 사회구성원이 고립되고 인간관계가 단절되며 사회의 정상적 유지를 저해하는 여러 가지 사회문제가 증가할 뿐만 아니라 새로운 문제들이 급속하게 등장하고 있다. 이러한 사회문제들에 대한 적절한 대응을 정부와 같은 전통적인 사회조직만이 담당하기에는 한계가 있을 수밖에 없으므로 모든 시민들의 자발적이고 적극적인 참여와 많은 비 정부조직체의 활동의 필요성이 대두되는 것이다. 자원봉사는 과거에는 인간애를 기본으로 한 무조건 주는 태도 또는 베푸는 행동으로서의 의의가 컸었지만 현대에 이르러서는 자선 또는 구호중심의 전통적 자원봉사 대신 산업화로 인한 각종 사회문제를 해결하기 위한 적극적 의미의 자원봉사의 필요성이 강조되고 있다. 즉, 사회공동체의 약화 방지를 위해서나 시민교육, 복지교육의 증진과 사회참여의 확대, 사회변동에 따른 새로운 욕구의 발생에 대처하기 위해서도 기존의 사회적, 제도적 장치로서는 어려움이 많으므로 새로운 조직과 집단이 대체해야 하는 필요성이 대두되는데 자원봉사는 이러한 사회복지제도의 불완전성을 보완. 강화하는 중요한 역할을 수행한다고 볼 수 있다. 또한 여가의 선용과 자아실현에 기여함으로 생의 보람과 희망을 갖게 되는 의미 있는 일이기도 하다. 더욱이 현대사회의 각종 문제는 개인의 책임보다는 사회적. 환경적 요소에 영향을 많이 받으며, 그 해결도 집단적. 사회적인 노력을 통해서만 가능한 것이 대부분이다. 이러한 여건에서 자원봉사는 기존의 조직을 새롭게 하고 효과적으로 문제를 해결하거나 예방할 수 있는 토대를 형성할 수 있다.

이 시대에 한국교회가 사회적 공신력을 회복하고 교회의 본질적 사명에 충실할 수 있는 가장 시급한 과제는 교단 차원으로부터 시작하여 개교회에 이르기까지 사회에, 사람들에 봉사하는 일이다. 이를 위하여 먼저 교회 지도자들의 사회복지선교에 대한 의식이 달라져야 하고, 이에 따라 사회복지의 실천적 의지를 확립해야 한다. 그리고 효과적으로 교회의 사회복지 실천을 위해 교단 및 개교회는 사회복지의 정책과 프로그램 개발에 적극적으로 나서야 한다. 사회봉사, 이것은 교회에 맡겨진 본질적 사명의 하나이며, 사회복지선교, 이것은 선교적 과제를 완성시킬 수 있는 교회의 책임적 과제의 하나인 것이다. 그리고 자원봉사활동은 나비효과에 비유되기도 한다. 「나비효과」[5]란 기상학의 카오스 이론에서 유래된 말로 시작은 작지만 그 결과는 크게 나타날 수 있다는 말이다. 즉 한 사람 한사람이 참여한 헌신적인 자원봉사활동의 작은 힘들이 모아져서 큰 효과를 얻을 수 있다는 것이다. 교회봉사자의 섬김의 자세와 리더십의 변화 속에서 교회를 중심으로 우리 사회 속에 신념을 가진 자원봉사자들의 힘이 모아져 이 사회를 변화시킬 수 있는 원동력이 되어 지길 바란다.

“서번트 리더십”은 로버트 K. 그린리프(Robert K. Greenleaf)가 처음 제안한 개념으로, 리더가 주인처럼 행동하는 대신, 서비스와 도움을 주는 역할을 수행하여 조직 내의 개인 및 조직적 성장을 촉진하려는 관점을 강조한다. 이러한 접근 방식은 리더십의 패러다임을 변화시키는 중요한 움직임 중 하나로 간주된다. "자원봉사"는 개인이 시간, 노력, 능력을 기부하여 다른 사람이나 사회를 돕는 활동을 말한다. 이 두 가지 개념을 결합하여 생각해보면, 서번트 리더십으로서의 자원봉사의 변화에는 다음과 같은 구체적인 측면들이 포함될 수 있다:

- **목적과 의미의 강조**: 서번트 리더십은 목적과 의미를 중요하게 여기는 접근 방식이다. 리더는 자원봉사 활동을 통해 조직의 목표와 사회적 가치를 지원하고 강조함으로써 조직 내의 구성원들에게 의미 있는 활동을 제공한다.
- **리더의 모델링**: 서번트 리더는 자원봉사를 통해 자기 자신을 리더십의 모범으로 보여줄 수 있다. 자원봉사를 통해 리더는 헌신적인 태도, 협력, 자발적인 기여 등을 보여줌으로써 조직 내의 다른 구성원들에게 영감을 주고 리더십을 실천하는 방법을 보여줄 수 있다.
- **팀 협력 강화**: 서번트 리더십은 팀 협력을 강조한다. 리더는 자원봉사를 조직의 팀 활동으로 통합시키고, 구성원들이 서로 협력하며 공동의 목표를 달성할 수 있는 기회를 제공한다. 이를 통해 팀 내 의사소통과 협업 능력이 향상될 수 있다.
- **조직문화와 가치관 강화**: 서번트 리더십은 조직의 가치관과 문화를 형성하는 데 기여한다. 리더가 자원봉사를 통해 조직의 사회적 책임과 참여를 강조하며, 조직

5) 나비의 작은 날갯짓이 날씨 변화를 일으키듯, 미세한 변화나 작은 사건이 추후 예상하지 못한 엄청난 결과로 이어진다는 의미이다.

내에서 봉사 활동을 적극적으로 지원함으로써 조직의 가치관을 실천적으로 보여 줄 수 있다.

- **인간중심적 관리**: 서번트 리더십은 개인의 성장과 발전을 중요시한다. 리더는 자원봉사를 통해 조직 구성원들의 잠재력을 발견하고 개발하는 기회를 제공하며, 개인의 역량 향상을 지원한다.
- **사회적 영향**: 서번트 리더십의 자원봉사는 조직이 사회에 봉사적인 영향을 미칠 수 있는 방법 중 하나이다. 리더와 구성원들의 봉사 활동을 통해 조직은 사회적 책임을 강조하며, 사회적 문제 해결에도 기여할 수 있다.

이러한 변화는 조직 내에서 서번트 리더십과 자원봉사를 결합하여 현대적이고 발전적인 리더십 접근 방식을 형성하고 강화하는 데 도움을 줄 것이다.

Christian Social Welfare | chapter 12

한국교회의 섬김 사역 활성화 과제와 방안

1) 교회 안에서 제기하는 쟁점

첫째, 우리나라의 많은 교회가 사회봉사 활동을 하고 있지만 그래도 대부분의 교인들은 사회봉사를 복음 내지 선교의 핵심으로 보지 않고 있다. 사회봉사는 전도보다 중요하지 않으며, 단순히 신앙의 표현으로 자선적, 구체적 차원에서 부차적으로 행하는 부수적인 신앙생활의 요인으로 보고 있다. 이것은 우리나라의 민간복지계 복지책임을 증가시키려는 복지실정 현실에서 교회의 수동적이고 제한적인 복지참여를 의미하는 것이다.

둘째, 교회사회봉사가 교회의 주된 임무인 전도에 도움이 되느냐 되지 않느냐에 대한 쟁점이 제기되고 있다. 전도와 함께 봉사 자체를 복음의 핵심으로 보는 교인들은 봉사 자체가 곧 복음의 실천으로 전도가 된다는 입장이다. 그러나 전도만을 중요하게 여기는 교인들은 봉사를 전도의 수단으로 삼고, 봉사가 전도에 별로 도움이 안 된다는 쟁점을 제기하고 있다.

2) 사회복지(사회사업)의 입장에서 제기하는 쟁점

첫째, 사회복지계는 교회가 공공 및 민간 사회복지계와 함께 지역주민 복지문제를 해결해주려고 할 때, 교회가 실시하는 사회복지 서비스의 분야와 전문성에서 책임을 질 수 있는가라는 질문을 던지고 있다. 특히 중앙정부나 지방정부로부터 공공복지자금을 위탁받아 교회사회사업을 집행할 때 행정적 절차와 투명성 차원에서 교회는 책임을 질 수 있는가라는 쟁점이 제기되고 있다.

둘째, 교회가 공공복지 자금을 위탁받아 복지활동을 전개하면서 적지 않은 경우 복지목적을 수행하는 것보다 자기들의 종교를 전파하려는 목적으로 사회복지를 전도의 수단으로 쓰는 부당한 경우가 많다는 점을 지적하고 있다.

셋째, 교회의 사회복지 활동이 공공복지영역(예: 지역사회복지관을 지방정부로부터 위탁받고 있는 경우 등)에서 증가되는 경우 사회복지계는 '영역침범'을 당하고 있다는 위기감을 갖기도 한다. 전문사회복지사의 취업기회가 그만큼 축소된다는 문제를 제기하는 것이다.

3) 전문사회복지계와 교회사회사업[1]계와의 동반자 관계수립

우리나라에서 정부가 할 수 있는 복지는 제한적이기 때문에 반드시 민간의 복지

1) social works in church / 인간이 고통과 절망(탄식)에서 벗어나는 길은 어떤 물질적 시혜나 제도의 개선을 통해서가 아니라 그 고통의 근본적인 뿌리인 인간의 죄 문제를 해결하고 구원하는 기독교 구원사상에 기초하는 사회복지를 말한다. 그와 더불어, 교회 사회복지는 지역사회의 문제와 이웃의 고통에 대해 교회가 시간, 돈, 노력, 시설, 인적자원을 자발적으로 제공하여 도움과 문제를 해결해 주는 사랑의 실천 행위를 말한다.

참여가 필요하다. 따라서 21세기에 들어선 현실에서 정부와 민간은 각각 복지에 대해서 책임분담을 해야 한다. 민간복지의 중요한 주체들은 기업, 종교계, 시민단체 등이다. 이 가운데 교회는 매우 중요한 복지 기능적 의미를 갖고 있다. 전문사회복지계는 복지의 실현이라는 차원에서 복지활동의 주체를 전문적 사회복지계에 제한할 것이 아니라, 준전문적복지기능을 발휘하며 비정규적, 비공식적 복지활동을 전개하는 교회사회봉사도 복지체계의 한 요소로 수행해야 할 것이다. 이는 곧 사회안전망 개념을 정부의 공식적 사회보장제도로만 제한할 것이 아니라 교회와 같은 비공식적 복지기능 수행기관도 사회안전망 체계에 통합시켜야 함을 나타내는 것이다. 이렇게 될 경우, 교회는 교회가 수행할 수 있는 독특한 사회복지기능을 정립하기 위해 '교회사회사업'의 개념을 정착시켜야 할 것이다. 여기에서 전문사회복지계와 교회사회사업은 적대적 관계가 아니라 동반자적 관계(partnership)를 모색해야 하고, 이 과정에서 교회사회사업가의 역할은 매우 중요하다고 본다.

4) 한국교회의 섬김 사역 활성화 과제와 방안

한국교회의 섬김 사역 활성화 과제와 방안을 제시하면 다음과 같다. 첫째, 목회자와 신도를 포함한 교회 구성원 전체는 사회봉사에 대한 의식을 크게 전환해야 한다. 구체적으로는 ① 믿음생활과 사회봉사 생활에 동등한 중요성을 부여한다(마 25:31~46; 행 9:36~43; 약 2:14~17). 그 동안 믿음생활이 우선 이었다면 이를 시정하여 믿음, 구제, 사회봉사에 동등한 무게를 둔다. ② 사회봉사를 통해 신 도간의 교제를 증진시킨다(히 10:23~26; 히 13:16). 사회봉사활동을 계획하고 실천하는 과정에서 성도들 간에 서로 기도하고 격려함으로 진실한 교제를 도모한다. ③ 사회봉사활동을 통해 전도의 기회를 확대한다(마 5:16; 약 4:14~17; 벧전 2:11~12). 말로만 하는 전도가 아니라 선한 나눔의 생활과 정의로운 행동을 통해 복음이 전파되도록 한다.

둘째, 사회봉사를 활성화하기 위해 한국교회의 체질을 개선해야한다. 체질개선을 위해서는 ① 진정한 신앙공동체를 형성한다. 교회 안에서 이질적인 요소를 가진 신도들 간에 친밀감과 일치를 이룬다. ② 교회를 사회봉사적 구조로 개편한다. 설교, 재정, 위원회, 선교회, 인력배치, 교육프로그램, 공간구조 등에 있어서 사회봉사적 요소를 강화한다. ③ 사회봉사에 관한 Communication을 강화한다. 정보유통(뉴스레터, 팸플릿, 게시판), 특강, 간증, 보고집회를 활성화한다.

셋째, 제도적인 교회(Institutional Church)에서 기능적인 교회(Functional Church)로 변화한다. 사회봉사 활동의 내용은 교회가 위치한 지역사회의 여건에 적합한 것이어야 한다. 앞에서 정리한 세 가지 사회봉사 형태 중 개교회의 속성에 맞고 지역사회의 욕구에 부응하는 방향에서 사회봉사의 내용을 정해야 할 것이다. 자선과 구제가 사회봉사의 중요한 부분이기는 하나 거기에서 머물 수만은 없다. 산업화, 도시화, 개인주의화로 인해 발생한 다양한 사회문제에 교회는 해결책을 제시하고 몸소 실행해야 한다. 경제생활, 인간관계, 가족 관계, 문화 욕구, 여가 생활, 법률생활, 의료 및 재난구조, 환경 문제 등에 있어서 개인적인 또는 조직체적인 대응책을 제시하여야 한다.

따라서 기능적인 교회로 탈바꿈하기 위해서는 ① 情態的인 지역교회(local church)에서 動態的인 공동체 사회 교회(community church)로 변화한다. ② 인간과 사회를 변화시키기 위해 인적 및 물적 자원을 효과적으로 동원한다. ③ 복음의 역동성을 적용하는 교회이어야 한다. 인간을 타락시키는 각종 정치, 경제, 문화, 국제관계 등에 있어서 윤리적 판단을

선포하고 이를 실천할 역량을 개발한다.

넷째, 사회봉사 전문기구를 개발한다. ① 사회봉사(혹은 사회선교)목사 제도를 도입한다. 그는 사회봉사를 하기 위한 동기부여, 자원의 효율적 개발과 사용, 자원봉사 능력개발, 교회내외의 정보교환, 지역사회와의 연결망 구축, 프로그램의 개발과 평가 등은 전문적인 훈련을 받은 사회복지사에 의해 수행될 때 그 효율이 증대한다. 전문사회복지사와 함께 하는 이러한 Team목회는 교회를 중심으로 한 공동체사회를 형성하는 데 기여할 것이다. ② 전문 사회복지기관을 설립하거나 후원한다. ③ 교회가 국

가 또는 사회(복지)기관이 할 수 없는 혹은 잘하지 못하는 프로그램을 선도적이고 모범적으로 실시함으로 그 분야에 리더십을 갖는다면, 이는 교회가 현대사회에서 예언자적 기능을 수행하는 일이 될 것이다.

특히, 사회봉사를 함에 있어서 재정이나 시설의 부족을 걱정할 것이 아니라 신도들의 헌신적인 인적 자원을 활용할 수 있어야 한다. 개인능력의 연장선상에서 이루어지는 자원봉사는 아주 훌륭한 사회봉사일 뿐만 아니라 자아실현을 가능케 하고 나아가 민주사회 달성의 첩경이기도 하다. 일반적으로 자원봉사의 가장 큰 문제점은 지속적이지 못하다는 것인데, 그 주원인은 봉사자에게 그 봉사의 의미가 희박하여지는 것이다. 이를 예방하기 위해서는 계속적인 재교육과 영성 훈련이 뒷받침되어야 한다. 교회가 자체적인 프로그램을 운영하지 않더라도 자원봉사가 활발하게 일어나도록 신도들에게 영향을 끼치는 것도 중요하다는 것을 간과하지 말아야 할 것이다.

다섯째, 강박적인 개 교회주의를 벗어버리고 필요한 경우 연합 사업을 시도해야 한다. 연합 사업은 지역사회의 어느 한 교회가 부담하기 어려운 사업이거나, 보다 체계적인 대응책이 필요한 경우에(예: 도시농촌 연결사업, 환경보호 사업, 세대 간의 융화) 목회자들의 열린 마음으로 시도될 수 있다. 교회일치 운동은 바로 이 사회봉사 생활에서부터 시작될 수 있을 것이다. 연합 사업의 주체는 교단 혹은 교파별 기구일 수 있고, 혹은 범 교단 차원의 전국 또는 지역 내의 협의체일 수도 있다.

마지막으로, 불의와 불평등의 근원이 되는 사회 제도와 구조를 시정하기 위하여 교회는 때에 따라 권익 옹호나 대변 활동을 할 수 있어야 한다. 인간의 고통은 여러 가지 원인에서 비롯된다. 빈곤, 질병, 무지, 차별 억압, 폭행 등 인간이 받는 이러한 고통은 하나님이 원치 않는 인간의 모습이기 때문에, 교회는 이러한 고통으로부터 인간을 구원해 내야 하는 책임이 있다. 이러한 일을 교회 자체가 실시하기 어려우면 이러한 활동을 하는 시민 및 소비자 운동단체를 후원할 수 있을 것이다.

5) 한국교회의 비전

한국교회사회사업의 주요 쟁점 및 과제를 통해 본 한국교회 비전은 다음과 같다.

(1) 교회에서 제기하는 쟁점

사회봉사에 대한 올바른 신학적 해석이 교회 사회봉사를 활성화시킬 것이며 이런 경향성은 교회사회사업이 교회 안에 정착할 가능성을 높일 것이라 본다.

교회사회봉사가 교회의 주된 임무인 전도에 도움이 되느냐 되지 않느냐에 대한 쟁점-하나님 선교 신학과 통전적 선교관에서는 지역사회 봉사자체가 전도이며 지역사회 내에서 선교권이 확장되어 나간다는 의미도 있다.

(2) 사회복지(사회사업)의 입장에서 제기하는 쟁점

사회복지계는 교회가 공공 및 민간 사회복지계와 함께 지역주민의 복지문제를 해결해야 한다. 정부의 공공복지자금을 위탁받아 집행할 때 행정적 절차와 투명성 차원에서 책임을 질 수 있는가라는 것이 쟁점이 되고 있다.

교회가 공공복지자금을 위탁받아 복지활동을 전개하면서 복지목적을 수행하는 것보다 전도의 수단으로 쓰는 부당한 경우가 많다. `복음실천`이라는 봉사행위를 통해 더 좋은 전도의 효과가 있을 수 있음을 교인에게 이해시켜야 하는 과제가 생긴다.

교회의 사회복지활동이 공공복지영역에서 증가되는 경우 사회복지계는 `영역침범`을 당하고 있다는 위기감을 갖는다. 준전문직 직원을 채용하고 전문사회복지사의 채용도 형평성과 공평성에서 문제가 있다는 논리이다.

(3) 전문사회복지계와 교회사회사업계와의 동반자 관계 수립

정부가 할 수 있는 복지는 제한적이므로 반드시 민간의 복지참여가 필요하다.

민간복지의 중요한 주체들은 기업, 종교계, 시민단체, 민간단체 등이다.

사회안전망의 개념을 정부의 공식적 사회보장제도로만 제한할 것이 아니라 교회와 같은 비공식적 복지기능수행기관도 사회안전망체계에 통합시켜야 한다.

전문사회복지계와 교회 사회사업은 적대적 관계가 아닌 동반자적 관계를 모색해야 하고 이 과정에서 성결교회의 역할은 매우 중요하다고 본다.

⑷ 교회가 섬김 사역으로 지역사회교회로서 가야할 방향

교회는 지역사회에 속하여 있으면서 지역사회에 대한 책임을 가지고 있다는 것이다. 또한 하나님은 교회만이 아니라 이세상도 여전히 사랑하고 있기 때문이다. 또한 "너희는 세상의 소금이라", "너희는 세상의 빛이라"고 주님께서 명령하심과 동시에 우리는 이를 아름답게 보전하는 책임이 그리스도인에게 있음으로 알 수 있다. 그렇기에 세상은 교회가 대치해야 할 적대적인 관계가 아니다. 교회는 이 세계에 하나님의 나라가 이룩되도록 하는 전위대 역할을 해야 하는 것이다(김성철, 2000). 교회는 지역사회조직과 끊임없이 상호영향, 상호 교환적인 작용을 통해서 존재한다는 하나의 생명체인 것이다. 이와 같은 관점에서 볼 때 교회는 지역사회의 개인, 가족, 집단, 조직체, 기관들의 건강한 삶을 확보하고 유지하게 하며 향상시키게 하기 위해 다양한 기능을 수행해야 한다.

교회가 지역사회교회로서 가야할 방향은 다음과 같다.

첫째, 교회는 지역사회조직과 연결을 강화해야 한다. 교인들이 지역사회 각종 공사기반의 이사회, 자문기구, 위원회와 관련을 맺어 지역사회의 욕구와 문제를 수렴하고 교회의 지원방안을 강구한다. 둘째, 교회는 지역사회를 대변해야 한다. 지역주민의 각종 행사에 교회 대표를 파견하며 그 문제에 교회가 관심을 표명하되 특히 가난하고 소외된 자들의 자활을 돕고 필요한 경우 그들의 의견을 대변할 수 있는 지역사회 센터로서의 역할을 수행한다. 셋째, 교회는 지역사회를 향해 문을 열어 놓아야 한다. 지역사회의 다양한 집단들이 교회 자원 특히 교회 건물의 일부를 사용할 수 있도록 교회 문을 개방한다. 공간 여유가 있으며 사회복지 및 공익기반에 교회일부를 무료로 대여할 수도 있고 필요시에 학문, 문화, 예술 행사에 교회를 빌려주고 물적 및 인적자원을 후원해야 한다. 넷째, 교회는 지역사회와 지역주민들의 욕구 및 문제가 있는 곳에 해결책을 제시해야 한다. 그리하여 실천적 삶을 통해 그리스도의 사랑을 증거 토록 해야 하며, 지역사회의 상담센터가 되어 지역사회복지관이 되어야 한다. 우리는 교회 내 뿐 아니라 교회 밖의 모든 사람들의 필요를 채워주며 공동체의 관계를 정상화시키는 것이 교회의 사명이 되어야 한다.

교회는 교회가 속해 있는 지역에서 지역의 기관들과 네트워크를 만들어 지역성 있는 목회를 해야 하며 소외된 그룹에 일차적 관심을 두어야 한다. 교회는 지역사회 주변을 체계적이고 과학적인 사회 조사를 통하여 이웃들의 요구를 발견하고 이에 대응해 나아갈 때, 교회가 가진 인적, 물적, 조직 자원들을 효율적으로 활용할 수 있을 것이다. 그리고 급변하는 시대와 사회 속에서 한국기독교의 시대적 사명과 역할을 지역사회에서 연계하여 진행하고 있는 사회복지기관이나 단체들과 함께 교회의 기능을 조직화하고 나눔과 섬김을 통해 교회의 사회적 책임을 완수해 나아 갈 때 지역사회조직을 통한 교회자원봉사활동이 지역사회의 교회로 나아가는 통로가 될 것이다.

이제 한국 교회는 교회의 사명을 지역사회조직을 통한 교회자원봉사활동이 나눔과 섬김으로 보는 시각의 전환과 함께 시대적인 요청에 부응하는 새로운 사회복지선교로서 교회의 모습으로 바뀌어야 할 것이다.

(5) 사회적 참여와 교회사회사업실천

지역사회조직을 통한 교회자원봉사의 사회적 참여와 교회사회사업실천 발전을 위하여 몇 가지 의견을 제시하면 다음과 같다. 첫째, 교회는 시대적 현황에 따른 교회봉사 의식을 새롭게 하고 지역사회와 유리되지 않는 복지에 맞는 방법을 모색하여야 한다고 본다. 둘째, 교회는 교회 내 인적자원(기능별·직능별 자원봉사)과 물적자원(재정·시설)을 자세히 조사하여 지역사회조직과 교회를 위한 복지사업에 적극 참여할 수 있도록 교회의 조직과 구조를 재정비하여야 한다. 셋째, 교회는 지역사회를 하나님이 맡겨주신 지역공동체라 생각하고 과학적 조사와 방법으로 지역사회의 필요와 지역 상황을 파악한 후 지역사회조직과 연합하여 교회자원봉사활동을 우선적으로 실시하여야 한다. 넷째, 교회는 교회 재정의 10% 이상을 사회복지비로 사용하고 구역 또는 속회조직 단위로 지원대상자를 결연(재가복지사업, 소년소녀가장 등)시켜 이들의 필요를 도울 수 있는 책임 봉사제를 실시해야한다. 다섯째, 각 교단은 초교파적인 차원에서 동일한 지역 안에서 지역사회조직과 교회와 연합하는 지역복지에 관심을 기울여야 할 것이다. 여섯째, 교회는 교회가 속해 있는 지역에서 지역의 복지시설과 단체들과 네트워크를 만들어 지역성 있는 목회를 해야 한다. 일곱째, 교회의 주변을 체계적이고 과학적인 사회 조사를 통하여 이웃들의 요구를 발견하고 이에 대응해 나아갈 때, 교회가 가진 인적, 물적, 조직 자원들을 효율적으로 활용할 수 있을 것이며, 거시적인 문제에 대응할 수 있다.

교회는 사랑과 복음의 실천으로 준비되어진 모임이기에 일반사회복지의 사람과 사람사이에 수요와 공급의 차원이상의 감정적, 정서적, 영적 교감이 더욱 더 중요하다고 본다. 교회의 사회복지 참여는 예수 그리스도의 계명으로부터 기인한다. 이 계명은 '하나님을 사랑하고 이웃을 사랑하라'는 기독교 계명의 핵심적 기초를 이룬다. 기독교 신앙은 하나님을 사랑하는 것으로부터 출발되며 인간을 내 몸같이 사랑하는 진실된 사랑 안에서 율법을 완성하게 된다(막 12:31). 그러므로 이러한 참된 사랑은 인간의 전인적 구원(영적, 육체적, 사회적)을 목표로 하며, 이의 실현이 기독교 사회복지사업 참여의 가장 중요한 이념이라 할 수 있다(김성철, 2017).

(6) 교회는 민간복지 조직

지역사회복지가 지역주민의 생존(생명과 생활)을 위해 지역사회조직(공적, 사적인 기관)이 협동하고 조직화하여 생활환경과 복지환경을 재건하는 사회적 시책 및 방법의 체계라 볼 때 교회는 지역사회의 민간복지 차원 조직의 하나로서 교회의 가장 가까운 이웃인 지역사회 주민의 전체적인 행복 즉, 영혼, 육체, 사회적인 행복에 관심을 가져야 하며 교회의 잠재된 자원(인적, 재정, 시설, 조직자원)을 지역사회 복지화 사업에 적극 활용하여야 할 책임과 의무가 있다.

가장 중요한 것은 목회자의 의식변화이며 지역사회조직과 교회가 연계하여 성도들의 교회봉사를 실시하여야 하며, 지역사회의 욕구 충족을 위해서는 국가, 지역사회조직, 가족, 교회 모두가 함께 보완적으로 노력해야 할 것이다. 지역사회조직을 통한 교회사회봉사는, 한국기독교의 시대적 사명과 역할을 개 교회가 지역사회조직과 연대하여 하나님께서 주신 나눔과 섬김을 실천하므로 교회가 사회적 책임을 완수해 나아갈 수 있으며, 한국교회의 자원이 지역사회복지를 위해 역할을 감당할 수 있다고 본다.

한국에 기독교가 들어 올 때는 국내외적으로 어려운 시련을 겪을 때이다. 이런 정황 속에서 기독교가 한국에 들어왔으므로 한국적인 상황을 떠나 선교 할 수는 없었다. 한국교회는 정치, 군사, 문화적인 것에 예민한 반응을 일으켰고 순수한 기독교적 복음의 선교보다 문화적 영향과 정치적 행동이 보다 큰 비중을 차지했다. 교회는 예배 공동체로서 종교적 실체이면서 사회적으로는 교제하고 이웃 사랑을 실천하며 선악을 규정함으로써 하나님의 뜻을 실천해 나가는 사회적 공동체이다. 그러므로 하나님의 실천하고 구원의 사업을 충실하게 하는 것과 사회적 책임과 의무를 다하는 것이 교회의 역할을 다하는 것이다. 이제 한국 교회는 성장에 있어서 위기라고 할 수 있다. 이 위기를 극복 할 수 있는 방법 중 소중한 사역은 교회의 사명중 하나가 전파하고 봉사하기 위해 세상으로 다시 보내졌다는 것이다. 교회는 착취, 뇌물, 불공정한 재판, 인구폭발, 자원고갈, 환경오염, 핵무기 위협 등을 제거하고 진정한 하나님의 정의와 평화가 실현되도록 증거 하는 것이다. 한국교회는 개인구원적이고 기복적인 신앙에 의존하는 경향이 많이 있다. 사회적 책임이라든지 대인적 봉사와 구제와 같은 일을 포함한 사회참여의 측면에서는 매우 소극적이거나 무관심해 왔다. 이에 대해 한국교회는 분명한 문제의식을 가지고 준비해야 한다.

(7) 교회는"섬김"의 자세

교회의 본질적 사명은 복음의 선포(Kerygma), 사랑의 친교(Koinonia), 이웃에 책임 있는 봉사(Diakonia)로 볼 수 있는데 한국 교회는 교회 자체 성장에만 관심을 가졌을 뿐 교회를 향한 사회의 요청에는 적극적인 대응을 하지 못하였다. 성서에서는 고아, 과부에 대해 각별히 보호를 요청하고 있는 것을 볼 수 있는데 이러한 성서에서 근간을 두는 교회는 이웃을 향한 구체적인 사랑의 실천으로써 교회의 본질인 낮은 자들과 함께하는 "섬김"의 자세를 잃어버리지 말아야 한다고 본다.

라인홀드 니버(Reinhold Nibuhr)는 그의 저서 「사회사업에 관한 기독교의 공헌」(The Contribution of Religion to Social Work)에서 "교회는 사회복지를 낳고 키운 어머니"였는데 어머니로서의 책임을 포기하였기 때문에 세속화를 초래하였다고 했다.

기독교에서는 약자와 강자, 가난한자와 부유한자 모두가 하나님 앞에서 동등한 대우를 받는다. 그러나 인간적 측면에서의 관심은 그렇지 않다. 구약시대에는 고아와 과부에 대한 법적인 우선권이 많이 강조되어 있고 신약시대에는 같은 피지배자 가운데서도 소외된 무리들과 팔레스틴 지역에 흩어져 사는 Diaspora들에 대한 유태교적 율법의 재해석을 통해 그들의 권익을 보장하고 그들의 생활을 보장토록 했다.

예수의 삶과 가르침은 봉사의 삶이었으며 이러한 예수의 복지적 입장에서도 보아도 가난한 자, 눌린 자, 천대 받는 자 등과 같은 이웃들과 함께 웃고 울면서 그들을 위해 사셨다.

한국교회는 이제 새로운 전환기를 맞이했다고 보아도 과언이 아닐 것이다. 지금까지는 교회의 내적 성장을 지향하여 모든 총력을 교단과 교리를 부흥시키는데 기울였지만 이제 한국교회의 외적 성장은 더 이상 교회자체를 위해서만 관심을 기울이는 행위는 사회로부터 용납 받지 못할 정도의 모양새를 갖추었기에 이제는 교회에 대해 요청하고 있는 소리들을 겸허히 수용하는 자세를 보여야 할 것이다.

한국 교회는 사회적 책임을 깊이 가지고 기존의 교회사회사업의 활동을 재정립하고 보다 전문적인 방법으로 새롭게 시작해야 할 것이다. 또한 교회에서 할 수 있는 프로그램으로써 아동, 주부, 청소년, 노인들을 위한 다양한 프로그램을 통하여 지역사회 안에서의 교회의 위치를 새롭게 제시해야 할 것이다.

구약성서와 신약성서에 보면 사회복지에 대한 이념이 구체적으로 잘 나타나 있다. 이스라엘 백성들은 전통적으로 나그네를 잘 대접했으며, 고아와 과부에 대한 사랑과 배려가 극진했음을 우리는 성서를 통해서 볼 수 있다. 초대교회 공동체에도 구제하는 일과 과부를 돌보는 일에 대단히 열심이었으며, 그 전통이 계속되어 내려오게 되었다. 그러한 전통을 갖고 있는 기독교가 우리나라에 들어서기 시작한 것은 약 백 년 전부터인데, 우리나라의 근대화에 지대한 공헌을 해왔고 지금도 우리 사회에 많은 영향을 끼치고 있다. 이 처럼 한국교회는 선교 2세기를 지나면서 놀랄만한 성장을 이루었지만 언제부터인가 성장이 감소하고 있다. 이것은 균형 잡힌 성장이 아니라 한쪽으로 치우친 바람직하지 못한 성장이었다. 왜냐하면 이웃에게 사랑을 나누어주는 나눔과 섬김의 복지의 사명을 소홀히 하였기 때문이다.

교회는 점차 이웃을 잃어가고 있다. 교회가 지역사회 속에서 교회 자체를 사랑하듯이 이웃 지역사회를 사랑해야 하며 교회의 이웃을 찾아야 한다고 생각한다. 예수의 삶과 가르침은 인간의 낮고 낮은 삶에서부터 봉사의 삶이었으며 이러한 예수는 복지적 입장에서 보아도 가난한 자, 눌린 자, 소외된 자, 핍박받는 자, 빗진 자, 천대받는 자, 차별받는 자 등과 같은 이웃들과 함께 웃고 울면서 그들을 위해 사셨다. 예수의 삶은 섬김의 삶으로써의 교육이었다. 그래서 응하려는 자세가 필요하며 봉사를 통한 교육의 새로운 장이 요구된다. 이런 면에서 교회의 사명은 모이는 교회로서의 예배와 교육으로, 또한 흩어지는 교회로서 사회 속에서 섬김이 바람직하다고 본다. 그리고 교회는 '이웃의 교회'가 되어야 하고 '이웃을 위한 교회'로서 혼자 사는 삶이 아닌 이웃과 더불어 사는 것을 가르치는 교육을 교회가 과감히 시도하며 교회의 본질(Meaning)을 잃지 않고자 계속적인 개혁이 필요하며 '섬김의 도'를 이루어 나가야 할 것이다. 교회사회복지의 실천 개념을 Diakonia의 사상으로 하나님의 사랑의 실천으로 이루어진다고 볼 수 있다. 그리고 여기에는 세 가지에 목적을 두고 있다. 첫째, 개인과 집단으로 하여금 그와 환경 간에 불균형 상태가 일어났을 때 문제를 올바로 찾아내어 이의 심각도를 감축시키거나 해결할 수 있도록 교회가 도와주는 일이다. 둘째, 개인이나 또는 집단이 그와 환경 간에 불균형이 일어날 수 있는 잠재적인 문제가 도사리고 있는 부분을 찾아내어 불균형 상태가 일어나는 것을 교회가 사전에 예방하는 것이다. 셋째, 개인과 집단과 지역사회 내의 최대한의 잠재력을 찾아내고 확인하며, 이를 교회가 강화시켜 주는 것이다.

한국교회의 섬김 사역활성화를 위한 과제와 방안은 다양한 측면에서 고려되어야 한다. 아래에 몇 가지 구체적인 제안하면 다음과 같다.

1. 청소년 및 청년 대상 프로그램 강화

교회에서는 청소년과 청년들을 대상으로 하는 다양한 프로그램을 개발하고 강화하는 것이 중요하다. 성장과정에서 겪는 문제에 대한 지원과 함께 신앙 교육 및 사회봉사 활동을 통해 참여 동기를 높일 수 있다.

2. 지역사회와의 협력 강화

교회는 지역사회와 긍정적인 관계를 유지하고 협력하는 것이 중요하다. 지역사회의 필요와 문제점을 파악하여 교회 구성원들이 현실적인 방식으로 지원할 수 있는 프로젝트를 개발하고 추진해야 한다.

3. 다양한 섬김 분야 개척

교회는 음식 나눔, 노인 돌봄, 어린이 교육, 병원 방문 등 다양한 분야에서 섬김 사역을 확장할 수 있다. 이를 위해 교인들의 재능과 관심 분야에 맞게 섬김 그룹을 구성하고 운영한다.

4. 리더십 및 리더 개발 프로그램

교회 리더들의 역량 강화를 위한 교육 및 훈련 프로그램을 개발한다. 리더들은 예배와 사역을 통해 교인들에게 모범을 보여줄 수 있으며, 새로운 리더를 발굴하고 육성하는 시스템을 구축한다.

5. 디지털 및 온라인 섬김 확대

디지털 시대에 발맞춰 교회 역시 온라인 플랫폼을 통한 섬김 사역을 확대해야 한다. 온라인 예배, 온라인 성경공부, 온라인 기도모임 등을 통해 교인들의 접근성을 높이고 섬김의 기회를 더욱 다양하게 제공할 수 있다.

6. 평등과 다양성 존중

모든 교인들이 자신의 재능과 역할을 발휘하며 참여할 수 있는 환경을 조성해야 한다. 여성 및 다양한 인종, 문화, 연령대의 참여를 존중하고 촉진하는 방안을 모색한다.

7. 지속적인 평가와 개선

교회의 섬김 사역은 지속적인 평가와 개선이 필요하다. 교인들의 의견을 듣고 반영하며, 프로그램의 효과를 평가하여 보다 효율적으로 사역을 발전시킬 수 있는 방안을 찾는다.

8. 예배와 섬김의 융합

예배와 섬김 사역을 분리하지 않고 융합시키는 방안을 고려한다. 예배 시간에 섬김 사역의 결과와 필요성을 공유하며 교인들에게 참여 기회를 제공하여 예배와 사역의 연결성을 높인다.

이러한 제안을 토대로 한국교회는 섬김 사역활성화를 위한 다양한 노력을 기울이며, 교인들의 신앙적인 성장과 지역사회에 대한 긍정적인 영향을 더욱 확대할 수 있을 것이다.

Christian Social Welfare | chapter 13

한국교회복지의 전망과 과제

1) Diakonia와 NGO

한국 교회는 교회의 사명을 Diakonia의 입장에서 NGO[1]의 기능으로 보는 시각의 전환과 함께 시대적인 요청에 부응하는 새로운 사회복지선교로서 교회의 모습으로 바뀌어야 할 것이다.

교회의 NGO의 기능으로서 사회적 참여와 교회사회사업실천의 발전을 사회선교를 위하여 몇 가지 의견을 제시하면 다음과 같다.

첫째, 교회는 시대적 현황에 따른 선교 의식을 새롭게 하고 지역사회와 유리되지

1) non-governmental organization / 정부기관이나 정부와 관련된 단체가 아니라 순수한 민간조직을 총칭하는 말로, 비(非)정부기구나 비(非)정부단체라 부름. 넓은 의미에서 반드시 국제 활동을 벌이는 단체를 말하는 것은 아니며, 정부운영기관이 아닌 시민단체도 NGO에 해당됨

않는 노인복지에 맞는 선교 방법을 모색하여야 한다고 본다.

둘째, 교회는 교회 내 인적자원(기능별·직능별 자원봉사)과 물적자원(재정·시설)을 자세히 조사하여 노인복지를 위한 복지사업에 적극 참여할 수 있도록 교회 조직과 구조를 재정비하여야 한다.

셋째, 교회는 지역사회를 하나님이 맡겨주신 지역공동체라 생각하고 과학적 조사와 방법으로 지역노인의 필요와 지역 상황을 파악한 후 교회의 여건에 적합한 사업을 우선적으로 실시하여야 한다.

넷째, 교회는 교회 재정의 10% 이상을 사회복지비로 사용하고 구역 또는 속회조직 단위로 지원대상자를 결연시켜 이들의 필요를 도울 수 있는 책임 봉사제를 실시한다.

다섯째, 각 교단은 초교파적인 차원에서 동일한 지역 안에서 연합하며 지역노인복지에 관심을 기울여야 할 것이다.

여섯째, 교회는 교회가 속해 있는 지역에서 지역의 NGO단체들과 네트워크를 만들어 지역성 있는 목회를 해야 한다. (소외된 그룹에 일차적 관심을 둔다.)

일곱째, 교회의 주변을 체계적이고 과학적인 사회 조사를 통하여 이웃들의 요구를 발견하고 이에 대응해 나아갈 때, 교회가 가진 인적, 물적, 조직 자원들을 효율적으로 활용할 수 있을 것이며, 거시적인 문제에 대응할 수 있다.

2) 교회사회사업의 전문화

교회사회사업의 전문화를 위해서는 교회사회사업에 대한 우선순위를 조정하는 일이 필요하다고 본다. 여러 가지 교회지도자들에 대한 경험적 조사들을 참고하면 대다수의 목회자들은 교회사회사업의 중요성을 인식하고 있다. 그럼에도 불구하고 교회사회사업은 별로 활발하지 못한 편이다. 그 가장 중요한 이유는 목회자들이 교회사회사업에 대한 지식이 부족하다는 데에 있지만 동시에 복음전도 보다 사회사업을 우선순위에 있어서 하위에 두기 때문이다.

사실 교회가 전도에 대한 우선순위와 동등하게 사회복지활동에 대한 우선순위를 인정한다면 복음사역을 담당하는 인력과 동등하게 사회사업을 담당하는 인력을 고용해야 한다. 그러나 봉사에 대한 우선순위는 전도에 대한 우선순위보다 하위에 두기 때문에 언제나 봉사적 사명은 복음전도 사역을 수행하고 난 후 남는 여력으로 하게 되는 현실을 맞이하게 되고 그 여력이란 많은 교회에서 거의 없다시피 한 것이 우리 한국교회의 형편이다.

3) 사회적 책임과 봉사적 기능

하비 콕스는 교회의 사회적 책임과 봉사적 기능으로 Diakonia를 역설하고 있다.

교회는 사회를 섬김의 장으로 보고 인간의 복지와 사회에 대한 책임을 가지고 선교에 임할 때 비로소 한국교회에 새로운 지평이 모색될 것이다.

그리고 급변하는 시대와 사회 속에서 선교 21세기를 향하고 있는 한국기독교의 시대적 사명과 역할을 지역사회에서 연대하여 진행하고 있는 NGO 단체들과 함께 교회의 기능을 Diakonia라는 입장에서 나눔과 섬김을 통해 교회의 사회적 책임을 완수해 나아 갈 때 한국교회의 자원이 지역사회를 위해 참여의 역할을 할 수 있다고 본다.

교회는 사랑과 복음의 실천으로 준비되어진 모임이기에 일반사회복지의 사람과 사람 간에 수요와 공급의 차원이상의 감정적, 정서적, 영적 교감이 더욱 더 중요하다고 본다. 이러한 점이 일반 사회복지와 차이가 있다고 본다. 이러한 소중한 것이 교회사회사업의 정신이며 소중한 것이라고 본다.

4) 정부와 민간의 파트너십(partnership)

21세기는 정부와 민간이 더욱 협력하여 복지사회를 이루어 가야 할 것이며, 정부와 민간의 파트너십(partnership)은 21세기에 국가와 사회 및 민간단체 모두가 바라는 발전 방향이다. 21세기에 교회가 발전하고 살아남기 위한 가장 효과적인 방법 중의 하나는 교회가 사회복지 활동을 통해 사회에 접근하고 사회의 사람들을 교회공동체교회로 나아가야 할 것이다. 선교와 사회복지는 동전의 양변과 같은 것이며 교회의 사회복지 활동을 통한 선교는 가장 효과적인 방법이 될 것이다.

노인의 문제와 욕구 충족을 위해서는 국가, 지역사회, 가족, 교회 모두 같이 보완적으로 노력해야 할 것이므로 교회의 노인 문제, 욕구 해결을 위한 사회복지참여는 바람직하고 당연하다고 본다. 가장 중요한 것은 목회자의 의식변화이다. 사회봉사를 통한 선교에 역점을 두고 교인을 훈련시키고 개 교회 주의에서 벗어나야 할 것이다.

그리고 급변하는 시대와 사회 속에서 선교 21세기를 향하고 있는 한국기독교의 시대적 사명과 역할을 지역사회에서 연대하여 진행하고 있는 NGO 단체들과 함께 교회의 기능을 Diakonia라는 입장에서 나눔과 섬김을 통해 교회가 자원봉사활동과 사회복지적 선교를 통한 사회적 책임을 완수해 나아 갈 때 한국교회의 자원이 지역사회를 위해 사회 참여의 역할을 할 수 있다고 본다.

5) 교회사회봉사의 개념

교회에서 사회봉사란 무엇을 뜻하는가? 교회의 고전적 정의는 예배(kerygma),친교(koinonia), 봉사(diakonia)의 공동체이다. 예배란 하나님나라의 실현을 말씀을 통해 선포하는 것이고, 친교란 성령의 역사를 통해 믿음, 소망, 사랑을 가꾸어 가는 교우관계이고, 봉사란 세상을 섬기는 신자들의 생활을 말한다. Diakonia는 교회 안에서 교인들끼리 서로 심부름하고 교회행사에 시간을 내어 돕는 정도의 소극적인 의미가 아니라, 사회의 이익을 위해 자신을 헌신하는 것이다. 즉 봉사의 진정한 의미는 선한 사마리아인의 행위에서 보듯 치유와 화목의 행위로서 상처를 싸매고, 갈라진 틈을 메우며, 공동체의 건강을 회복시키는 노력이다(Cox, 1996). 따라서 사회봉사는 개인과 사회전체의 복리를 증진시키는 넓은 의미의 인간 봉사인 것이다.

사회적 약자에 대한 재정적 원조나 서비스를 하고, 국민의 보편적 욕구에 대한 공동적 책임을 의미하는 사회복지를 교회가 총체적으로 수행하는 경우 이를 '교회사회봉사'라고 한다면, 인간과 환경간의 상호작용을 이루는 사회적 관계에 초점을 두는 활동을 통하여 개인들의 손상된 능력을 회복하고, 개인적·사회적 자원을 제공하며 사회적 기능장애의 예방을 도모하는 사회사업을 교회가 주체가 되어 효율적으로 수행하는 경우 이를 '교회사회사업'이라고 할 수 있다.

'교회사회봉사'가 서비스 수혜자에 대한 자선적, 구제적 차원의 봉사에 초점이 맞추어져 있다면, '교회사회사업'은 서비스 수혜자의 욕구(need)에 대한 과학적, 전문적인 사회사업방법론의 적용이라는 측면에 강조점을 두고 있다.

대다수 교회들이 전문사회사업가를 채용하여 체계적이고 합리적인 봉사활동을 펴에는 정책과 자원 면에서 미흡한 실정이므로 교회사회사업이라는 주제가 한국교회의 현실과 동떨어지고 부합되지 않을 수 있지만, 궁극적으로 교회가 추구하고 나아가야 할 목표와 방향이라는 점에서 이를 연구, 고찰하는 것이다.

교회사회사업은 이웃사랑의 실천을 위하여 전문적 사회사업의 기술을 교회에 도입하고 자원을 활용하여 가난하고 소외된 지역주민들을 위한 프로그램을 개발, 실천하는 것이라고 정의할 수 있다(김성철,2017).

교회사회사업은 개인적인 욕구를 충족시키는 직접서비스, 즉 교육, 상담, 위기개입 등은 물론 교인들에게 사회봉사에 대한 동기부여를 할 수 있으며, 서비스 제공을 위한 구조개발과 프로그램 평가, 나아가 개인과 집단을 위한 옹호활동까지 시행할 수 있다. 그러므로 사회사업의 전문적 기술이 수행하는 모든 업무를 그대로 시행하되 그 주체가 교회일 따름이다. 즉 교회사회사업이란 하나님에 대한 사랑을 이웃에 대한 사랑으로 전환시키는 공학이라 할 수도 있고, 신학과 생활을 연결시키는 구조화 작업이라 할 수도 있다.

또한, 교회사회사업은 교회 내외서 목회자와 교인의 상호간에 그리고 교회와 사회간에 이루어지며 전문사회사업가의 개입이나 지도를 받아 전개된다. 교회사회사업은 기독교 단체, 즉 교회나 교회의 부속기관이 행하는 사회사업활동이지만, 보다 엄밀하게는 기독교 단체에 채용된 사회사업가의 전문적 활동이라는 의미라고 볼 수 있다.

6) 교회사회사업과 일반사회사업의 차이점

교회사회사업과 일반사회사업의 차이점은 다음과 같다.

첫째, 기독교사회사업의 중심사상은 하나님을 사랑하고 이웃을 사랑하는 것이며, 이것은 크리스챤들의 생활규범과 윤리로서 그 실천을 요구하고 있다(김성철,2017). 이는 곧 하나님의 나라를 이 땅에 실현시키기 위한 노력으로서 '네 이웃을 네 몸과 같이 사랑하라'고 하신 하나님의 말씀을 따라 형제와의 나눔의 생활을 실천하는 것이다.

둘째, 교회는 긴밀한 개인적 교제와 계속적인 상호부조를 한다는 측면에서 가족과 유사한 집단이므로 이 안에서는 영속적이고 사적인 지원망이 형성된다. 내담자와의 관계에 있어 일정한 목적을 달성하면 관계가 종료하는 일반사회사업의 방법론과 차이가 있다. 일반사회사업은 대체로 내담자에게 어떤 특정한 문제가 발생하여 그의 요청이 있으므로 해서 개시되며, 한 기관의 서비스 종류는 일정한 범위 내에서 제한된다. 그러나 교회사회사업은 오랫동안 어떤 경우에는 출생 시부터 사망까지 개인 및 가족 단위의 관계를 맺으려 제공되었고 서비스의 종류 또한 광범위하다.

셋째, 교회에서 제공되는 서비스는 권위주의적 제도에 의해 산출되는 것보다는 교인들에 의한 헌신적인 자원봉사에 의존하는 경우가 많다. 교인들에 의한 자원봉사는 수혜자에게 익숙한 생활공간에서 전문용어가 아닌 일상적인 용어로 이루어지므로 수혜자는 서비스에 대해 보다 수용적인 태도를 갖고 부정적 각인(stigma)을 두려워하지 않게 된다. 일반사회사업에서도 자원봉사가 중요한 위치를 차지하지만, 교회사회사업에 있어서는 자원봉사가 필수적이며 그 의의 또한 매우 크다.

넷째, 인생의 주기에 있어서 발생하는 일련의 사건들, 예를 들면 유아세례, 결혼,

임신, 은퇴, 장례 등을 교회가 일정한 의식(ritualization)을 통해 공식화해줌으로 그 사건에 어떤 가치를 부여한다. 독특한 문제, 예를 들면 자녀가 없는 부부, 독신자, 소년소녀가장들에게는 교회가 대리가족의 기능을 한다. 또한 실직, 이혼, 사별, 자살, 낙태, 성폭행 등 위기상황에 처한 개인과 가족들에게는 위기관리능력을 강화시킨다. 이와 같이 교회사회사업은 일상적인 혹은 위기의 사건들에 처한 사람에게 도움을 줌으로써 인생과 세상을 깊게 이해하게 만들며 장래에 있을 사건들을 예견하여 자신을 적절히 통제할 수 있게 만든다. 결국 개인의 자긍심을 강화시키는 일을 할 수 있다(김성철,2017).

7) 교회사회사업의 원칙과 대상

사회복지기능을 수행함에 있어서 지역주민이나 피원조자에게 보다 양질의 서비스를 제공하기 위한 교회사회사업의 원칙으로는 ① 자기 비움(kenosis)의 원칙 ② 종(diakonos)의 원칙 ③ 상호성의 원칙 ④ 통전(whole)의 원칙이 있다. 즉 사회봉사를 개 교회성장의 수단으로 삼아서는 안 되며, 섬기고 나누는 자로서 피 원조자 위에 군림하기 보다는 피 원조자와 진정한 사랑과 상호적인 관계를 형성하여야 하며, 물질적 차원과 정신적 차원의 서비스를 동시에 제공하여야 한다는 것이다(김성철,2017).

교회사회사업의 대상은 우선 지역주민 전체로 보아야함이 바람직할 것이다. 지역주민 중에서도 개 교회성도 만을 대상으로 해서는 안 되며, 개 교회가 속한 지역에만 국한되어서는 안 되는 것은 분명하다. 따라서 이웃한 지역의 주민들 전체를 동일한 우선순위에 놓고 봉사하기는 어렵다는 점이며, 때문에 단계적인 접근이 필요하다. 최우선의 대상은 지역사회 내에 거주하고 있는 빈민, 고아, 독거노인, 장애인, 부랑인 등 요보호대상이 되어야 할 것인데 이때도 국가나 민간 사회단체로부터 이미 서비스나 급여를 받고 있는 사람들에게도 봉사를 행할 것인가 하는 문제가 발생하기도 한다. 그러나 현행의 공공복지서비스나 민간부문의 복지서비스가 매우 미미한 수준임을 감안할 때 이들에게도 봉사를 행하는 것이 바람직하다 할 것이다.

그다음으로 사회봉사의 대상으로 삼아야 할 주민은 생존과 자기보호 능력에는 커다란 어려움이 없지만 개인 또는 가족의 역기능으로 인하여 삶의 고통을 받고 있는 자들이 되어야 하며, 이후에는 전체주민의 삶의 질을 증진시키기 위한 봉사를 실시하는 것이 바람직하다 할 것이다. 마지막으로는 지역사회 범위를 넘어서 인간의 삶의 질을 저하시키는 사회구조나 제도들이 대상이 되어야 할 것이다(김성철,2017).

교회가 실천할 수 있는 사회사업의 실천대상을 조금 축소시켜 생각해 볼 수도 있다.

첫째, 교회 구성원들이 있다. 성도들 가운데 본인의 문제나 가족의 문제로 인하여 고통당하는 경우 이제까지는 주로 목회자에게 상담이나 도움을 요청해왔다. 그러나 목회자들의 과다한 업무량과 전문성의 부족을 감안하여 전문 상담자를 고용하는 교회가 늘어나고 있다. 사회사업 실천가들은 이러한 목회의 일부분을 감당할 수 있다고 보여진다.

둘째, 교회 주변에 살고 있는 지역 주민들이 그들의 필요를 교회에 요청해 오는 경우에 이들이 교회 사회사업 실천의 대상이 된다. 교회는 지역사회에서 방주와 같은 역할을 하여야 한다. 영적 필요뿐 아니라 물질적, 심리적 필요도 채워줄 수 있는 준비가 되어 있으면 복음의 목적을 달성하기가 한결 쉽고 지역사회 내에서 위상도 가질 수 있다. 예를 들어 수해를 당한 지역에서는 교회가 수재민 수용소로 지정되어 그 지역의 타 기관들과 협력 하에 임시 피난처를 제공하고 수재민 구호에 큰 역할을 담당하기도 하는데, 이러한 구호사업에 있어서 사회사업 실천가의 역할은 매우 효과적인 구조와 원상회복에 도움을 줄 수 있다.

마지막으로 지역사회 자체가 사회사업의 실천 대상이 될 수 있다. 이는 보다 적극적으로 교회가 지역사회를 대상으로 그 지역의 문제를 보다 광범위한 차원에서 다루고 문제의 향상을 도모할 수 있다는 것이다.

8) 지역사회의 문제

빈곤, 노령화, 빈약한 지역시설, 범죄 등 교회가 위치하고 있는 지역사회가 겪는 여러 가지 사회문제에 대하여 사회사업 실천가를 통해 교회가 제공할 수 있는 자원을 동원하여 지역사회의 문제를 해결하고자 하는 적극적 사회사업 실천을 계획할 수 있다. 오늘날 우리가 인식하고 있는 사회문제는 매우 다양하지만 일반적으로 일컬어지는 사회문제로는 청소년 비행 등과 같은 일탈행위, 빈부격차나 성차별 같은 불평등의 문제, 노령이나 정신질환 같은 사적 복지의 문제, 민주화나 환경파괴와 같은 사회변화의 문제 등이 있다.

9) 교회사회복지의 기능

이러한 현대사회의 문제를 해결하는데 교회는 다양한 사회사업을 통해 기여할 수 있는데 김기원교수는 아래와 같이 몇 가지 의미 있는 기능을 수행할 수 있다고 제시한다.

첫째, 가치제공자(value-provider)의 기능이다. 최근 많은 사람들의 우려의 대상이 되고 있는 청소년 비행문제, 퇴폐문화, 전통상실 문제 등은 바로 급변하는 사회 속에서 청소년들이 일관되게 행동할 수 있는 사회규범을 사회가 제공해 주지 못하고 있기 때문에 가치관의 혼란으로 일어나고 있는 것이다. 이 같은 환경 속에서 청소년들은 감성적 판단이나 순간적 쾌락에 의존해 행동할 가능성이 많다. 이러한 무규범의 혼란스런 상황을 교회가 성경적 정의에 근거해 일관성 있게 올바른 가치와 규범을 제시해 줌으로써 가치혼란 과정에서 파생되는 사회문제를 예방할 수 있고, 잘못된 기존의 관행들을 교정시킬 수 있다.

둘째, 이슈옹호자(issue-advocator)로서의 기능이다. 빈민, 장애인, 노인 등 사회적으로 열악한 처지에 있거나 가정폭력과 같은 사회문제에 대상이 되는 사람들은 대체로 자신의 문제를 감추려 하는 경향이 있다. 또한 설령 사회에 알리려고 하여도 이를 체계화하기 위한 자원과 수단이 없거나 접근하기가 어려운 경우가 많다. 따라서 교회는 이들을 대신해서 이들이 겪는 고통과 문제를 정부나 국민을 상대로 인식시키고 공공정책상의 논점으로 끌어갈 수 있도록 이슈주창자로서 역할을 수행할 수 있다. 교회의 이러한 역할은 사회행동가(social actor)로서 그리고 의식집단(conscious group)으로서 수행되어질 수 있다.

셋째, 서비스제공자(service-provider)의 기능이다. 경제성장으로 국민소득이 향상되었지만 아직도 절대빈곤 하에 고통을 받고 있는 사람들이 우리 주변에는 있다. 산업화로 인해 농어촌의 젊은 인력들이 도시로 떠나가 버렸기 때문에 농어촌은 노령촌으로 바뀌어 가고 있다. 홀로 거주하는 독거노인들이 점차 증가하고 있으며 산업재해로 인해 후천성 장애인들이 많이 발생하고 있다. 이런 때 교회는 빈민, 노인, 장애인 그 밖에 사회적으로 열악한 처지에 있는 사람들이 겪는 고통을 완화해 주기 위해 인적, 물적 서비스를 제공해 주거나 구제 사업을 실시함으로써 이웃사랑을 직접 실현하는 서비스 제공자로서의 역할을 수행할 수 있다. 특히 복지다원주의하에서 기독교는 사회적으로 열악한 처지에 있는 사람들을 위한 사회복지사업에 크게 기여하도록 주변환경으로부터 요청을 받고 있다.

넷째, 사례관리자(case-manager)로서의 기능이다. 사례관리자는 수혜대상자를 확인하고, 그들의 욕구를 조사하고, 적절한 서비스를 찾아내고 서비스 사용계획을 세우고, 수혜대상자와 자원을 연결시키고, 적시에 적절한 서비스가 전달되도록 서비스 전달과정을 감독하는 역할을 담당한다. 교회의 인적, 물적자원이 부족한 경우 교회는 직접적인 서비스제공자로서의 역할을 수행하기가 어려운 경우가 많다. 이러한 경우 교회는 지역사회 자원을 찾아내어 당사자들의 동의를 얻어 도움을 필요로 하는 자와 도움을 주고자 하는 자를 연결시켜 주고, 양자 간에 필요한 재화나 서비스가 잘 전달되도록 도와주는 사례관리자의 역할을 수행할 수 있다. 이러한 사례관리를 통해 교회는 고통가운데 살아가는 이웃에게 힘이 되고, 자원제공자에게는 선행을 할 수 있는 기회를 제공해 줌으로써 이웃과 더불어 살아가는 공동체를 건설하는 계기를 만들 수 있다.

다섯째, 프로그램개발자(program-developer)로서의 기능이다. 교회는 정부나 사회복지 기관들과는 달리 지역사회 주민이 곧 교인이므로 주민들의 문제와 욕구를 정확하게 파악할 수 있는 장점이 있다. 문제가 무엇인지, 욕구가 무엇인지, 누가 그 문제로 고통을 당하고 있는지, 문제가 얼마나 심각한 지, 얼마나 광범위하게 퍼져 있는지, 문제를 발생시킨 원인이 무엇인지, 프로그램은 실현 가능한 지 등에 관해서 지역사회의 교회는 정확하게 알 수 있다. 따라서 지역사회의 특성에 가장 적합한 프로그램을 개발해 낼 수 있는 프로그램 개발자로서의 역할을 수행할 수 있다. 개발된 프로그램은 지방정부나 지역사회의 복지기관에 제공해 줄 수도 있다(김성철, 2017).

10) 교회의 원조(援助)

교회 사회사업은 교회의 원조(援助)로부터 시작한 사회사업이다. 교회는 기독교의 원칙과 전통에 맞게 사람의 종교적인 삶을 개발, 갱신, 지도하기 위한 조직이다. 다른 사회조직과 마찬가지로 교회는 사람의 책임과 권리는 구분하는 구조에 근거를 둔다. 즉 수행하는 업무, 그것을 수행하기 위한 과정, 규칙, 그리고 규범 등이다. 교회는 교리와 강령 안에서 성문화된 믿음의 체계가 있고, 이것은 독특한 방식으로 조직의 문화를 규정한다. (NASW)

교회는 오래된 유산과 연결된 역사를 가지고 있고, 의미 있는 방식으로 자신의 정체성과 조직의 사명에 공헌한다. 그들은 과거, 현재, 그리고 미래에 예수 그리스도교의 신도가 속한 이상적인 교회의 참여자들이다. 사도 바울은 그리스도인에게 자기 자신을 가가 없어서는 안 되는 기능을 하는 그리스도의 한 몸의 일부로 생각하라고 가르쳤다(로마서 12:3:8, 고린도전서 12장). 다른 비유에서는 모든 그리스도인은 성령 안에서 '하나님의 처소'인 성전 안에서 모퉁이 돌인 그리스도와 함께 자라는 하나님의 가족 구성원이다(에베소서 2:19-22). 그리스도와 성경의 가르침인 이런 사상과 역사적 전통은 자기반성, 계속적인 개선과 교회 조직의 발전을 자극하고 인도한다. 그러나 실제 기독교 단체와 기관들이 기독교 신앙의 이상을 성취하고, 이를 이해하는 방식과 노력하는 방식은 매우 다양하다.

11) 범 기독교적인 행동

교회 사회사업은 회중과 교구, 교파와 범 기독교 조직을 포함한 조직적인 환경에서 이루어지지만, 의료 사회복지사는 병원에서, 학교 사회복지사는 학교에서 활동하는 것과 같은 맥락에서 활동한다. 회중은 종교적인 목적을 위해 함께 모이고 그룹의 정체성을 공유하는 사람의 집단을 의미하고 자신들이 중심이 되어 모이는 장소를 갖추고 있다. 교구는 회중이 섬기는 지역사회이다.

교파는 일정한 믿음과 실천을 공유하며, 개인적으로는 성취할 수 없는 것을 이루기 위해 서로 협동하기로 결정한 여러 회중의 조직(연합 감리교나 미 장로교 같은)을 의미한다. 교파는 여러 사회 서비스, 사회운동 기관과 계획을 후원한다. 개별 회중을 위한 정기 간행물, 소식지, 교육 자료를 만드는 출판부, 그리고 국내와 국제 선교 계획 등이 그것이다. 교파는 지방, 주, 그리고 국가 체계처럼 중복되는 수준으로 조직을 편성한다.

범 기독교 조직은 신학적, 교회학적, 역사적인 차이를 초월하여 행동과 목표에서 서로 협동하기로 결정한 교회, 교파, 또는 양측의 조직체이다. 범 기독교적인 행동은 동일한 이웃이나 지역에 위치한 여러 교파의 교회를 조직하는 지역사회 선교에서 세계교회협의회(World Council of Churches), 그리고 다른 나라와 국제적인 조직에 이르기까지 다양한 수준에서 발생한다.

12) 자선의 중심지로서 역할

초기부터 기독교인은 사람의 필요를 충족시킬 수 있는 기관을 만들었다. 가난하고 배고픈 이와 음식을 나누는 공동 식사인 애찬(愛餐)은 성만찬의 일부로써 시작했다. 콘스탄티누스의 기독교 개종은 고아, 기아, 그리고 가난한 사람을 대상으로 하는 넓은 영역의 교회 사역에 중요한 후원이 되었다. 교회와 개별 교인들은 교회를 세웠다. 수도원은 할 수 있는 일을 주기보다는 도움을 줄 목적으로 많은 사람에게 일자리를 주었다. 중세 시대에는 대부분의 사회 서비스가 교회관리를 받고 있었다. 기근과 전쟁 동안에 수도원은 굶주린 사람을 먹이고, 자선의 중심지로서 역할을 계속 수행했다.

13) 종교 개혁과 근대 시기

종교 개혁과 근대 시기(1500년대부터 현재까지)를 거치면서 교회는 빈곤, 사회복지, 가족생활의 문제에 더 관심을 갖게 되었다. 초기 영국 청교도는 과도하게 소작료를 부과하는 지주와 가난한 사람의 필요를 무시하는 부유한 사람을 책망하며, 빈번하게 17세기의 사회, 경제적인 폐해를 비난했다. 퀘이커교도 평등주의자(Quakers egalitarianism)는 평화주의, 가난한 사람과 교도소 개혁에 대한 관심, 정신적으로 병든 사람과 장애인 보호의 개선, 그리고 노예제도 반대를 지지했다. 그 예를 들어 1700년대에 John Woolman은 퀘이커 교도에서 노예를 풀어주기 위해, 그리고 더 이상의 노예 수입을 반대하는 입법 활동을 위해 노력하고, 노예 노동력 생산을 거부하도록 독려하며 미 남부를 여행했다.

14) 서비스와 프로그램

교회 사회복지사에 의해 개발되고, 성도들에게 제공되는 서비스와 프로그램은 다음과 같다. 즉 핵심 사회문제를 공부하는 교육 집단과 행동 집단, 아동을 위한 주간 보호와 일시적 위탁 서비스, 방과 후 지도와 활동 프로그램, 힘없는 노인과 보호자를 위한 성인 주간 보호와 일시적 위탁, 집 없는 가족을 위한 수용과 음식 제공 프로그램, 농촌 지역의 노인과 가난한 가족의 의료 혜택을 위한 운송 서비스, 직업 소개와 훈련 프로그램, 자조 집단과 교육 집단 프로그램, 공공 아동 보호 서비스와 가족의 예방 보호 프로그램의 클라이언트를 위한 응급 원조 및 물질적 사회적 지원, 이민자와 난민을 위한 지원과 후원자 프로그램, 가난한 가족을 위한 집짓기와 집 보수, 특별한 필요가 있는 사람과 단기 보호 센터와 소년원에 수용된 아이들을 위한 행동 프로그램, 위탁 보호와 입양 지원 프로그램 등이다. 교회가 봉사하는 지역, 지방, 그리고 국가 조직과 정부를 위해서 목소리를 내기도 하는데, 이를 통해 서비스 프로그램은 옹호 요소를 포함하기에 이른다.

시간이 지남에 따라 이렇게 교회가 후원하는 교파와 범 기독교의 많은 조직인 점점 원래 지원하던 종교 집단에서 독립성의 증가, 정부의 승인과 서비스 계약, 그리고 다른 재정 자원은 분리 과정을 촉진한다. 사회복지사는 기관이 지닌 기독교 뿌리에 의해서 그의 전문사회사업 역할의 현재 형태를 경험하는 것이 아니라, 이런 상황 속에서 기관의 역사적 사명을 인식할 수 있다. 그란 일부 기관은 자신의 재정 지원이 변화하였지만 자신의 종교적인 사명과 정체성을 그대로 유지한다. 이런 기관은 일반적으로 전문적인 직원이 능동적인 교회 구성원이고, 지역 교회와 교파, 범 기독교 조직에서 핵심 주도 역할을 수행할 것을 기대한다(NASW, 1995).

교회 신도들은 다수의 자신 지역사회 서비스 프로그램을 교회 '선교'와 동일시한다. 사도행전에 기록된 초기 선교사 바울, 실라스, 바나바, 디모네처럼, 선교사는 지리적으로나 문화적으로 신도들과 멀리 떨어진 사람을 섬기러 교회에서 보내어진 사람이다. 교회 사회복지사는 선교사와 동일시 될 수 있다. 특히 자신이 국내나 국외에서 특별한 문화 집단(인디언, 이주민, 난민 같은)에서 일을 할 때는 더욱 그렇다. 이런 환경 속에서 사회복지사는 위에서 말한 지역사회 서비스를 하나이상 운용한다. 국제적인 환경 속에서 사회복지사들은 지역개발, 농업 자문, 학교, 보건 서비스, 그리고 기아와 재해 구호 프로그램에 관련될 수 있다.

교파에 속하지 않은 경우에 사회복지사는 교회의 자문 역할을 할 수 있다. 그 예를 들어 '한 아동 한 교회(One Church-One Child)'프로그램 입양을 기다리는 아프리카계 미국 아동의 명단을 증가하는 것에 관심을 가진 공공 사회복지 기관의 사회복지사에 의해 시작됐다. 그녀는 한 아프리카계 미국인 목사와 접촉하고, 차례로 다른 아프리카계 미국 회중교회 목사와 접촉을 했다. 그녀는 함께 교인 가족이 아동을 입양하도록 장려하고, 입양 가족들에게 다양한 신도들의 지원을 제공하는 프로그램을 개발했다.

조직 밖에서 지문으로 일하는 사회복지사는 교회가 선교를 위한 자신의 필요와 자원을 확인하고, 지역사회에 있는 개인과 가족의 필요를 확인하고, 교회가 그런 필요에 반응할 수 있는 미 감리교 아동복지기관의 한 교회 한 아동프로그램 아동서비스는 자신의 지역사회에 있는 아동들의 욕구와 교회의 그런 욕구에 반응해야 하는 자원에 대한 사정을 실행하도록 돕는다. 그 후 교회의 노력에 집중하도록 함께 일하고, 새로운 서비스를 개발하고, 그런 서비스를 평가한다. 자문관은 아동 서비스, 아동 학대 예방 프로그램, 십대 임신 예방을 위한 프로그램, 갱과 관계된 위험에 처한 청소년을 위한 대처 프로그램을 교회가 개발하도록 도움을 주었다. 자문관들은 또한 교회나 종교적 집단에 초대되어, 주일 아침 설교 시간에 설교하는 것에서 강습회와 피정(避靜)을 인도하는 것에 이르기까지 자신의 의견을 발표할 수 있고, 프로그램 발전과 관리와, 자원봉사자 훈련과 자문, 교회의 선교 목적에 부합하는 평가 방법을 개발하는 것에 도움을 제공할 수 있다.

15) 우리나라 사회복지 제도에 대한 기독교적 이해

교회의 사회봉사는 분명히 사회체계망(Network of social system)속에서 이루어진다.

다시 말해서 교회가 사회봉사 활동을 전개하려는 그리고 현재 전개하고 있는 지역사회나 특수한 사회복지(사회봉사)의 장, 곧 교도소, 소년원, 병원, 고아원, 장애인 시설, 지역사회 복지관 등은 이미 교회 밖의 사회복지 체계망의 영향을 받고 있다는 사실을 염두에 두어야 한다. 그리고 복지의 대상이 되는 사람들의 복지수요는 교회의 사회봉사를 통한 복지공급, 정부나 민간단체의 복지공급을 총망라한다고 해도 부족하다. 여기에서 중요한 사실은 '네 이웃을 네 몸과 같이 사랑하는 것'이다. 교회의 봉사실적, 전도방법, 교세 확장이 문제의 핵심이 될 수 없고 도움을 필요로 하는 사람들을 중요시해야 한다. 그러므로 교회 사회봉사활동은 독자적인 것이기보다는 국가의 복지 프로그램, 민간단체의 복지활동, 전문사회사업기관과의 공동전선을 펼쳐야 할 것이다. 지금까지 교회의 사회봉사활동은 사회통합적 기능을 발휘하지 못했고 그 결과 전도의 기회도 상실하게 되었다(박종삼,2000).

이런 의미에서 교회사회봉사의 사회적·사회복지적 기능을 이해하고 효율적인 봉사활동을 지역사회나 사회전반에 걸쳐 펼치기 위해서는 사회복지제도에 대한 핵심적 개념과 골격을 이해할 필요가 있다. 즉 "사회복지(Social Welfare)"라는 가치·철학·이념과 이 사회복지의 이념을 제도화(institutionalize)하는 "사회보장(Social Security)" 제도에 대한 명확한 이해가 필요하다. 그 다음 이 사회 보장 제도를 구체적인 프로그램으로 만드는 세 가지 개념들, 곧 "사회보험(Social Insurance)", "공적구조(Public Security)", 그리고 "사회복지 서비스(Social Service)"에 대한 이해와 이런 개념·이념 프로그램에 대한 기독교적 이해는 교회의 사회봉사를 효율적인 선교활동으로 하는데 절대적으로 필요하다. 이외 "사회복지관련법", 그리고 "자원봉사(Voluntary Service)"에 관한 이해도 사회봉사를 전개하는 교회에게 필수적인 것이 된다(박종삼,2000).

16) 교회의 사회봉사 도입과 교회사회사업의 미래

지금까지 교회의 사회봉사는 정부나 민간단체의 사회복지 정책·행정 프로그램 등과 아무런 관계를 맺지 않고 진행되어 왔다. 이 결과 지역사회 내에서 봉사가 중복적으로 수여되는가 하면 전혀 도움을 받지 못하는 사람·가정·복지 기관도 생기게 되었다.

지금까지 모든 교회가 사회봉사 프로그램을 만들 때 동사무소, 지역사회 내 전문 복지 기관, 그리고 사회의 유관단체와 아무런 관계도 맺지 않고 독자적으로 진행해 왔다. 하나님의 선교적 차원에서 교회의 사회봉사는 국가·민족·지역사회 등 사회가 시급히 요청하는 복지영역을 겸손히 담당하고 그 과정에서 "빛과 소금"의 역할, "누룩"의 역할을 담당해야 한다. 기독교 사회봉사와 일반사회의 사회봉사와의 차별성은 곧 그리스도의 복음의 자세와 활동의 성격에서 나타나야 한다.

17) 한국교회의 전망과 사명

지금까지 고찰된 세계교회·한국교회의 사회선교동향, 사회봉사 그리고 우리나라 사회복지의 과제와 사회봉사의 내용은 제기된 문제 영역에서 성경적 준거와 사회복지학적 맥락에서 검토되었다. 이러한 과정은 다가오는 21세기에 한국교회가 어떤 방향으로 사회봉사(사회선교)를 펼쳐 나갈 것인가를 제기하기 위한 준거의 모색이라고 본다. 사회봉사를 실시하는 한국교회의 장·단점, 순기능과 역기능은 어떤 것들이며 특히 역기능적 측면의 교회 사회봉사 기능은 어떤 방향으로 수정되어 21세기를 맞이할 것인가가 제시되어져야 한다. 또한 21세기의 우리나라 사회문제는 어떤 것이며 여기에 교회는 봉사로써 대처하기 위해 어떻게 자체 정비를 할 것인가를 고찰해야 한다. 몇 가지 측면에서 간략하게 21세기 한국교회 사회봉사 방향을 제시하고자 한다.

교회에 대한 일련의 역사적 사조는 '성도의 교제'를 강조하는 유기체로서의 교회와 제도를 강조하는 조직체로서의 교회 사이에서 시계추와 같이 반복되어 흘러왔음을 보여주고 있다. 역사는 우리에게 양국 면에 대한 이해의 균형이 있어야 할 것을 교훈한다. 교회는 '지역사회 내에서 조직구성원의 하나로서 오랫동안 존재하여 왔으며 사회에 다양한 봉사를 행하여 왔고, 여러 사회봉사주체-공공기관, 비영리기관, 영리기관, 자조집단, 개인-중에서 비영리기관에 속하는 조직체이다(김기원, 1995 : 12). 조직체로서 지역사회 내에서 존재하고 그 기능을 하는 사회조직이다. 사회조직으로서 교회 내에서 수행해야할 기능이 있다. 그 기능은 ① 생산·분배·소비기능, ② 사회화기능, ③ 신분부여기능, ④ 친교적 기능, ⑤ 사회연대기능, ⑥ 사회안정기능, ⑦ 사회통제기능, ⑧ 사회개혁기능, ⑨ 사회복지기능이 있다. 교회는 복지다원주의 하에서 사회복지사업의 한 주체로서 오랫동안 기여해 왔다. 라인홀드 니버는 '교회는 사회복지를 낳고 키운 어머니'로서 보았다. 이렇게 교회가 체계적이고 조직적인 노력을 통하여 사회복지기능을 수행하여 왔다. 사회복지조직으로서 교회는 사회복지기관들의 협력자, 보완자, 비판자의 기능을 수행하기도 하고(박영호, 1984 : 133-134, 이삼열, 1992 : 24-25), 직접적·간접적으로 복지사업을 실천하기도 하며, 전략적으로 교회의 사회복지기능을 요구된다.

섬김을 통한 사회적 선교는 교회에 맡겨진 중대한 사명의 하나이다. 특히 우리나라처럼 급속한 산업으로 인한 각종 사회문제가 팽배되어 있는 사회에서 문제해결을 위한 촉매자로서 교회의 역할은 매우 크다고 하겠다.(박종삼,2000)

현대 사회문제를 해결하고 인간의 행복을 보장하기 위한 전문적인 분야로 인식되고 있는 사회복지는 교회의 사회봉사 활동에서 그 기원을 찾아볼 수 있다. 기독교의 교리와 가치에 입각한 교회의 사회봉사 활동이 현대 사회복지제도의 기원이 되었던 것이다. 성경에서도 여러 장면에서 가난한 자와 약한 자의 권리를 옹호하는 사회정의를 강력하게 요구하고 있다.

교회사회사업의 전문화를 위해서는 교회가 교회사회사업 전문인을 고용하는 일 못지않게 목회영역의 분업화와 자율성을 보장하는 교회의 조직적 토양을 조성하는 일이 중요하다.

우리나라의 교회에서는 공동목회가 사실상 불가능하다고 한다. 담임 목회자에 대한 가부장적 권위주의가 교회의 모든 다른 직원과 평신도들의 자율성을 억누르기 때문이다. 현재와 같은 교회의 종적이고 관료적인 경직된 조직적 풍토에서는 사회목회자가 사회목회의 전문성을 발휘할 수가 없다. 교회에 사회복지전문가의 지도적 위치를 인정하는 제도적 장치가 교단적인 차원에서 마련되어야 할 필요가 있다. 이것은 교회갱신과 맞물려 있는 문제이다.

물질적인 것만이 아니라 하나님의 사랑을 실천하는 선교적인 마음으로 임 할 때에 교회사회사업의 미래는 밝고 아름다운 열매가 맺히리라고 생각한다.

한국교회의 섬김 사역활성화를 위한 과제와 방안은 다양한 측면에서 고려되어야 합니다. 아래에 몇 가지 구체적인 제안을 드리겠습니다.

1. 청소년 및 청년 대상 프로그램 강화

교회에서는 청소년과 청년들을 대상으로 하는 다양한 프로그램을 개발하고 강화하는 것이 중요합니다. 성장과정에서 겪는 문제에 대한 지원과 함께 신앙 교육 및 사회봉사 활동을 통해 참여 동기를 높일 수 있습니다.

2. 지역사회와의 협력 강화

교회는 지역사회와 긍정적인 관계를 유지하고 협력하는 것이 중요합니다. 지역사회의 필요와 문제점을 파악하여 교회 구성원들이 현실적인 방식으로 지원할 수 있는 프로젝트를 개발하고 추진해야 합니다.

3. 다양한 섬김 분야 개척

교회는 음식 나눔, 노인 돌봄, 어린이 교육, 병원 방문 등 다양한 분야에서 섬김 사역을 확장할 수 있습니다. 이를 위해 교인들의 재능과 관심 분야에 맞게 섬김 그룹을 구성하고 운영합니다.

4. 리더십 및 리더 개발 프로그램

교회 리더들의 역량 강화를 위한 교육 및 훈련 프로그램을 개발합니다. 리더들은 예배와 사역을 통해 교인들에게 모범을 보여줄 수 있으며, 새로운 리더를 발굴하고 육성하는 시스템을 구축합니다.

5. 디지털 및 온라인 섬김 확대

디지털 시대에 발맞춰 교회 역시 온라인 플랫폼을 통한 섬김 사역을 확대해야 합니다. 온라인 예배, 온라인 성경공부, 온라인 기도모임 등을 통해 교인들의 접근성을 높이고 섬김의 기회를 더욱 다양하게 제공할 수 있습니다.

6. 평등과 다양성 존중

모든 교인들이 자신의 재능과 역할을 발휘하며 참여할 수 있는 환경을 조성해야 합니다. 여성 및 다양한 인종, 문화, 연령대의 참여를 존중하고 촉진하는 방안을 모색합니다.

7. 지속적인 평가와 개선

교회의 섬김 사역은 지속적인 평가와 개선이 필요합니다. 교인들의 의견을 듣고 반영하며, 프로그램의 효과를 평가하여 보다 효율적으로 사역을 발전시킬 수 있는 방안을 찾습니다.

8. 예배와 섬김의 융합

예배와 섬김 사역을 분리하지 않고 융합시키는 방안을 고려합니다. 예배 시간에 섬김 사역의 결과와 필요성을 공유하며 교인들에게 참여 기회를 제공하여 예배와 사역의 연결성을 높입니다.

이러한 제안을 토대로 한국교회는 섬김 사역활성화를 위한 다양한 노력을 기울이며, 교인들의 신앙적인 성장과 지역사회에 대한 긍정적인 영향을 더욱 확대할 수 있을 것입니다.

한국교회복지의 전망과 과제에 대해서는 아래와 같은 구체적인 제안하면 다음과 같다.

▶ 전망

- **통합적인 복지 서비스 제공**: 한국교회는 다양한 연령층과 사회계층을 대상으로 통합적인 복지 서비스를 제공하는데 주력해야 한다. 종교적 가치와 사회적 책임을 함께 고려하여, 노인 돌봄, 아동 지원, 장애인 도움, 가족 지원 등 다양한 분야에서 종합적인 복지 프로그램을 발전시켜야 한다.
- **디지털 및 혁신적 기술 활용**: 디지털 기술과 혁신적인 솔루션을 활용하여 복지 서비스를 향상시킬 수 있다. 온라인 상담, 원격 교육, 어플리케이션을 통한 정보 제공 등을 통해 보다 효율적이고 접근성 높은 서비스를 제공할 수 있다.
- **다양한 파트너십 강화**: 교회는 지역사회, 정부기관, 비영리단체 등과의 협력을 강화하여 복지 사업을 진행할 수 있다. 효과적인 파트너십을 통해 자원을 효율적으로 활용하고 더 많은 사람들에게 도움을 제공할 수 있다.

▶ 과제

- **전문성 강화**: 복지 분야는 복잡하고 다양한 문제를 다루어야 한다. 따라서 교회 내에서 복지 사역을 담당하는 사람들의 전문성을 높이는 교육 및 훈련을 제공해야한다. 사회복지사, 상담사 등 전문적인 역량을 갖춘 인력을 확보하고 육성하는 노력이 필요하다.
- **자금 조달 및 운영 효율화**: 교회복지 사역을 확대하려면 자금 조달 방안을 마련

해야 한다. 자체적인 기금 모금 활동 외에도 정부 지원, 기업 및 개인 기부 등 다양한 자금 조달 경로를 모색해야 한다. 또한 복지 사역의 운영을 효율화하여 자원 낭비를 최소화하고 지속 가능한 사역을 유지해야 한다.

- **사회적 문제에 대한 민감성**: 교회복지는 사회적인 문제에 민감하게 대응해야 한다. 가정폭력, 성폭력, 어린이 학대 등의 문제에 대한 인식과 대응 방안을 마련하고, 피해자들을 지원하며 예방활동을 강화해야 한다.
- **문화적 다양성 고려**: 한국은 다양한 문화와 종교가 공존하는 사회이다. 교회복지 사역에서는 이러한 다양성을 고려하여 서비스를 제공하고, 이해하고 존중하는 문화를 조성해야 한다.
- **투명한 운영과 성과 측정**: 복지 사역의 효과와 성과를 투명하게 측정하고 공개하는 것이 중요하다. 기부자 및 교인들에게 사역의 효과를 보여주고, 지속적인 관심과 지원을 유도할 수 있다.

한국교회복지가 지속적으로 발전하고 사회적인 문제에 민감하게 대응하는 데에는 위의 전망과 과제를 고려하여 기독교적 가치와 사회적 책임을 균형있게 추구하는 노력이 필요하다.

참고문헌

1. 국내 자료

강길호·김현주(2003). 커뮤니케이션과 인간. 한나래.
고춘섭(1966). 경신80년사. 서울: 경신중고등학교.
교회사회사업학회 편(2004). 교회사회사업 편람 서울: 인간과 복지.
김기수·전재완·한하늘(2011). 경영학원론. 백산출판사.
김동배(2005). 시민사회와 자원봉사. 학지사.
김만두(1995). "2000년대 사회복지관의 활동방향". 한국복지관 협회.
김범수 외(2004). 자원봉사의 이해. 학지사.
김성철(1990). 특수선교로서의 교회사회사업방법론연구. 서울신학대학교 신학대학원.
김성철(2000). Diakonia. 한국평화사회복지연구소.
김성철(2000). 미래사회와 인간. 평화사회복지연구소.
김성철(2000). 사회복지역사의 의미. 평화사회복지연구소.
김성철(2001). 교회 사회봉사 어떻게 할 것인가?. 사랑의교회복지재단.
김성철(2001). 미래사회와 인간. 한국평화사회복지연구소.
김성철(2002). 교회사회복지실천론. 한국강해설교학교.
김성철(2003). 교회사회복지실천론. 한국강해설교학교.
김성철(2003). 미래사회와 인간. 평화사회복지연구소.
김성철(2005). 교회사회사업. 평화사회복지연구소.
김성철(2005). 인간과 미래사회. 한국평화사회복지연구소.
김성철(2007). NGO와 리더십. 평화사회복지연구소.
김성철(2007). 교회사회복지론. 평화사회복지연구소.
김성철(2007). 교회사회복지론. 한국평화사회복지연구소.
김성철(2007). 사회복지적 리더십. 한국학술정보(주).
김성철(2007). 서번트리더십과 NGO, 한국평화사회복지연구소.
김성철(2007). 희망의 복지. 한국학술정보.
김성철(2008). 나눔과 섬김의 복지. 한국학술정보.
김성철(2009). 교회사회사업의 전망과 과제. 한국학술정보.

김성철(2012). 복지경영론. 한국평화사회복지연구소.

김성철(2016). Introduction to social welfare. 21세기사.

김성철(2016). 복지경영론. 한국평화사회복지연구소.

김성철(2017). 기독교사회복지론. 21세기사.

김성철(2018). 사회복지경영학. 공동체.

김성철(2019). 사회복지실천론. 공동체.

김성철(2019). 사회복지실천학. 공동체.

김성철 외(1995). 기독교와사회복지. 한국기독교사회복지회.

김성철 외(2002). "교회사회복지 세미나 이론과 실제". 평화사회복지세미나.

김성철 외(2003). 교회사회사업편람. 인간과복지,

김성철 외(2003). 시민사회와 종교사회복지. 학지사.

김성철 외(2005). 한국기독교사회복지총람. 한국기독교총연합회.

김성철 외(2009). 교회자원봉사. 공동체,

김성철 외(2012). 노인복지론. 양서원.

김성철 외(2012). 사회복지시설경영론. 양서원.

김성철 외(2012). 사회복지정책론. 양서원,

김성철 외(2012). 지역사회복지론. 양서원,

김성철 외(2013). 사회복지시설경영론. 양서원.

김성철 외(2014). 프로그램개발과평가. 양서원.

김성철 외(2015). 사회복지개론. Pacific Books.

김성철 외(2015). 사회복지지도감독과 현장실무론. Pacific Books.

김성철 외(2016). 사회복지실천기술론. 양서원.

김성철 외(2016). 사회복지실천론. 양서원.

김성철 외(2018). 노인복지론. 양서원.

김성철 외(2018). 사회복지경영리더십. 21세기사.

김성철 외(2020). 가족복지론. 양성원.

김성철 외(2020). 기독교사회복지론. 양성원.

김성철 외(2020). 사회복지실천기술론. 양성원.

김성철 외(2020). 사회복지행정론. 양성원.

김성철 외(2020). 자원봉사론. 양성원.

김성철 외(2020). 지역사회복지론. 양성원.

김성철 외(2021). 노인복지론. 양성원.

김성철 외(2021). 비영리경영과 인성코칭. 박영사.

김성철 외(2022). 사회복지정책론. 양성원.

김성철 외(2022). 사회복지지도감독론. 박영사.

김성철 외(2023). 비영리경영과운영관리. 박영사.

김성철 외(2023). 여성복지론. 양성원.

김영호(1997). "지역사회자원봉사", 자원봉사 프로그램 백과 제 7권. 한국사회복지협의회.

김영호 외(2006). 자원봉사의 이론과 실제. 창지사.

김용범(2010). 사회복지행정실무. 양서원.

김익균 외(2004). 자원봉사론. 교문사.

김정린(2005). 비영리조직 경영. 아르케.

김찬아(2008). 사회복지 비영리조직의 기금조성을 위한 PR활동의 의미공유와 기부동기. 한국학술정보(주).

데니스 영 리차드 스타인버그(2008). 비영리 경제학. 이형진 역. 아르케.

도모생애교육연구소(2001). 비영리단체 비정부기구의 전략경영과 기금 개발. 예영커뮤니케이션.

류기형 외(2005). 자원봉사론. 양서원.

류종훈(2007). 사회 봉사와 선교 복지론. 21세기사.

류태종(1991). "한국기독교사회복지사업에 관한 연구" 서울: 동국대학교 행정대학원.

린 업쇼(2012). 정직이 전략이다. 미다스 북스.

문순영(2005). 한국의 민간 비영리 사회복지부문에 대한 이해. 한국학술정보(주).

민경배(1987). 한국기독교사회운동사서울: 대한기독교출판사.

박종삼(2000). 교회사회봉사 이해와 실천 서울: 인간과 복지.

사카구치 다이와(2008). 김하경 역. 경영학 산책. 비즈니스 맵.

손원익·박태규 외(2012). 민간비영리조직을 통한 재정지출의 효율성 제고방안-문화예 술 분야를 중심으로. 한국조세연구원.

송준(1991). "한국기독교 사회복지사업에 관한 연구"서울: 단국대학교 행정대학원.

스즈키 도모코(2005). Smile days. 명진출판사.

심재영(2012). 비영리조직경영론. 한국방송통신대학교.

안광호 외(2007). 마케팅원론. 6판. 학현사.

에피스테메에드가 스토에스 외(1997). 비영리단체 경영핸드북. 권영석 역. 참미디어.

오세진 외(2005). 비영리조직 품질경영. 창지사.

원종학·손원익 외(2011). 복지사업 효율성 제고방안. 한국조세연구원.

유의영(1997). 지역사회를 섬기는 교회. 한국장로교출판사.

이동규(2009). 정부 및 비영리조직의 회계. 선학사.

이성록(2005). 자원봉사 어드바이저－자원봉사 상담가(Advisor) 길잡이. 미디어숲.

이원규(2002). 한국사회문제와 교회공동체서울: 대한기독교서회.

이원규(2006). 비영리조직운영. 예영커뮤니케이션.

이종복 외(2013). 사회복지시설경영론. 양서원.

이종복(1995). 지역복지시설과 지역사회. 범론사.

이태식 외(2009). 경영학의 이해. 삼영사.

이학식(2013). 마케팅. 법문사.

이학식(2013). 마케팅조사. 집현재.

이해익·김정훈(2011). 운영관리론(비영리조직). 양서원.

이현승·김현진(2004). 늙어가는 대한민국. 삼성경제연구소.

임창희(2011). 경영학원론. 학현사.

임태순(2010). 행복한 생할경영. 교문사.

정익준(1999). 비영리조직 마케팅. 영풍문고.

제프리 페퍼(2009). 포스코경영연구소. 사람이 경쟁력이다. 21세기북스.

조영재(2014). 비영리법인 회계와 세무 실무. 삼일인포마인.

조휘일(1997). "자원봉사에 대한 이해". 자원봉사 프로그램 백과 제2권: 자원봉사의 기초. 한국사회복지협의회.

조휘일(2002). 현대사회와 자원봉사. 홍익재.

종교사회복지포럼 편(2003). 시민사회와 종교사회복지. 학지사.

지그문트 바우만(2009). 이일수 역. 액체근대. 강.

지은구(2012). 비영리조직변화연구. 청목출판사.

최광수(2006). "조선후기 기독교 사회복지 역사에 대한 소고", 총신대논총, 총신대학교.

최무열(2004). 한국교회와 사회복지. 나눔의 집.

최일섭(1997). 지역사회조직론. 서울대학교 출판부.

최호윤(2007). 사회복지 프로그램개발과 평가.21세기사.

키비 르루(2012). 비영리마케팅. 조성숙 역. 신정.

폴라이트(2013). 비영리조직의 역량강화. 박시종 역. 나남.

피터 드러커(1995). 비영리단체의 경영. 현영하 역. 한국경제신문사.

피터 드러커(2002). 자본주의 이후의 사회. 이재규 역. 한국경제신문사.

필립코틀러 & 케빈켈러·윤훈현 옮김(2006). 마케팅관리론, 12판, 석정출판사.

한국교회사회사업학회(2003). 교회사회사업편람. 인간과복지.

한국기독교사회복지협의회(2007). 「한국기독교사회복지총람」. 한국기독교사회복지협의회.

한국기독교역사연구소(1991). 서울: 서울기독교교문사.

현외성 외(2013). 사회복지시설운영론. 양서원.

Lawrence L. Martin(2007). 사회복지행정가를 위한 재무관리. 양서원.

LG 경제연구원(2010). 2020 새로운 미래가 온다. 한즈미디어(주).

2. 국외 자료

Adrian Sargeant(1999). *Marketing management for nonprofit organizations*. SAGE.

Brueggemann, Walter. *Preaching as Sub-Version. Theology Today*. 55(2).1998.

Chao Guo & Wolfgang Bielefeld(2014). *Social Entrepreneurship*: An Evidence-Based Approach to Creating Social Value(Bryson Series in Public and Nonprofit).

David O. Renz(2010). *The Jossey-Bass Handbook of Nonprofit Leadership and Management*.

David Whitford(2007). *The strange existence of Ram Charan*,, Fortune, April 24, 2007; accessed online May 3, 2007

Georgia Levenson Keohane(2013). *Social Entrepreneurship for the 21st Century* : Innovation Across the Nonprofit, Private, and Public Sectors.

Helmut K. Anheier(2014). *Nonprofit Organizations : Theory, Management*, Policy.

Judith A. Lewis & Thomas R. Packard(2011). *Management of Human Service Programs*(SW 393T 16-Social Work Leadership in Human Services Organizations)

Oh, Hyunchul H. *Preaching as Interaction between Church and Culture*. Ph.D. Thesis: University of Pretoria, 2004.

Philippi, Paul. *Christozentrische Diakonie*. Ein theologischer Entwurf. Stuttgart: Evangelisches Verlagswerk, 1962.

Robert E. Smith.(1995). *Principles of Human Communication*. Kendall/Hunt Publishing Company, 2~21.

Routledge. Michael J. Worth(2008). *Nonprofit Management : Principles and Practice*. SAGE.

Sandra Hybels & Richard L. Weaver Ⅱ. *Communicating Effectively*. 7th ed., McGraw-Hill Companies, Inc. New York, NY. 2~32.2004.

Son, C. M. *The Cultural Dimension in a Contextual Hermeneutics of Suffering*. Ph.D. Thesis: University of South Africa, 2002.

3. 학위 논문

강금연(2013). "섬김의 리더십을 통한 학원복음화에 관한 연구 : 백석문화대학교 '기독교의 이해' 중심으로". 박사학위논문, 백석대학교 기독교전문대학원.

강민수(2012). "다음세대의 리더십 형성을 위한 핵심역량 중심의 프로그램 연구".박사학위논문, 장로회신학대학교 목회전문대학원.

강준렬(2003). "국가발전을 위한 기독교의 역할에 관한 연구" 교회의 사회복지사업을 중심으로."행정학박사학위논문, 명지대학교 대학원.

강혜영(1989). "한국교회의 사회봉사사업 개발에 관한 기초연구" 서울: 서울여자대학교 대학원 석사논문.

권순호(2010). "현대 교회의 교회 갱신 프로그램 개발에 관한 연구".박사학위논문, 총신대학고 목회신학전문대학원.

김자경(2015). "민간 지역사회복지 안전망으로서 교회의 역할 연구".석사학위논문, 총신대학교 기독교사회복지대학원.

박상길(2016). "진성리더십이 조직변화몰입에 미치는 영향에 관한 연구 : 집단효능감의 매개효과를 중심으로", 박사학위논문, 호남대학교 대학원.

손민정(2009). "기독교 여성 리더십의 활성화 방안 연구".석사학위논문, 성결대학교 신학전문대학원.

안건식(2016). "구세군의 봉사윤리 연구(A Study on The Servant Ethics of The Salvation Army)". 박사학위논문, 한신대학교 신학대학원,.

유성찬(2015). "교회 노인 자원봉사를 통한 선교 활성화 방안 연구". 석사학위논문, 총신대학교 선교대학원.

윤희숙(2010). "임파워먼트가 봉사활동 만족도에 미치는 영향에 관한 연구 : 교회 자원봉사자를 중심으로". 석사학위논문, 경희대학교 행정대학원.

이영우(2014). "지역사회와의 소통을 위한 디아코니아적 접근 방법에 관한 연구- 하늘샘 교회 중심으로". 박사학위논문, 장로회신학대학교 목회전문대학원.

이은수(2011). "교회의 지역사회복지 활성화를 위한 연구 : 예수마을교회 지역사회복지 활성화 사례를 중심으로". 석사학위논문, 고려대학교 인문정보대학원.

이일호(2009). "교회 내 리더십과 성도들의 조직냉소주의, 조직몰입 및 신앙성숙도에 관한 연구". 석사학위논문, 서강대학교 일반대학원.

이종석(2007). "섬김의 리더십(Servant leadership)에 대한 기독교윤리학적 고찰". 석사학위논문, 장로회신학대학교 대학원.

정대승(2016). "정체된 소형 도시교회의 리더쉽변화에 따른 교회성장 방안 연구". 석사학위 논문,총신대학교 선교대학원.
조재호(2013). "바울의 선교적 리더십에 관한 연구". 박사학위논문, 장로회신학대학교 대학원.
최송규(2014). "지역사회봉사를 위한 교회 성도의 의식변화 연구". 박사학위논문, 장로회신학대학교 목회전문대학원.

인터넷 사이트

고용노동부 http://www.molab.go.kr/
고용보험 http://www.ei.go.kr/

저자소개

김성철 교수
백석대 NPO 경영학, 복지경영학 교수
사회서비스원 평가위원
KSC사회적협동조합 이사장
한국평화사회복지연구소장

박윤희 교수
해피드림 대표
백석대학교대학원 복지경영학과 초빙교수
보건복지부 평가위원
한국사회갈등조정학회 대외협력이사

[개정판]
기독교사회복지론

1판 1쇄 발행 – 2020년 3월 5일
2판 1쇄 발행 – 2023년 9월 1일

저　　자 - 김성철 박윤희
발 행 인 - 강철원
발 행 처 - 양성원
주　　소 - 경기도 파주시 검산로 173번길 29-12
전　　화 - 031-946-3861(代)
팩　　스 - 031-946-3864
이 메 일 - tnwpub@naver.com
홈페이지 - tnwpub.co.kr
출판등록 - 2015년 8월 31일 제 2015-000211 호

ISBN 979-11-6126-518-6

정가 21,000원